编辑委员会

《符号与传媒》2021 年秋季号，总第 23 辑

中国知网（CNKI）来源集刊　中文科技期刊数据库来源集刊
超星数字图书馆来源集刊　万方数据库来源集刊

符号与传媒
Signs & Media

主编　赵毅衡

四川大学符号学-传媒学研究所　主办

总第23辑

23

四川大学出版社
SICHUAN UNIVERSITY PRESS

项目策划：黄蕴婷
责任编辑：黄蕴婷
责任校对：陈　蓉
封面设计：墨创文化
责任印制：王　炜

图书在版编目（CIP）数据

符号与传媒．23 / 赵毅衡主编．— 成都：四川大学出版社，2021.8
ISBN 978-7-5690-4977-0

Ⅰ．①符… Ⅱ．①赵… Ⅲ．①符号学－文集 Ⅳ．① H0-53

中国版本图书馆 CIP 数据核字（2021）第 176831 号

书名　　符号与传媒（23）
　　　　Fuhao Yu Chuanmei (23)

主　　编	赵毅衡
出　　版	四川大学出版社
地　　址	成都市一环路南一段 24 号（610065）
发　　行	四川大学出版社
书　　号	ISBN 978-7-5690-4977-0
印前制作	四川胜翔数码印务设计有限公司
印　　刷	郫县犀浦印刷厂
成品尺寸	170mm×240mm
插　　页	2
印　　张	17.5
字　　数	326 千字
版　　次	2021 年 9 月第 1 版
印　　次	2021 年 9 月第 1 次印刷
定　　价	82.00 元

◆ 读者邮购本书，请与本社发行科联系。
　电话：(028)85408408/(028)85401670/
　(028)86408023　邮政编码：610065
◆ 本社图书如有印装质量问题，请寄回出版社调换。
◆ 网址：http://press.scu.edu.cn

四川大学出版社
微信公众号

编者的话

中国是符号大国，从传统到现代的符号思想与实践为符号学的研究提供了丰富的资源。《符号与传媒》始终关注中国的符号与话语体系，以及这些意义形式背后所呈现出的精神思想与中国文化。

本辑"精神符号学"研究专辑是与上辑"精神文化符号学"的一次对话。李思屈溯源精神符号学的问题意识与历史背景，并详细梳理了其概念、方法，展示了其应用的场景；李涛在动画文本中展开了精神符号的分析与论述，将人类精神与价值意义作为动画符号学的出发点。在新学科的探索过程中，我们很高兴能提供这样一个学术对话的平台，也乐于唤起更多的声音。

在本辑"中国传统符号学思想"研究中，李卫华考察了《文心雕龙·原道》中"文""道"关系及其对"文的自觉"之彰显；李刚分析了禅宗公案中的空符号表意问题；丁茂远就《道德经》的"形式"观念进行了讨论。

传统经典文本的探究实际上已经推进到了艺术与传播的领域，本辑"艺术符号学"与"传播符号学"研究中，学者们更多将目光转向现当代的中国。支宇、吴朋波就中国文艺期刊视觉设计对中西方观念的融合进行了考察；彭佳、袁婷梳理了大熊猫成为中国国家符号的过程；王婷则就中西"脸面"问题的差异性进行了探源与思考。此外，学者们还对江南民居的建筑装饰、柳宗理的设计思想、西方艺术史的意义书写、表意过程和解码/编码的现象学区分等问题进行了论述。

从东方到西方，从传统到当下，每一个细微的文本都展现着文化的宏观面貌，每一种话语的建构也终将回归符号本身。我们在这个从微观到宏观的路径中回望、探索、前行，讲述自己的故事，发出自己的声音。

Editor's Note

China has an abundance of semiotic resources. The semiotic thoughts and practices from ancient times onward continue to guide semiotic studies today. *Signs & Media* has always paid close attention to Chinese symbolic and discursive systems, and to the spiritual thought and culture behind these forms of meaning.

This special section "Semiotics of Mind" in this issue can be regarded as an intensive dialogue with the previous section, "Cultural Semiotics of *Jingshen*". In this section, Li Siqu reviews the historical background of semiotics of the mind in China and then systematically analyses the concepts, methods and applications involved. Li Tao applies semiotics of the mind to the study of animation and shows how the starting point of animation semiotics is human spirit and values. We are glad to provide a platform for this academic dialogue, and are happy to invite more discussions in this new field.

In the section "Traditional Semiotic Thought in China", Li Weihua explores the relation between "Wen" and "Tao" as discussed in the chapter "On Tao" in *The Literary Mind and the Carving of Dragons*. The author then discusses the essence of the "consciousness of wen". Li Gang ponders the semiosis of the empty sign in Zen koans. Ding Maoyuan analyses the concept of "form" in the *Daode Jing*.

This approach to the semiotic exploration of classical texts has been applied to the fields of art and communication. Our contributors in the sections on the "Semiotics of Art" and "Semiotics of Communication" turn their eyes to contemporary China. For instance, Zhi Yu and Wu Pengbo examine the emergence of Western and Eastern concepts in the visual designs of Chinese literary journals. Peng Jia and Yuan Ting explore how the panda became the symbol of China. Wang Ting discusses the differences between Eastern and Western significations of the face. The discussions in these two sections also cover several other fields such as decorative signs on residential buildings, Sori Yanagi's works on design, Western art history and the phenomenological differences between semiosis and the encoding/

decoding process.

From East to West and from the traditional to the present, each of these investigations considers the macro aspects of culture, and the construction of every discourse eventually returns to considering the uses and meanings of signs themselves. We are looking back, exploring and moving forward in this path from the micro to the macro level, telling our own stories and making our own voices heard.

目　录

精神符号学

中国传统符号学思想

艺术符号学

传播符号学

广义叙述学

书　评

Contents

Semiotics of Mind

Traditional Semiotic Thoughts in China

Semiotics of Art

Semiotics of Communication

General Narratology

Book Review

精神符号学 ● ● ● ● ●

精神符号学的概念、方法与应用

李思屈

摘　要：围绕精神符号学的概念、方法与应用，本文系统描述了精神符号学出现的历史背景和问题意识来源，即符号学的三次跨越、中国创新文化的培育和新旧文明的更替。在论述精神符号学与黑格尔精神现象学的联系和区别的基础上，文章对"通过在场者唤起不在场者"这一精神符号学核心原理进行了阐释，并将这一原理展开为几个关键概念，举例说明了其具体的应用。

关键词：精神符号学，心灵结构，大文化，在场，符号张力

The Concept, Method and Application of Semiotics of Mind

Li Siqu

Abstract: This paper examines the concepts, methods and applications of spiritual semiotics, and then systematically describes the historical background to the development of semiotics of mind. This development has involved three shifts in (a) semiotics, (b) the cultivation of Chinese innovative culture and (c) the replacement of old civilisations with new civilisations. After discussing the connections and differences between the semiotics of mind and Hegel's spiritual phenomenology, this paper describes the core principle of semiotics of mind, that is, "evoking the absent through the present". The paper then expands this principle into several key concepts and illustrates their applications through case studies.

Keywords: semiotics of mind, mind structure, great culture, presence, symbolic tension

DOI: 10. 13760/ b. cnki. sam. 202102001

感谢四川大学符号学同仁对精神符号学的关注，多年来一直对我们的工作给予热情的鼓励，近期又有两篇讨论精神文化符号的文章收录进《符号与传媒》。其中张杰、余红兵的文章《反思与建构：关于精神文化符号学的几点设想》（2021），不仅提出了从东方智慧中汲取营养完成当代学术建构的设想，还就我的《精神符号学导论》一文（2015）的相关问题展开讨论，开启了精神符号学对话的良好态势。这种对话有利于结束学术研究各自为政、自说自话的局面，可以切实有效地推进学科积累。

为了积极参与这一学术对话，本文将围绕精神符号学的概念、方法与应用范围，对我所理解的精神符号学是什么、这些年来我们做了哪些工作向大家做一个汇报，方便进一步深入讨论。

为什么会出现精神符号学研究？精神符号学到底是什么？有哪些核心原理和重要概念？具体如何在研究中加以应用？相信这些都是大家共同关心的问题。本文就围绕这几个问题进行介绍，以就教于方家。

一、缘起：问题意识与问题域

学科的特色，是由它的独特的研究对象、问题和方法决定的。不同学科的对象不同，所要解决的问题不同，其研究方法也就必然有所不同。

始终保持真切的问题意识，面对真问题，以分析问题和解决问题为出发点，是真正学术的开端。大约 20 年前，我走上符号学道路，主要不是因为它是一门新学，而是深感相对于五四新文化时期当今"文科魅力的消失"，希望给自己找到"能体现人文精神的社会科学"路径，为文科研究成为真正的"知识"研究，而不是主观的"意见"发挥，找到方法论的突破口（李思屈，2004a，pp. 1 - 5，p. 260）。

正如张杰、余红兵两位先生指出的，我研究精神符号学的初衷，的确完全没有刻意离开西方主流符号学，另搞一套的意图。我非常赞赏张杰、余红兵对中国传统思想资源的珍视，我自己也十分重视从中国传统符号学思想中汲取营养，还提出过 DIMT 模式，以推进东方符号学智慧的创新性继承和创造性发展（2003），对中国传统的"虚实相生""有无互立"思想也有深厚的兴趣，并开展过系统探讨（1996），但我无意标新而立异，只为搞一个不同于西方的学术体系。学术就是求真，求真即无所谓中西，即所谓"东海西海，心理攸同，南学北学，道术未裂"（钱钟书，1999，p.1）。只是面临的问题不同，生存的智慧不同，在学术和思想的展开中，采取的方法各有特色而已。离开了问题的独特性，离开了由问题独特性决定的方法独特性和思想独特性，就不可能有学科的独特性。因此，从中国学术融汇中西、自铸伟辞的时代需求着眼，我不能确信以"天人合一"中国传统认知模式为基础，采取多元化的研究方法和个性化的符号特征，去追求自由化的学术理想等，就可以创立出一门能有效回应时代需求的学问来。

至于精神符号学，有其历史背景和问题意识来源，即符号学的三次跨越、中国创新文化的培育和新旧文明的更替。

（一）符号学的三次跨越

迄今为止，符号学已经完成了两次跨越：第一次是 20 世纪初，索绪尔、皮尔斯等人在工业革命背景下，跨越了语言学、逻辑学的学科分界，进入对意义问题的普遍关切；第二次是 20 世纪中后期，罗兰·巴尔特、乌蒙勃托·艾柯等人在现代传播科技和大众传媒兴起的背景下跨越了单纯的逻辑推演，进入对大众文化的关切和现实应用。今天，符号学正经历着第三次跨越，即在 5G、AI 和基因工程背景下，面向精神信仰重建与价值传播这一重大时代课题再出发。

当今世界出现了传统价值体系崩坏、道德滑坡、社会创新缺乏活力等一系列新问题，在以人工智能为代表的新科技集群快速发展、世界格局大调整与全球文明对话的语境下，人类价值传播与精神样态面临新一轮转型，促进人类信仰重建与价值传播，是符号学再出发、实现符号学第三次跨越的重大机遇。（李思屈，臧金英，2020）

（二）中国创新文化的培育

精神符号学处理的是人类精神现象，力图解决的是科技时代的信仰重建与价值传播问题。文科的沦丧始于概念翻新而精神陈旧，传统文化精神的承继发展不容于新瓶装旧酒、新鞋走老路的学术套路。就当今中国的局势而言，一般地讲文化创新，远远没有专注于创新文化培育来得直接。

最深刻的危机往往深潜于一定的文化问题之中。以中国当前的国家创新战略为例，科技创新为前沿争夺的焦点，但实际上它离不开创新文化的支持。在政策支持力度不断加大、资金支出大幅上升的条件下，中国创新仍然面临各种困境，除科技本身需要一定的时间积累外，其重要原因还在于创新文化尚未得到有效培育。因此，破解中国的创新危机，要着眼于器物、制度、精神三个文化层面，其根本则是从源头上激活中国创新精神。这里，"创新文化"之所以不是一般的"文化创新"，是因为它是区别于一般"小文化"概念的"大文化"，即时代的文化精神。（李思屈，鲁知先，2020）

有研究表明，中国当前最受关切的文化的科技融合问题，其实质是建立一种新的社会秩序，而新的社会秩序建立的核心是"引领性的社会价值观"，它还是一种文化精神问题。因此，我们可以通过透视文化、科技、价值三者深度融合的创新关系，推导出文化与科技融合创新的三螺旋模型。至此我们便能更清楚地认识到，"人类文明的生长，绝非外在物质的增长，而是内在精神的建立，是由个体精神自律扩散到社会整体秩序的升级换代"（李涛，2020）。

（三）新旧文明的更替

如今人类面临的"百年未有之大变局"，其深刻的背景是信息技术与新型全球化对人类精神的挑战。当代人类面临的诸多问题已不能够通过援引轴心时代思想家们确立的那些原则来解决。而现实的许多重大矛盾恰恰是现代原则和行为模式与轴心时代确立下来的那些原则迎面相撞制造出来的问题。轴心原则不再有效，价值原则失去约束力，意义之网破碎，人与人之间的沟通和交往除赤裸裸的利益交换之外没有价值规范和意义之维的约束，这就是我们面临的碎片化时代的基础特征。

传播的碎片化是意义体系碎片化的技术性表现。人类正面临一个新的轴心时代，这个时代首要的思想任务就是在碎片化的地基上重新寻求统一的原则体系，在旧地基上利用新旧思想资源建构新的精神世界，使人类精神复归整体，"为天地立心，为生民立命，为往圣继绝学，为万世开太平"。

在此基础上，人类有效的精神交往才有可能；而在有效精神交往基础上，真正的人类命运共同体才有可能；在社会资本化、太空军事化、网络军事化、核武信息化的时代，人类才有避免进入"黑暗森林"的可能。

（四）回到符号学的初心：探索人类心灵的永恒结构

探索人类心灵的永恒结构，是自维科以来人文科学的学术抱负，也是符号学追求的重要目标，即"寻找心灵本身的永恒结构，寻找心灵赖以体验世界的，或把本身没有意义的东西组成具有意义的名需要的那种组织类别和形式"（Jameson，1972，p. 109）。我们之所以提出精神符号学，是因为我们所关注的问题聚焦于人类精神现象，区别于当下流行的普通符号学，尤其不同于那些把符号学定义为"研究符号现象"或"研究表征行为"的各种符号学定义。作为一种人文学科，我们的符号学目前需要处理又能够处理的，只是精神的符号化显现，或价值的符号化生成与传播。

化学方程式、数字公式和模型都是严密的符号意指体系，且属于一个更大的符号系统，因此也是重要的符号现象。但它们并不是我们关注的对象，而且一般的人文社科背景的符号学家对处理这些符号也不专业。

普通符号学论述的表征行为范围极其宽泛，难以形成我们所能聚焦的问题域。而现在比较流行的"文化符号学"，往往止于对精神的意识形态层面的考察。其作为文化实践领域的分析工具——如意识形态批判的时候，是有用的，但作为当前学术动力，意识形态批判显然已经丧失活力。面对现实的新问题，批判学派已然丧失了提出问题的聚焦能力和解决问题的穿透能力。

在当代符号学传统中，对人类心灵，即精神现象的关注，一直是一个重要内容。西比奥克（Thomas A. Sebeok）这个与皮尔斯、索绪尔一样重要的关键人物，其符号学思想却未能引起国内学术界如对皮尔斯、索绪尔同样的关注。符号学家科布利（Paul Cobley）提到，作为符号学的关键人物，西比奥克把符号学定义为"研究幻觉与现实的区别"的科学，是符合实际的。科布利认为西比奥克的定义反映了近代符号学史的两个重要版本。首先是最著名的符号学版本，经历了从20世纪60年代末到20世纪70年代初在西方知识界的流行，是受索绪尔影响的结构主义和符号学的结合体，吸引了人文科学和社会科学的关注，内容上受马克思主义和精神分析的影响，尤其通过罗兰·巴尔特、列维-斯特劳斯、格雷马斯和雅各布森的发扬，以揭示符号背后的各种幻象为己任。巴尔特1957年出版的《神话学》一书揭露了融合在大众文化中的资产阶级神话。不过，早在1971年，巴尔特就已经公开放弃了这种"过于轻率的方法"。（Cobley，2010，p. 4）

第二个版本是一个野心勃勃的无边界符号学版本。科布利指出，这种符号学其实是与semiologys相区别的semiotics，这是符号学在跟随巴尔特放弃神话批评之后的发展，并与皮尔斯、西比奥克还有乌克斯库尔（Jakob von Uexküll）等人的学说相关联。这个符号学非常关心"文化"和它的定义，但又不愿意止步于文化的边界，而是研究任何可以找到的标志——甚至在人类尚未涉足的领域。乌克斯库尔用"世界环境"（Umwelt）概念，表明所有物种都生活在一个它们自己的符号体系中，而这种体系正是他们自己的符号制作和接收能力的结果。例如，一只苍蝇有一个非常不同的感觉器官，其制作/接收信号的能力比人类强。在一些情况下，如果"世界环境"提供了对现实的无可挽回的错误把握，那么该物种将无法生存。（Cobley，2010，p. 4）

这种偏离精神性的极端观点自然受到了许多批评。其中卡西尔在《人论》中通过对乌克斯库尔的概念的批评，提出了"人是符号的动物"的命题。卡西尔认为应当把人定义为符号的动物（animal symbolicum），以取代"人是理性的动物"的定义；只有这样，才能理解对人开放的新路。（1985，pp. 31－34）理性不等于精神，从理性中解放出来寻找人类的本质特征，我们必然走到精神领域中来。

卡西尔还认为，必须仔细地在信号（signs）和符号（symbols）之间做出区别。在动物的行为中可以看到显然精密的信号系统。有些动物，尤其是驯化动物，对于信号是极其敏感的。一条狗会对其主人的行为的最轻微变化做出反应，而且能对各种替代刺激做出反应。一种铃声可以成为"午餐的信号"，而狗可以被训练到当这种铃声没有出现时就不碰食物。但是，所有这些都是条件反射现象，不仅远离人类符号体系，甚至与后者恰恰相反。信号和符号属于两个不同的论域：信号是物理的存在世界之一部分；符号则是人类的意义世界之一部分。（卡西尔，1985，pp. 40－41）

更为广泛的共识是把符号作为人类交流的工具，而符号学分析则提供了一种关于意义生成的理论。在普罗普、雅各布森和俄罗斯形式主义者那里，关于符号与意义及符号结构本身的规律得到了深入研究。经过奥格登、理查兹、恩普森和利维斯的努力，符号学分析对"新批评"乃至传播学界的因尼斯、麦克卢汉和弗莱产生了重要影响，形成了法国结构主义、布拉格学派、哥本哈根学派和早期的塔尔图－莫斯科符号学派，其成果蔚为壮观。

在文学和艺术研究领域，符号学的收获似乎最为丰富。按照科布利的说法，这个领域往往成为战后新生符号学的试验场，代表了符号学思维向形式主义的重大转变。这一形式主义的符号学有助于拆除"高文化/低文化"之间的人为障碍，代之以展示良好"教养"和文化资本的机会，追求文化机制的理论建构。对"文本"的关注，对没有上下文或环境的个体符号或符号系统的深入分析，是这一流派的重要方法特征。

符号学在媒体和文化研究中的应用，为大学中的学院派找到了一个好去处，可惜寻找人类精神永恒结构的宏大抱负却少了。符号学初心已失，精神不再。科布利非常生动地把这种符号学称为"稻草人"（2010，pp. 11 - 12），其实是非常恰当的。

在过去的几十年里，随着自然科学和认知符号学的发展，符号学领域发生了意义极其深远的重大变化。安妮·埃诺（Anne Hénault）追溯了索绪尔的影响（2005，pp. 103 - 121）。正如科布利指出的，虽然以前许多关于结构主义和符号学的具有相当历史意义的评论已经这样做了，但安妮·埃诺的描述是最新和最有特色的：她表明格雷马斯学派的工作远远超出了假定的索绪尔原则，而且从 20 世纪 80 年代就开始率先研究情感和情感问题。（Cobley，2010，pp. 11 - 12）

伦理研究也是当代符号学的重要主题之一，任务是揭示人类作为符号动物如何从符号意识中产生"责任"。佩特里利和庞齐奥在他们的文本中加入"必须"，表明符号学并不缺乏意识形态承诺，这种面向，正是我把"传播正义论"（李思屈，2010）作为精神符号学分支的一个基本依据。

由此可见，人类的精神现象从来就包含在符号学基本问题中，成为符号学发展的基本动力和发展主脉，只是过去的符号学史研究还没有来得及进行充分的专题性揭示。随着符号学作为人文社会科学方法论的自觉与问题意识的增强，一旦符号学研究面向自己时代的真问题，这种现实的精神就会遭遇精神的现实：人作为必死者的精神追求与大众精神对以符号的方式呈现、以符号的方式运动的明确需要。作为精神载体和精神运动体现的符号，绝不仅仅是批判学派的符号学理论以一句"虚假神话"就能搪塞过去的，一个民族文化的精神本质，一种制度的精神基础，都需要在学理的层面得到更清楚的解释。

二、内涵：从精神现象学到精神符号学

精神符号学把符号视为精神的载体，进而探索人类精神的基本特征和运行规律。基于这一目的，我们把符号定义为"承载了一定精神内容的物质形态"（李思屈，2017）。

玫瑰花是一种物质形态，但在一定的文化体系中，它代表了爱情，具有一定的精神内容。国旗是一块布，是物质，但它作为一个国家的象征，代表

一个国家的主权、尊严和领土完整，文化的精神，人民的信仰，民族的希望，国家的力量，还有世世代代为建设国家、保卫国家的流血和牺牲，它也是一种符号。所以当它在奥运会领奖台上为我们的运动员升起的时候，那些勇敢坚强的年轻人会热泪盈眶——国家的符号内容，其重大而丰富的精神价值被激活了。

符号是承载了精神内涵的物质载体，而精神作为一种现象，只能是符号。精神的抽象存在难以把握，在黑格尔的逻辑中，抽象的精神一定会通过自否定而达到感性的存在，而精神的感性存在，就是符号化的存在。所以，理解精神符号学其实并不太难，只需要把黑格尔的逻辑倒过来就行：精神现象学以精神的抽象存在为本，通过各种现象的演化来探讨精神；精神符号学以人类的感性行为及其成果为依据，通过具体可感的符号来理解精神。或者说，通过精神来探讨现象，是精神现象学；通过具体可感的物质来探讨精神，则是精神符号学。

（一）精神符号学与精神现象学的联系与区别

精神现象学与精神符号学之间的联系，就是以精神为共同关注的对象。精神现象学通过精神的逻辑展开来描述精神的现象，而精神符号学通过现象来观察精神。黑格尔的精神现象学以辩证逻辑的方式描述精神的运行，而精神符号学考察的则是人类生活世界具体呈现的精神样态。需要说明的是，我们在此讨论的精神尽管不完全等于黑格尔式的绝对理念，但也绝对不等于个体的主观意识或团体意识，而是比主观意识和团体意识更大的共在结构。在此共在结构中，符号的形成过程即精神的创生过程，这与精神现象学描述的原理是相通的。

两者的区别主要体现为精神符号学作为一种现代学术研究和话语表达方式，与黑格尔式的宏大历史叙事不同。具体分为两个方面。

一是共时性与历时性的差别。精神符号学仍然是符号学，所以它必须遵守符号学对共时性的强调，而黑格尔精神现象学则主要以历时性见长。在《精神现象学》中，黑格尔用哲学语言尽其所能地描述了精神变化的全过程。他的精神现象学尽管必然涉及文化现象，但也不被理解为"精神文化现象学"，而一定是关于精神实相及其显现的科学。辩证法是黑格尔精神现象学中最重要的部分，辩证否定作为发展的逻辑，具有过程性、否定性、总体性的特征，"意识"的自我展开、运动、发展的过程只有借助于辩证法的否定本性才能实现。精神符号学主要任务不是对宇宙精神的演化做全景式的描述，而是面对当下历史情景中的精神现象做符号学的共时性研究。精神符号学也会面对精神的历史演化，但往往会把不同历史阶段切分为特定共时结构来处理。对于人类符号行为的动态观察主要是从仪式角度展开的，把仪式作为动态的符号，把符号作为静态的仪式。仪式作为动态的符号，是特定精神形态的体现，是情感能量的交流和外化；符号作为静态的仪式，其精神成果和情感能量在静态物质形式中保持。

二是宏大叙事与细节分析的不同。人类意识的本质决定了它只能通过"现象"去认识"实相"，现象学的最初动机就是通过现象以达到真实。黑格尔《精神现象学》以绝对精神为研究对象，但还是把绝对理念展开为人类意识的现象形态。意识有两个方面：认识本身即主体方面和认识对象即客体方面。这两个方面的对立发展到一定阶段就显现为一个特定的意识形态。意识在意识与对象最初的直接的对立到主客绝对同一的绝对知识的运动过程中，经历了意识与对象关系的一切形式，产生了一系列的意识形态。《精神现象学》的内容因此展开为意识形态、意识形态系统，或意识发展的诸环节、诸阶段。《精神现象学》把个人意识发展史、人类意识发展史和意识形态三者统一为一门学问，因此，恩格斯说精神现象学"也可以叫作同精神胚胎学和精神古生物学类似的学问，是对个人意识各个发展阶段的阐述，这些阶段可以看作人的意识在历史上所经过的各个阶段的缩影"（2002，p. 215）。

符号学并没有这种用一套概念体系揽宇宙人生真理的抱负和能力，它所擅长的，只是对特定符号现象的细读（close reading）和解剖，关注特定时期文化实践细节，描述其发展态势。

（二）"大文化"概念

在一般的使用中，"精神"往往与主观的"意识""认知"等名词混淆，但基本内涵还是明确的，即指人的情感、意志等生命体征和一般心理状态；也有"宗旨、价值"和"主要的意义"的含义。在英文中，"spirit"做名词时意为精神、心灵、情绪、志气，延伸内涵还有"烈酒"；做动词时意为"鼓励""鼓舞"。可见"精神"与一般的意识、认知活动相关，但主要还是指一种超越生物性的生命现象。

精神往往体现于一定的文化中，成为文化器物层面、制度习俗层面的内核，但精神不等于文化。在一般的文化研究中，所谓的"精神文化"指的是文化中哲学、艺术、价值观等纯精神形态部分，以区别于文化的器物层和制度层，但这种用法并不说明器物和制度不是精神内核的体现。精神符号学专注于精神现象，它将器物层和制度层作为一定的精神载体即符号来处理，而把器物、制度的其他方面留给历史、考古等专业人士去研究。文化就是精神的符号，有形的器物、习俗等文化形态就是精神的显现，所以我不使用"精神文化符号学"的提法，正如我不建议黑格尔把他的精神现象学改为精神文化现象学。

因此，精神符号学对文化实践的处理，必然是从"小文化"中窥视"大文化"，这是精神符号学区别于一般文化符号学的地方。

所谓"大文化"，就是体现时代精神的文化；所谓"小文化"，就是具体的文化样式，如唱歌跳舞、写字画画、综艺娱乐，还有各种民间习俗。现在人们讲文化，往往是大小不分，一提到文化就觉得高深莫测，一见到文化就要拜倒，凡论文化就必有巨大的意义。

"文运同国运相牵，文脉同国脉相连"，没有中华文化繁荣兴盛，就没有中华民族伟大复兴。能够主持风气、振兴国运的文化，一定是代表时代精神的大文化，而不是特定时期全部的文化形式、文化样态。如果不与时代精神相关，不能成为时代前进的方向和动力，唱歌跳舞好上天，也可能成为南宋时期的"西湖歌舞"；写字画画妙入神，也可能只是酒足饭饱后的消遣娱乐，完全无关振兴国运。

欧洲文艺复兴时代的文化就是一种大文化，它为思想启蒙、科技革命扫清障碍，成为资本主义新制度建立的精神动力，切实地改变了西方国家的国运。中国五四新文化，也是开启了中国现代化进程，改变了中国命运的大文化。当然，大文化是需要小文化来表达的。所谓的文化大师，往往能以小文化的创造推动大文化的普及。但丁《神曲》的价值除了语言形式的创新，更主要的是内容上大胆揭露教会的贪婪腐化和封建统治者的专横残暴，展现了人文主义思想的萌芽，因此但丁被誉为"中世纪的最后一位诗人，同时也是新时代的最初一位诗人"。同样，五四新文化运动催生的时代精神，也是通过陈独秀、李大钊、鲁迅、胡适、蔡元培、钱玄同等一大批文化巨匠的作品，通过论文、小说、诗歌、小品、话剧来体现的。

精神符号学对文化的研究，不会停留在舞狮子、包饺子、耍功夫上，不会满足于表层的文化符号，更不会把精力投向单纯的技术细节，而是以把优秀传统文化中具有当代价值、世界意义的文化精髓、精神标识提炼出来、展示出来为目标。同时，精神符号学的研究考察当代中国的时代精神和价值观变迁，即时报告新的价值理念的传播和发展壮大。时代的需求、现实的发展，就是精神符号学存在和发展的依据。

三、原理：通过在场者唤起不在场者

（一）逻辑起点和核心原理

任何学科都有自己的逻辑起点和逻辑展开的核心原理。

精神符号学视符号为精神的载体，探索人类精神的基本特征和运行规律；精神符号学的逻辑起点却不是精神，而是符号。精神虚而不实，难以凭感官直接获得，这就决定了精神研究的两条路径：一是设定一种黑格尔式的"绝对理念"，以此为起点进行纯逻辑推导；二是从精神的感性载体——符号入手，以此为起点研究精神意义生成的规律和精神展开的方式。第一种是精神现象学的路径，第二种是精神符号学的路径。

为什么可以从感性的符号入手呢？这涉及精神符号学的核心原理：通过在场者唤起不在场者。

所谓在场者，相当于普通符号学的"能指"；所谓不在场者，相当于普通符号学的"所指"。精神符号的能指一定是在场的，否则符号就起不了意指的作用；所指一定是不在场的，否则就不需要符号了。

普通符号学的能指与所指的关系可以是在场者与不在场者的关系，如人的名字与名字所代表的真实人物，就可以同时在场，也可以名字在场而人物不在场。但精神就不同了，从五官感觉的角度考察，精神是虚玄的，并无实证研究的在场性和存在感，因此很多研究精神的学科让人觉得"玄"，被人们称为"玄学"。其中，黑格尔式的绝对理论式的展开，是最典型的"玄学"研究。

精神符号学以在场的、具体可感的物质载体入手，把精神现象落实为具体可感的物质现象，从而避免变成"玄学"，使似乎玄幻的精神现象具有了经验研究的可操作性。

如果没有预先设定的"绝对理念"，而只是现实地把握人类的精神、生命的意义，我们立即就会发现：物质世界并不保证精神的存在，生命也从来就没有意义。人类对生命的第一直观就是这样一个近乎残酷的事实：所有的人生目标都是人为设定的，所有的天堂都是幻想的，整个世界从价值上讲都是虚无的，而人的生命如果只是"活着"的话，那生命从一开始就注定了是一场必然失败的战斗。人类意识到自己是必死者，生命艰辛却并无意义。

然而，精神符号学的功能恰恰在于：以在场呼唤不在场，从虚无中索取存在，在空幻中建构意义。这一逻辑的展开，与人类从物质上领悟精神、在劳作中直观灵性的历史进程是完全一致的。

（二）思维上的符号学转换

对精神符号学的研究而言，仅仅有这一核心原理是不够的。要从事对精神现象的观察和研究，需要研究者在思维方式上完成"符号学的转换"，养成符号学智慧。所谓的符号学转换，就是从事实到符号的思维转换，把庸俗唯物论的"纯客观"的"事实观念"，转化成主客观统一的符号观念，并确立以下符号学的基本前提：

第一，符号行为是人类行为的本质特征。动物和人的生命活动是直接同一的，但人的生命只是生命的手段。人不仅要活着，更要活得有意义；动物就是自然生命本身，它的吃喝拉撒就是它生命的全部内容。卡西尔关于"人是符号的动物"的定义，就突出了符号行为是一种智慧，与动物的信号反应有本质的不同，这是精神符号学的关键。

第二，符号系统的建立是人格发展的必要条件。实验证明，一个小孩人格逐渐成熟有一个重要条件，就是其符号系统的逐渐建立，而符号系统的建立，需要不断的符号刺激。有一个说法："如果你想你的孩子身体健康，请你把他送到乡下去；如果你想你的孩子聪明智慧，请把他送到城里去。"其重要原因就在于，乡下的自然生态比较好，而城里的符号交往更为频繁，更利于符号系统的建立。

第三，符号是人类文化传播的基础、精神传承的载体。正如我们难以设想没有符号的传播和与传播无关的符号，我们也难以想象没有符号的文化精神。中西文化精神差异不仅体现在哲学话语的表达上，而且大量体现在建筑、饮食、服饰等形而下的符号上。以中国传统精神而论，无论是星辰河川的浩然之气，还是"宝帘闲挂小银钩"的淡雅空灵，都一定会在有形的符号上有所体现。

四、内容：五个关键概念

在当下的历史文化语境中，面对精神符号学的基本任务，"通过在场者唤起不在场者"这个核心原理可以展开为五个关键概念，并通过这些关键概念获得必要的理论支点。

（一）沉默传播

"通过在场者唤起不在场者"这一核心原理在现实中的展开，首先就是把隐秘的一面转换出来。精神符号学的展开就要把在场与不场作为一个整体来考察，发挥沿波讨源、虽幽必显的理论作用。引申到传播符号学，就是不只看"传播"，还要看"沉默"，把"传播"与"沉默"作为一个意义存在的整体来处理。具体到符号的处理，就是要在观察"符号"的同时，还要观察"零符号"。

零符号从表面上看就是"没有"，数字记为"0"，音乐记为休止符，在书画中表现为留白。但零符号表面上的"无"，恰恰与"有"是一个意义整体。零符号似乎什么也不表达，但其实可以有丰富的表达。零乘以任何数都为零，但零放在具体数字后面就会使这个数值翻 10 倍。

数字"0"不是没有数字，休止符也不是没有音乐内容的表现。"悄悄是别离的笙箫"，什么都没有，反而更有表达力。虽然今天社会群体的诉求表达渠道丰富多样，但各个群体的话语资源和话语方式并不相同。能够被倾听的声音是幸运的少数，沉默的大多数有时是发声却未被倾听，有时则是不能或不愿表达。采集沉默的声音，从中了解民情民意尤其可贵。那些被网络关注、媒体聚焦的热点事件，往往只是冰山一角，海面之下体量更大的冰块才是主体，是决定社会整体心态的"潜意识"。沉默的声音则需要专业的聆听，零符号传播的研究可以帮助我们"打捞社会沉没的声音"，聆听社会沉默的声音，学会于无声处听世界。（李思屈，2018）

与西方文字侧重声音的能指和意义的所指不同，中国文字往往是"言－象－意－道"整体，言、象、意、道相互渗透，相互生成，但在具体的语境中，也会有在场和不在场的分别。为了体现这一东方符号特征，我以 DIMT 模型表征，按言、象、意、道四个要素分成四个象限，再加上太极图的阴阳变化，力图反映在场和不在场的关系。（李思屈，2003，p. 11 – 13，p. 57 – 61，p. 112 – 159）

（二）符号价格

这里讲的不是符号的价值（精神），而是符号的价格。精神无价，但符号有价。符号价格之所以成为一个关键概念，是因为它关系到文化产业的学理基础和学科构建的基石，如果没有这一基石，文化产业本身就是不成立的。

其中道理很简单：物质生产，产出的是物品，物品有使用价值，也有交换价值，因此可以用价格来标识，这就叫产业化。文化生产的是精神，你不可以问少女纯洁的爱情值多少钱，你也不能问孔子精神值多少钱，因为精神是无价之宝。简单地讲文化的产业化，就是对精神这个无价之宝进行市场定价，是不合逻辑的。

"文化产业"（cultural industry）这个词最初由英国学者创造，作为一个贬义词，指称美国 20 世纪 30 年代以来的电影产业和音乐产业，实质上是指出了它们的不合逻辑性。但是到了 20 世纪末，又是英国率先搞文化创意产业获得成功，引发了世界各大城市文化产业发展热潮。

英国人在理论与实践之间的矛盾在符号学层面的解释就是：精神无价，符号有价。符号作为一种物质载体，本身就是有价格的，是可以产业化的。它承载了一定的精神内容，这种精神内容能够为它带来文化附加值。一个杯子本身就可以作为商品定价，但如果它同时又有一定的意义，如它是情人送的礼物，或是一个城市文化的标志物，那它就有了文化附加值。问题在于，文化附加值在实践操作中一般很难量化，政府管理部门和企业通常都难以估计一件产品的附加值中有多少是文化创意带来的，多少是制造业带来的。文化创意与文化消费的许多环节都是无形的，其中的细节和元素太多。大数据是否能够处理类似的问题？至少现在一些处理技术的思路和发展方向给了我们丰富想象的可能性。借助符号学，可以对文化产业的符号生产、交换和消费等环节进行更深入的研究。符号是承载了精神价值的物质形态，由于这个精神价值，作为载体的商品得到了 7—20 倍于物质价值的文化附加值。（李思屈，2017）

（三）符号张力

符号张力是与符号冲击力相对应的概念。符号冲击力即它作用于我们感官的强度，符号的张力是符号形式引起的人们探究其内在意义的心理力量。从本质上讲，符号张力是一种阐释学张力或吸引力。符号张力是符号内在的分节引起的，而符号的冲击力则往往由符号物质特征的力量强度联系引起。我们主要讨论符号张力。

精神价值与符号的指称含义都是符号生成的意义（meanings），因而精神显现于符号，对精神的研究也就落实于符号的意义生成规律。符号学研究表明，符号的意义产生于符号之间的差异，如面对一只"公牛"，我们要理解它的意义，需要与之对应的"母牛"（可以在场，也可以不在场）。而符号内部的差异，则来源于符号的分节（articulation）。分节是符号意义生成的内在动力，因此也是索绪尔符号学、罗兰·巴尔特《符号学原理》的基础结构，甚至也是格雷玛斯符号学矩阵的基础结构。可惜中国大陆的符号学者对分节问题重视还不够，研究成果也不多。就笔者所见，赵毅衡教授是对符号分节理论投入的关注最多，梳理得也最清楚的学者。

分节指符号基本要素的划分，如语音的最小音素（phoneme）、语词的最小义素（moneme）。赵毅衡教授指出，"绝大部分符号系统，都是能指分节造成所指分节才形成的。学生分成年级和学历，老师分成助教、讲师、副教授、教授……只有这样才能给一个意义域的基本构成以一定形式"，因此，"只有能指分节清晰，相互不重叠，合起来覆盖全域，表意才能清晰"。（赵毅衡，2012，p. 95）赵教授对意义生成离不开符号分节的阐述是非常清楚的，反映了符号学界在分节问题上的理论认知。不过我这里讲的分节，除遵守赵教授描述的意义生成规律（"能指分节清晰，相互不重叠，合起来覆盖全域"）外，还特别强调符号的不同要素在相互否定中相互成就，在去蔽中实现澄明，在静态中体现动态，在质量中显示能量，进而形成的一种意义张力并由此产生意味。

比如说《红楼梦》，粗读好像既没什么特别的意义，也没有什么冲击力，讲的也就是吃饭、写诗、喝酒、谈恋爱，但是读者总能代入书里描写的那些细节，淡淡的月光下，一帮帅哥美女在那儿谈天说地，又好像确乎有点什么意思，所以要反复去想，觉得是"说不尽的《红楼梦》"，这就叫符号张力，也可以叫阐释学张力。《道德经》第一句，"道可道，非常道；名可名，非常名"，许多人未必明白了其中含义，但符号的张力，却是明明白白能够感受到的。

符号引起的震惊效果，往往是由于符号分节构成符号张力而引起的。有的影视作品单看镜头就精彩有味，故事还没有开讲，几个镜头一出来，观众就能感觉到电影好看。故事都不知道，你怎么感觉到了好看不好看呢？因为镜头本身有张力。

有的地方为搞文化旅游而建"乡愁小镇"，结果却往往变成了单纯地展示落后。在精神符号学的视野中，"乡愁"的含义不是简单地希望回到过去，而是指念念难忘却又回不去的"过去"，这样的"过去"才是真正的"乡愁"，其中有不断追寻却又永难抵达的"未来"的张力，以及"过去"与"未来"之间的张力。在四川的一个乡愁小镇，我看到墙上有一句话：

我真的不想让你失望，妈妈！
但是因为我的梦想在远方。

　　这就叫乡愁，里面有张力："我"不愿意让妈妈失望，想陪着她，但是"我"的梦想又在远方，这才是张力。这个小镇建了一道乡愁记忆墙，它的张力来自古老的矿山机械与现代的生态乡村。原来的矿业已经淘汰，但是矿车保留了下来，上面种绿色植物，就有张力了。古村落不是一味展示落后，而是只用一些旧物件作为历史的符号，并放置现代的流动图书柜，让现代文明的元素和原始农耕的要素构成张力，让音乐和矿车构成张力。废弃的自行车收起来，全部刷成白色，作为一种装饰陈列，也作为一种对过去时光的致敬。自行车上还种上植物，工业白色的基调、生命绿色的对比，构成了它的基本张力。在乡愁的保护上，这个小镇非常成功，它得到众多游客尤其是年轻人的喜爱，是有道理的。

（四）文脉

　　文脉（context），又称语境，指特定符号存在的环境，包括符号之间的关系和符号与使用者、解读者之间的相互关系。因此，符号的具体含义，往往只有在特定的文脉中才能确定。

　　文脉一般包括三个层次：一是符号关系，指文本内特定符号与其他符号之间的关系，如特定语词的前后文关系；二是互文关系，指特定符号集合体作为一个文本与其他文本之间的关系；三是特定符号与其社会历史语境之间的关系。

　　符号的意义生产于与其他符号的联系中，这种联系就是文脉。我们不能孤立地去认识符号，符号只有在文脉中才有生命。一般人都知道芭比娃娃很值钱，但芭比娃娃只有在 Barbara Millicent Roberts 的整个文脉系统中才具有生命，其中被熟知的就是她的帅男友 Ken（Ken Carson），朋友 Hispanic、Teresa，还有非裔美籍人 Christie Steven。还有芭比的父母，他们都来自威斯康星州一个名为韦罗斯的虚构市镇，而芭比则就读于威斯康星州韦罗斯市的韦罗斯高中。芭比娃娃有过 48 只宠物：21 只小狗、12 匹小马、3 匹矮种马、6 只猫咪、1 只鹦鹉、1 只小黑猩猩、1 只熊猫、1 只小狮子、1 头长颈鹿和 1 头斑马。她拥有粉红色的敞篷车、拖车、吉普车，等等。又如人们熟知的唐老鸭是在迪士尼系统里活着的，要是把它从这个系统中拔出来，它就不值钱了。我们很多地方搞文化开发，不研究文脉，只是孤立地做产品开发，就是把符号从文脉中拔出来了，因此这些产品作为符号不是活的，而只是标本。

　　好多地方搞城市建设，结果城市的文脉搞断了，把原来的青石板、老房子全部拆了，重新铺水泥，结果活的文化成了死的标本。要认识一个人，却只是孤立地研究这个人，详细测量其身高体重、脉搏血压，搞得越量化、越仔细，就越不认识这个人。认识一个人可靠的办法之一是了解他的人脉，他的爱人是谁，他有哪些朋友或社会关系，这些清楚了，这个人就活生生地呈现了。所以说，认识一个人，看人脉；认识文化，要看文脉。

文脉的概念启发我们不能孤立地研究和发展城市的文化，而要在城市文脉的传承及其与其他城市的关系中让城市文化活起来。上海的城市文化是在中西文脉交汇和中国现代化进程这个大文脉中发展的，苏州、杭州、绍兴等地的文化是在江南文化的大文脉中才生机勃发的。这些城市的文化又相互依存、竞合统一，共同存在于更大的文脉系统中。离开文脉去搞文化研究、文化建设，结果一定是与鲜活的生命不相干的文化标本或盆栽植物式的文化样品。为此，必须抛弃独立的城市文化观念，把目光扩展到历史与现实，扩展到城市与城市群的大文脉中。那样我们会发现，文化的版图远远大于行政区划，而目前这种以行政区划为范围的城市文化发展的局限是很明显的。

（五）情感连带

情感连带是柯林斯（Randall Collins）在其《互动仪式链》（2009）一书中提出的概念。柯林斯发现，在人类互动仪式中，参与者之间发展出共同关注的焦点，并彼此感受到对方身体的微观节奏与情感，于是提出了"相互关注/情感连带模型"。

精神符号学借用"情感连带"这个概念揭示这样一种现象：人们之间的精神联系常常不是以认知为基础，而是以情感的共同感受和相互联系、相互激发为基础的。（柯林斯，2009，p. 85）符号的编码一定是集体而非个人的，因此情感连带在精神（意义）的生成中具有重要作用。

互动仪式是一种经常性的社会行动，有其内在的行为逻辑。人们之所以一次又一次地参与互动仪式，根本原因在于人们对"情感能量"（EE）的渴求。相互关注（mutual focus of attention）和情感连带（rhythmic emotion entrainment），是使互动仪式得以动态式推进的重要动力。

个体将注意力集中在共同的客体（事件或行动）上，将自身关注的焦点传达示意给其他参与者。个体对他人行为感受的体会越来越强烈，以及意识到自己的行为感受也在被他人觉知，便会形成良性积极的反馈。这样的反馈与再反馈过程循环往复，最终在参与者之间达成了谈话和体势语的节奏同步状态，"群体团结"程度达到了最高值。而成功的互动仪式的结果，就是形成了群体身份、积淀了集体情感能量的符号和道德感。（2009，p. 87）

精神符号学高度重视人类社会的各种仪式——受洗、讲演、升旗、表演、毕业式、阅兵式，还有各种庆典、节日，包括看电影、听音乐会，以及日常的对话、聚会，等等，把它们作为精神实践的重要方式，通过观察这些仪式中的情感连带，考察特定社会符号意义的流变、情感的能量、精神的生成和价值的传播。

精神符号学中的符号不是静态的固化物，而是动态仪式的阶段性成果，凝结着动态的精神能量。而精神符号学中的仪式，也不只是一种行为过程，更是符号精神内容的生成和展开过程。简言之：符号是静态的仪式，仪式是动态的符号。

五、应用：三个实践场景的举例

精神符号学基本原理和重要概念在对现实的研究中有广泛的应用。借助于原理和概念，我在《精神符号学导论》中粗略描述了研究范围和路径，也可以落地为极其具体的研究实践。

但能否应用得好，要看是否对准了现实需求，能否真正解决或解释现实问题。我们时代不缺少浅表符号，不缺少对文化奇观的描述，或把心理安慰当精神的心灵鸡汤，缺少的是对时代精神的揭示和把握。我们并不缺少衣食住行，缺少的是对衣食住行的意义的领悟。在此背景下，精神性的"茶道"退化成为表演性的"倒茶"，成为又一种空洞的能指，这是一种有普遍性的隐喻——既是理论的精神贫困，也是生活的精神缺席。因此，无论是理论性课题，还是实践性课题，精神符号学在其中都可以有所作为的。

本人在"浙江农村文化礼堂建设策划""国际视野中的之江文化产业带建设""文脉理论与大运河文化空间""大运河国家文化公园拱墅段样板区建设方案""文化赋能中国乡村振兴""文化赋能长三角区域一体化发展"等一系列课题研究中分析古城镇的文脉，研究城市文化建设，精神符号学的基本原理和重要概念构成了这些研究工作的重要支撑。不过要指出的是，我从这一系列实践性课题中得到的更重要的启示是，精神符号学的重点恰恰不在于几个工具性的概念，而在其展开的精神维度与视角：对学术界而言是超越概念，释放精神能量，从当代的"概念过载"中解脱出来，直接面对现实本身；对个体的世俗人生而言，则是超越事功，释放灵性，为生活事业的板结拓出一点空隙；对社会而言，则可观察如今的时代精神。

限于篇幅，在此试举三例，说明精神符号学可能的研究应用。

（一）《后浪》现象

"后浪"一词早有，却因短视频《后浪》而成为"2020 年度十大流行语"，进而成为一种文化现象。

正如黑格尔时代的精神是"乘在马背上"进入德国的，今天的时代精神是乘着互联网进入中国的。数字技术作为整个社会的基础设施和操作系统，正改变着人们的行为逻辑、思维方式和情感模式，形成了体现时代精神的大文化运动。这种运动，首先体现在敏锐的"后浪"文化中。主流文化与青年文化在同一种符号上理解错位，形成了当今互联网文化的符号张力，而恰恰是这种错位和张力，构成了我们时代最为真实的精神。

《后浪》于 2020 年五四青年节前夕首播，由"哔哩哔哩"（Bilibili，简称 B 站）推出。上线 3 小时后观看量破 100 万，获得 530 余万次播放、2.1万弹幕、40.3 万收藏。《后浪》希望传达的积极向上的精神引起了大多数年轻人的共鸣。视频中国家一级演员何冰对着青年人激情演讲：

> 我看着你们，满怀羡慕，人类积攒了几千年的财富，所有的知识、见识、智慧和艺术，像是专门为你们准备的礼物。……
>
> 我看着你们，满怀敬意，向你们的专业态度致敬，你们正在把传统的变成现代的，把经典的变成流行的，把学术的变成大众的，把民族的变成世界的。……
>
> 我看着你们，满怀感激，因为你们这个世界会更喜欢中国，因为一个国家最好看的风景，就是这个国家的年轻人。……

但这种刻意降低身段的赞美，却意外地招来了很多年轻人的反感，包括 B 站在内的各种网络平台上出现了大量恶搞《后浪》的视频和图文。很多网友感到《后浪》的腔调"令人尴尬""爹味十足"，充满说教意味。还有人指出，《后浪》所描绘的不过是物质条件最优越的年轻人处境：他们跳伞，玩Cosplay，喜欢汉服、摄影和潜水，但更多的人还在为生存挣扎，社会价值观的困惑、生活工作的压力每天都困扰着他们，所以他们认为这次又"被代表"了。

《后浪》现象让我们明白，今天的青年文化并不是简单的"讨好"就可以融入的。一味礼赞"后浪"，其实也是在呈现"标准"答案，而这种"标准"，恰恰是时代精神的对立面。

（二）动漫振兴的底层逻辑

中国动漫产业的发展历程和成就是中国文化产业发展的一个侧面，它们与 B 站在探索中形成一个青年文化圈，建构自己的符号体系和新仪式，构成了当代中国的大文脉的一部分，它们表明新的文化运动就在我们身边，新旧文明更替在静悄悄地进行。中国的五四新文化运动是由当时的大学教授们发起的，而正在兴起的新文化运动将由年轻的"00 后""95 后"来推动。

2020 年国庆、中秋假期，魔幻动画电影《姜子牙》的票房和排片率遥遥领先。以《盗墓笔记》《鬼吹灯》为标志，魔幻之风从网络文学掀起，吹遍了动画、游戏和影视界。当代青年人不满足于物质世界的富有，开始探索物质之外的意义，他们所热捧的动漫游戏成为新旧文明交替之际信仰重建的一种文化征兆。

文化不是酒足饭饱后的无聊消遣，动漫游戏是新一代青年精神生产的重要方式。中国动漫产业出路在于充分发挥动画符号指称性意义弱而精神价值性意义强的特点，走出画面精美而内容单调、剧情单调而精神苍白的困境，根据当代人的精神需求，深挖传统精神文化资源，突破现实的价值困境。

像"封神宇宙""山海经宇宙"和"聊斋宇宙"这类传统神话世界，是巨大的 IP 宝库。谁能找到其精神支点，谁就能撬动一个无限广阔的心灵世界。与《指环王》《哈利·波特》和狼族、吸血鬼等西方魔幻体系相比，这个世界的精神气质和价值内核别具东方韵味，是别样文明的精彩。

从限于低幼到全龄，从传奇到魔幻，国产动漫迅速走到了今天的反思天命阶段。传统文化对天命的丰富思考，深埋在无数神话与历史传奇中，持续与后世产生共鸣。哪吒的信条"我命由我不由天"代表了历代青年希望"逆天改命"的天命观，而一些上了岁数的人，则常有人生被安排的"宿命感"，更倾向于"顺天安命"。"逆天改命"的奋斗与"顺天安命"的无为，构成了天命逻辑的两个极点。天理的运行，即在两个极点之间。

许多"烂剧"把力气都用在视觉奇观的制造上，仿佛只要场面够大、角色够扎眼，就能打动观众。在没有"命感"的二元叙事中，观众根本找不到情感连带的投射点：千年前的正义战胜邪恶的故事，关我何事？

命感牵动人心，反转带来张力。《姜子牙》的主题从《封神演义》中隐含的"顺天安命"反转为"逆天改命"。姜子牙这个原著中的天命执行人，在影片中承担了反思天命的重任：为何正义的封神之战没有带来当初承诺的宇宙和谐？如果苍生的幸福必须以牺牲另一类苍生为代价，那么天道的真义究竟是什么？

这是高科技、低情感时代的"天问"。《姜子牙》和《哪吒之魔童降世》以魔幻揭示天道，以天道反思人道，相继走逆天改命的路径。哪吒的逆天改命是生命的奇迹，而姜子牙以封神重臣身份挑战"封神宇宙"，重建价值体系，则触碰到了"天道"悖论。《姜子牙》这部影片情感逻辑欠佳，人物、故事不够丰满，在一定程度上是宇宙悖论的反映。

百年变局，新的文明体系才刚刚萌芽，明确的答案还遥遥无期。中国文化的复兴不能只看数据，而需要在文脉传承上多做功夫，在文化的底层逻辑建构上下大力气。

迪士尼的公主故事系列是欧洲资源，包括传统的白雪公主、美人鱼等，通过长期经营形成品牌产品，人物性格细分层次越来越多，指向的人群也越来越多，有勤劳善良的，有坚强勇敢的，有独立叛逆的，有滑稽幽默的，几乎每个女孩都能够找到她喜欢的，进而激活心中的那位小公主，这就叫走进人类心灵的永恒结构。迪士尼庞大的公主帝国通过流行歌曲、玩具、文具、游乐园与消费大众近距离接触，深入互动，使得迪士尼的"公主IP"不断增值，成为全世界公主文化的经典诠释者，占据全世界女孩的童年记忆，塑造了整个人类共同的新的神话知识体系。

文化产业作为一种符号产业，确实有自己的底层逻辑，不掌握这套逻辑，就不能达到自在自为的境界。国漫《哪吒之魔童降世》的成就不仅仅在票房，而在其精神符号学的站位。正如每个女孩心里都活着一个小公主一样，每一个男孩心中都活着一个哪吒。

为了确证底层逻辑的存在，我常常给大家分享一组图，那是我截自"天猫商城"服装销售网店的图，让大家从符号学研究的角度看能否发现什么问题。中国的电商平台，中国的服装，中国的市场，但奇怪的是很多都用西方人做服装模特。一些青年学生和大多数接受调查的商家认为用西方模特显得更有高级感、时尚感，更有气质，这是生意，与文化自信没有什么关系。这种对强势文化影响的否认，恰恰是近百年来欧洲的强势文化造成的符号学效果。在社会潜意识中，西方的才是时髦的、高档的，一套强大的逻辑早就奠定在我们心里了，这就叫底层逻辑。中国经常遇到有理说不清楚的情况，因为现在世界流行的话语体系和基础逻辑是照西方人的思维模式来设计的。日本人在学习西方过程中，在心理上也是受到西方文化的严重挤压，但不同的是，在这种挤压下，日本动漫还是以亚洲人的形象特征创造了日本的动漫符号体系，在底层逻辑上建构了日本动漫的审美体系。这不仅解决了日本动漫的文脉畅通和话语体系建设问题，同时也赢得了包括西方人在内的世界人民的尊重，这是产业的成功，更是文化的成功。日本动漫产业的成功与其底层的文化符号逻辑建设的成功密切相关，这启示我们，中国动漫产业的发展不能局限在表层的美术设计和制作营运上，还要在底层逻辑上下功夫。

（三）网络符号

在网络交往中，个体通常以符号化的形式出现，即使是在微信的工作群中，多数人也习惯给自己取一个"网名"，由此建立起一个网络符号身份，构成与现实世界之间的或曲或直的镜像关系和镜像交流形式。这种特殊的符号行为使网民希望在一定程度上超越现实社会限制，以更个性化的方式强化主体意识，更自由地浏览自己感兴趣的材料，相互交流在现实环境中不敢或不方便表达的观点。众多网民的符号行为共同建构了一个与现实相对应的网络社会，这种网络社会又会反过来作用于现实社会，形成现实人格与镜像人格、网络社会与现实空间的双重符号结构。

这种双重符号结构提高了传播效果，丰富了传播层次，极大地开拓了人的生存境域。"现实－符号世界"与"镜像－符号世界"的双重社会景观，表征着互联网条件下人类精神的新形态。借助大数据技术，现在我们可以更好地描述这个生态系统。巨量的不同的朋友圈构成了丰富多彩的精神小生态，不断涌现的各式微信头像、表情包与社会行为之间的相关性，在符号学的框架内可以得到很好的描述。

在自媒体高度发达的网络时代，基于媒体网络的互动仪式链形成并与传统的互动仪式链构成镜像关系，同时，也使传统的互动仪式规模得到极大的扩张，符号情感能量得到极大的增强。

按照柯林斯的互动仪式链理论，互动仪式的形成必须具备四个要素：①群体聚集，即两个或者两个以上的人的身体共同在场；②对局外人设定界限；③相互关注焦点，大家的注意力集中在共同的活动或对象上；④共享情感状态，大家分享共同的情绪与情感体验。这四个要素形成节奏性的反馈循环过程，其中相互关注和情感连带是核心机制，它们能形成代表群体的符号并给予参与者情感能量。（柯林斯，2009，p. 86）

然而，自媒体的发展使当代的互动仪式链以"虚拟在场"的形式突破了柯林斯关于"身体在场"的限制。实践表明，网民在虚拟社区里保持高频率的互动，基于社交媒体建构和维系的人际关系，完全可以通过媒体远程形成互动仪式，并达到更强的效果。在社交媒体环境中，由新型互联网的交互性和共享性搭建的紧密联系可以维系情感流动。在共享情感方面，匿名状态的网民往往能摘除人格面具，表达观点、态度和情感。可见，柯林斯认为媒体对仪式的呈现会减少情感共鸣，影响仪式体验，是基于传统媒介环境观察而得到的结论，并不适用于新型数字媒介。

互动仪式的一个重要结果，是产生社会群体的共同符号，即涂尔干所说的"神圣物"，它作为群体注视的中心，将共享的情感和认知具体化，把短暂的体验保持下来。观察 B 站等网络平台上的各种互动仪式，包括弹幕、拜年纪、跨年晚会、电子游戏等，可以看到当代青年文化中大量涌现的新符号成为青年文化的中心符号和情感表征。这是青年亚文化圈的重要心理寄托，也是研究当代青少年文化的心理学接口。

引用文献：

埃诺（2005）. 符号学简史（怀宇，译）. 天津：百花文艺出版社.

卡西尔（1985）. 人论（甘阳，译）. 上海：上海译文出版社.

柯林斯（2009）. 互动仪式链（林聚任，王鹏，宋丽君，译）. 北京：商务印书馆.

李思屈（1996）. 论"虚实相生"的话语功能. 中国比较文学，3，119 - 131.

李思屈（2003）. 东方智慧与符号消费. 杭州：浙江大学出版社.

李思屈（2004）. 广告符号学. 成都：四川大学出版社.

李思屈（2010）. 传播正义论：基于普适正义的传播学理论建构. 中国传媒报告，7，12 - 17.

李思屈（2015）. 精神符号学导论. 载于曹顺庆（主编）. 中外文化与文论，3，9 - 19. 成都：四川大学出版社.

李思屈（2017）. 符号经济与文化产业的内在逻辑. 浙江传媒学院学报，1，61 - 66.

李思屈（2018）. 零符号与沉默传播学. 载于曹顺庆（主编）. 中外文化与文论，3，1 - 14. 成都：四川大学出版社.

李思屈，鲁知先（2020）. 中国创新危机的破解与创新文化的培育. 西南民族大学学报，9，32 - 40.

李思屈，臧金英（2020）. 第三次跨越：新科技背景下的传播符号学. 浙江社会科学，11，56 - 64.

李涛（2020）. 文化与科技深度融合的创新模型研究. 西南民族大学学报，9，41 - 48.

马克思，恩格斯（2002）. 马克思恩格斯选集（第四卷）（中央编译局，译）. 北京：人民出版社.

钱钟书（1999）. 谈艺录. 北京：中华书局.

张杰，余红兵（2021）. 反思与建构：关于精神文化符号学的几点设想. 载于赵毅衡（主编）. 符号与传媒，22. 成都：四川大学出版社.

赵毅衡（2012）. 符号学. 南京：南京大学出版社.

Cobley, P. (Ed.) (2010) *Introduction for The Routledge Companion to Semiotics*. New York：Routledge.

Jameson, F. (1972). *The Prison-House of Language: A Critical Account of Structuralism and Russian Formalism*. Princeton and London：Princeton University Press.

作者简介：

李思屈，本名李杰，浙江大学传媒与国际文化学院教授、博士生导师，研究方向为精神符号学、传播符号学、传播与文化产业。

Author:

Li Siqu (Li Jie), professor and doctoral supervisor at the School of Media and International Culture, Zhejiang University. His research fields are semiotics of mind, semiotics of communication, communication and cultural industry.

E-mail: Lisiqu2006@126. com

动画符号学建构的阿基米德点探析：基于精神符号学的研究[*]

李　涛

摘　要： 作为媒介的动画已经演进成了传播"时代精神"的重要读本，动画受众从动画文本中获得意义，并结成某种社会关系。动画是典型的符号文本，动画符号传播的意义，既是指称性意义，也是价值性意义；但是，符号学应用于动画研究的根本原理，就是动画符号的价值性意义远高于指称性意义。动画受众通过观看动画而认识自我、认识世界，根源上是精神的自我认识。动画符号学只有到达研究人类精神及其价值性意义生成的层次，才能彰显其学术地位。动画符号学研究的阿基米德点是精神符号，是广义的价值符号论层面的精神符号，这不同于狭义的文化符号论层面的精神文化符号。

关键词： 动画符号学，精神符号，动画，符号，意义

The Archimedes' Point of Animation Semiotics: A Mental Semiotic Approach

Li Tao

Abstract: Animation has evolved into an important medium for conveying the spirit of the age. Audiences of animation derive meaning from the animation text and form a certain type of social relationship. Hence, animation is a typical form of sign-text. The "meaning" in animation

* 本文为浙江省哲学社会科学重点研究基地——传播与文化产业研究中心课题"讲好中国丝路故事的影视动画传播研究"（20ZJCW0206）成果。

semiosis refers to both the referential meaning and the value meaning. However, the way in which semiotics is applied to animation studies indicates that the value meaning of animation symbols is far more important than the referential meaning. Animation audiences know themselves and know the world through watching animation. Therefore, the root of understanding with regard to such symbols is spiritual self-knowledge. Animation semiotics can only demonstrate its academic value when it reaches the level of studying the human spirit and generating value meaning. The Archimedes point in the study of animation semiotics is the finding of a spiritual symbol, or a spiritual sign at the level of value semiotics in the broad sense. Such a sign is different from a spiritual cultural sign at the level of cultural semiotics in the narrow sense.

Keywords: animation semiotics, mental sign, animation, sign, meaning

DOI: 10. 13760/ b. cnki. sam. 202102002

动画实践仍然领先于动画理论，这是一个不用争辩的事实；那么，理论研究者不禁要问，突破动画理论研究的瓶颈，其支点究竟是什么？

一、意义思考：动画是传播时代精神价值性意义的媒介

动画作品涉猎的范围已经遍及文化、艺术、政治、历史和神话，以及社会、未来、自由、人性等领域，如科幻动画对未来的设想、魔幻动画对异时空的想象、神话动画对人类起源的假想。动画，早已不仅仅是小孩子的娱乐，它传播着人类思考和文明探求，承载着深沉内容和时代精神。

从这个意义上来讲，动画媒介已经演进成为传播时代精神的文本。

动画传播文本的分析，理应放置在传播学和符号学的框架之中。因为，首先动画媒介是大众传播，其次动画媒介是典型的符号文本，所以以传播符号学方法之于动画传播研究，得天独厚。（李涛，2012，pp. 3 - 43）将动画研究置于符号学尤其是传播符号学的框架之中，即视动画为影视符号、一种特殊的系统。现有的动画研究多在创作应用层级的维度上展开，分析诸如动画构图、动画音效、动画美工、动画设定等，是动画理论延续电影语言理论研究路径的惯性。但是用拓扑学术语说，动画是数码科技支持下的一种形象、

图式、对白、音效、色彩等多维系统，与其他一维语言系统不是平行关系。动画理论研究对象还包括在动画实践成功之后的评赞，电影理论和语言学理论及其他成熟的理论体系的对应分析。还有一个正在探索的方向是讲好动画故事，一般是对成功动画作品的艺术总结。现阶段的动画，尤其是中国动画，讲好故事的主要成功实践是对神话故事的现代改编，以千年神话原型和中华文化基因作底色，涂抹以另类的诙谐，这类动画案例的票房成功激励着类似动画创作的再接再厉，而沿袭套路的新作却很容易遭遇"滑铁卢"。动画创作者在问：动画受众到底要看什么样的动画？动画理论研究回应这样的现实需求，做出理论解读：动画艺术的创新不应该是一个灵光一现的问题，不是让动画实践界凭灵感、拼运气；动画理论界也不应该跟在成功的动画作品之后做一些断裂的角色剖析和故事分析。动画理论研究的创新出发点仍然是一个需要厘清的源头性问题；对作为符号集合的动画媒介，运用符号学进行研究，可能是理论创新研究的重要入口。

动画是符号集合，索绪尔（F. de. Saussure）把符号学设想为"研究社会生活中符号生命的科学"（1980，p. 37）。"符号生命"的提法，是一个超越的高度。动画呈现社会生活的那些符号，既是多维的系统符号，又是一种情感的运动，正如罗兰·巴尔特（Roland Barthes）在法兰西学院文学符号学讲座上的就职讲演中说的，"符号学是一种具有情感性的运动的一部分"（1988，p. 14），动画系统符合符号学的形式表现和情感表达。动画在拷贝中、在 U 盘里即使存在千年，也是没有生命的表现和没有情感的表达，或者说只有潜在的生命和情感，需要有动画受众观看才能兑现；基于动画受众是无意识地观看还是有感受地观看，动画符号的生命力是不一样的——因为符号需要传播，而且是有效地传播，才能取得生命。

在传播的层级上研究动画，动画符号文本、动画符号意义、动画符号接受者的关系是首先需要理清的。自索绪尔、皮尔斯的符号学理论流派之后，池上嘉彦（1985，p. 30）提出"符号"、符号所指的"指示物"、符号的"使用者"三个重要因素，因此设置了符号研究的三个方向：一是"句法学"（syntactics），研究符号与符号的结合；二是"语意学"（semantics），研究符号与指示物之间的关系；三是"语用学"（pragmatics），研究符号与使用者之间的关系。符号、指示物、符号的使用者的不同研究组合导向不同的研究方向；动画符号学如果沿用动画符号文本、动画符号意义、动画符号接受者这样的组合关系，可能会陷入传播模式论。传播模式起源于香农（Claude Shannon）和韦弗（Warren Weaver），其"传播的数学模式"被视为信息传输过程论的典型代表。过程学派希望能研究出一个使传播渠道发挥最大效益的方法；宾州大学安娜堡传播学院的葛本纳教授企图建立一个更复杂的模型，研讨接收和意义问题，同时将传播过程视为由感知向度和传播沟通向度构成的二向度轮替，还是以"线性模式"为主干；拉斯韦尔用口语化来解释香农和韦弗的原始模式；纽科姆模式打破了单一线性模式，通过讨论社会和社会关系中传播的角色，建立一个三角模式，保持社会体系的均衡；韦斯特利-麦克莱恩模式加入新要素，延伸纽科姆模式，特别适用于大众媒体，这个具有传播和编辑功能的模式包括决定如何传播和传播什么的过程；雅各逊模式综合线性和三角模式，将"意义"及"信息"的内在结构置于双重模式中，建构"传播行为中的构成要素"。（Fiske，1995，pp. 47－56）动画符号文本、动画符号意义、动画符号接受者的组合关系研究，试用过上述所有模式，研究停留在传播效率和传播过程的节点上。究其原因，试用的这些传播模式论都在某种程度上强调传播假设：传播是指一项信息由甲传递到乙。我们在对动画进行的传播学研究中，假定动画文本信息传递给动画受众，动画受众做出接受、半接受、不接受的三种态度行为，无论将动画要素放置在以上的哪一个传播模式中都无法合理解读动画受众的动画社群、动画沉迷等现象，因为这些现象表层上是媒介行为，深层却是社会行为和心理行为，再深层剖析则上升到"人之为人"的价值取向问题。

动画群体已然在动画媒介传播的进程中形成新的社会，动画受众不再仅仅是影视观看者，他们从动画媒介中获得社会意义，并结成某种社群。在动画传播符号的研究中，符号学之于动画传播是一种方法，动画符号不是孤立的，符号的意义从其所处的社会环境中产生，是社会赋予的。"动画符号"与"动画关系"是动画符号分析的两个重要关键词。动画符号学方法是研究动画符号与动画符号的关系、虚拟动画世界与真实现实社会的关系，而不是研究孤立的动画符号，所以，动画符号研究的首要任务是区分符号类型，然后进行动画传播文本和动画受众的分类和研究。（李涛，2012，p. 27）在符号学那里，动画符号本身并没有什么实际作用，动画符号的内外关系及其意义才是要关心的重点。

研究意义的符号学关键词是"意义"，需要明确分辨它是指称性意义还是价值性意义。（李思屈，2015）在动画文本中，日增月进的动画技术或者让动画形象更逼真，或者让动作更流畅，或者让情绪更感人，动画受众不会认错原动画的意图，这些是指称性的意义，即动画表达的"意思""含义"，其在动画制作现状中已日臻完善。动画迷们口称的"低幼动画"在指称性意义上可以达到极高的水准，动画迷们需要透过指称性意义看到另一种意义，即"当我们说人除了要活着，还必须活得有意义时，'意义'这个词偏重的是其精神价值性"（迪利，2012），"而偏重其价值性意义的符号学研究，就是精神符号学研究"（李思屈，2015）。

动画创作者运用数字技术创造出动画符号，首先是出于实用目的，即要把人物和情境表现出来（指称）和要把动画故事讲出来（表意）。但是，动画创作的动画符号世界"并不仅仅是客观现实世界的一种概念式映射，不仅仅是现实世界的镜像反映，而是在此同时创造了一个精神的世界"（李思屈，2015）。作为世界映射和镜像反映的动画符号，其生命的实用功利方面与动物、植物的符号行为并无本质不同，而作为精神世界表征的动画符号行为则为人类所特有。

动画符号学只有到达研究人类精神及其意义生成的层次，才能彰显其学术地位。显然，只有在精神符号学的意义上，我们才能完成卡西尔说过的"人是符号的动物"，亦即能利用符号去创造文化的动物；人与动物的根本区别就在于动物只能对"信号"（signs）做出条件反射，只有人才能够把这些"信号"改造成为有意义的"符号"（symbols）。（卡西尔，1985）动画形象常常以动物的外形出现在动画作品中，但这些动物形象演绎的是人类社会的精神，是用动物形象定义"人是符号的动物"。动物形象在外形的指称和符号的指涉意义上，向动画受众清楚地、本质地区别出"人"与"动物"。面对这样的优秀动画符号创作，动画符号研究应更加清楚研究的偏向是动画的精神价值性的内容及逻辑。

昌明盛世，总是思想激荡、传播活跃的时候，是时代精神新兴的时候；不同的历史阶段有不同的时代精神，而不同历史阶段的技术就是时代精神的符号，时代"创新危机根本原因往往还在于精神世界的迷茫，缺乏创新的精神激励和价值导向。现代精神的觉醒和现代性的危机，这是18—20世纪的欧洲不断探讨的难题"（李思屈，鲁知先，2020）。时代精神是世界精神在具体历史语境中的具体化，从古希腊、中世纪一直到文艺复兴，神话和上帝是西方精神的中心符号，与之相应的是由"神圣""永恒""爱""美"等组成的丰富符号体系。文艺复兴和启蒙运动体现的时代精神则是去神圣化，代之以科技与经济（李思屈，2018）。如今的动画参与时代，优秀的动画作品已然在传播着时代精神。

二、动画媒介：科技与文艺融合的生命意义符号文本

20世纪的世界动画是美国动画独霸的时代，迪士尼（The Walt Disney Company）、梦工厂（Dream Works Animation SKG, Inc.）代表的美国动画界以推陈出新的动画科技引领着世界动画的潮流。动画新技术会"打破习常的动画符号"，而一项动画技术成熟并广泛运用后，其中陌生化的动画符号就流向动画受众习以为常的动画话语，"语形与语义之间的连接成为约定俗成的"（池上嘉彦，1985，p. 2）。美国动画创造的动画世界造就了习常性的价值影响，诸如唐老鸭、米老鼠、王子公主成为一代又一代少年儿童的记忆，也影响过几代人的精神世界甚至婚姻生活。进入21世纪，美国动画电影似乎一直遵循着好莱坞电影叙事的那一套符号法则，比如《疯狂动物城》《寻梦环游记》等剖析社会、反映人文的故事，仍循着好莱坞叙事，动画受众在网络评论区留言称其为"经典的换汤不换药"。这个"汤"是动画技术，"换汤"是推陈出新的动画技术；"药"是故事内核，"不换药"是叙事套路。美国动画电影在技术层面的创新不可否认，比如《寻梦环游记》对亡灵城的渲染，《疯狂动物城》对动物毛发的呈现，动态捕捉技术的广泛应用，都在突破和革新。21世纪以来，世界科技日新月异，但美国动画的技术创造性明显减弱，新鲜的动画语汇表达手段变少，美国依靠动画技术创新占据的世界动画份额逐渐让与日本。

美国和日本，这两个动画界的商业帝国走的道路略有不同。典型的美国动画走技术的高速公路，驾驶着迪士尼、皮克斯这些"豪车"行驶在高速公路上；典型的日本动画走的是景观大道，虽然近些年来也有2D、3D场景的融合应用，出现了《宝石之国》《动物狂想曲》等三维制作，但制作流程变化不大，传统手绘依然占相当比例。日本动画行驶的不是依赖技术创新支撑的高速公路，而是有山水人文风景的景观大道，沿途风景入人眼、入人心，并不完全是靠动画技术打破习常动画符号。日本的动画世界以"动画界的黑泽明"宫崎骏、"动画界的希区柯克"今敏、用"动画思考人性与科技矛盾"的大友克洋为代表，抢占着世界动画电影票房和动画剧收视率，也将日本精神价值观以"动漫外交"的方式传播到世界各地。

中国动画的精神价值内涵表达还有待研究。对于精神符号与东方智慧的关系研究，南京师范大学张杰教授、余红兵教授是优秀的符号学者，他们以"天人合一"的中国传统认知模式为基础，以高度的学术自觉和深厚的学术

修养，敏锐地提出了以东方智慧为内涵的符号建构设想。中国的动画正在从量变到质变的关键时期，选择什么道路，是重要议题。

一方面，动画媒介的演进与数字技术的迅猛发展相伴。在传统意义上的"现实界"，人类赖以生存的世界是经历亿万年自然演进、经过人类的实践改造的有形世界，是一个眼可视、耳可听、鼻可闻、舌可尝、身可触的现实世界。人类社会的传播，在现代科学技术的驱动下，经历了从原始社会的口传身授时代到农耕社会的纸制媒介传播时代，到工业社会的电子媒介传播时代，再到信息社会的数字媒介传播时代。人类将自身的生活方式和思想感情都数字化成一个个符号，通过信息渠道进行符号流动。符号传播促成了现代媒介世界的形成，人类已经须臾不离地生活于大众媒体及其传播的符号重新构造的"媒介世界"中。而动画媒介正是科技发展到一定历史阶段的产物，是科技支撑下的一种人工影像的符号集合。

另一方面，动画媒介的演进与人类欲脱离动物序列的愿望相伴。尤其在符号文明早期，部落通过创造特有的符号体系，开始了追寻"人之为人"的文化苦旅。法国考古学家普度欧马（Prudhommeau）于1962年提交的科学研究报告显示：绘有野牛奔跑的洞岩画是旧石器时代的原始人类试图捕捉动作的象征符号作品的滥觞，这是早在2500多年前的动画形式的符号记载。这不是孤例，洞岩艺术时期的动画象征符号作品还有西班牙北部山区阿尔塔米拉山的野牛、野猪、鹿等洞岩画（李责明，1992，p. 52）。这些最晚属于玛格特林文化（距今约2万—1.2万年）的原始洞岩画表示原始人类试图以绘画形式呈现大脑意识对动态过程和时间过程的掌控。这个时期的人类文明以绘画的符号形式将不同时间发生的动作绘制在一张图上，这种"同时进行"的概念间接显示了人类"动着"的欲念记录。这些原始洞岩画，是早期人类运用象征符号建立猎手和猎物之间象征性灵魂联系的艺术创作；早期人类以创造象征符号的方式，探究现实生活事件的因果和意义，思考可触世界之外的更深层概念。而洞穴、火种、岩画以及动物图形均以原始象征符号和宗教仪式的形式转变为神话的基础，是以洞岩画符号样本保存着的原始动画符号化石。（李涛，2008，pp. 48 - 52）

文明的进步与科技的进展如影随形。动画媒介在其中，从未缺席。

动画符号传播随媒介技术变迁历经重要历史阶段（李涛，2012，pp. 180 - 186）。一个阶段是印刷技术的诞生，东方的毕昇和西方的古腾堡的发明，开启了人类文明的重要历程，人类文化的逐字逐句书写方式跃迁为可以批量生产的印刷方式。唐朝是印刷术快速发展的时期，文字符号复制技术的高效率传播正是大唐盛世的一个文化现象。唐穆宗长庆四年（824年），元稹为白居易《白氏长庆集》作序："至于缮写模勒，炫卖于市井，或持之以交酒茗者，处处皆。"（白居易，1994）"模勒"即为雕版印刷。元、白诗作通过印刷方式在民间广泛流传。印刷术不仅带来各阶层知识文化的普及、精英阶层学术思想的活跃，还有文化的海外流传。在社会安定的物质条件支撑下，物质需要基本满足后，"人之为人"的精神需要显著地呈现出来，更多的各阶层人士走向更像"人"的生活，"活着"的意义在更广大的人群中实现。

正是在这个文化呈几何级数增长、文化传播满足各阶层的精神需求阶段，漫画应运而生，尤以四格漫画最为流行，用印刷技艺悄然无声地传播还处于静态的动画故事。而绘制的漫画要真正成为动画，在二维静态画中展现运动的生命，除了运用绘画技法，还有待19世纪的一项重要研究。

1824年，英国人彼得·罗杰（Peter Roget）的研究报告《关于移动物体的视觉暂留现象原理》（Persistence of Vision with Regard to Moving Objects）提交英国皇家学会，视觉暂留现象成为漫画迈向动画的理论台阶。在实践领域，英国人约翰·艾克顿·帕里斯于次年，即1825年发明了转盘活动影像镜（祝普文，2003，p. 32）。法国光学家兼画家雷诺（Emile Reynaud）将动画技术和动画艺术结合，根据视觉暂留原理制成活动视镜（黄玉珊，余为政，1997，p. 45），在动画艺术创作方面，制作出了《猴子音乐家》《可怜的皮埃罗》《游泳女郎》《炉边偶梦》《更衣室旁》《丑角和它的狗》《喂小鸡》《一杯可口的啤酒》等二十多个动画短片。这些动画片拥有"一定长度的放映时间，巧妙的剧情，生动的故事，典型的人物，同步的音乐，美丽的布景，动人的色彩……具备了现代动画片的基本特点"（王文实，陈晓云，卓敏，1999，p. 10）。世界首位动画家、法国著名动画先驱埃米尔·科尔（Emile Cohl）于1908年执导的第一部电影——《幻影集》（Fantasmagorie），被认为是第一部真实动画片。（Crafton，1993，p. 59）早年师从政治漫画家安德烈·基尔（Andre Gill）的科尔，受其师自由色彩理念影响以及交往的绘画界朋友启迪，发展出反学院、反理性、反中产的"不连贯"美学特质。科尔在1908至1921年间完成的250多部动画电影片运用视觉语言开发动画场景、图像间的变形和转场，将自由和个性创作导入动画创作理念。（Crafton，1993，pp. 59 - 88）埃尔·赫德（Earl Hurd）发明透明赛璐珞片（Celluoids），解决了活动形象和背景分别绘制的问题。（张慧临，2004，p. 9）至此，动画片赖以发展的技术基本成形。

初期的动画常被视为前卫实验艺术的一种。芬兰的舍唯吉（L.

Survage)、瑞典的伊格林（Eggeling）及德国的瑞希特（Hans Richter）都是在20世纪20年代运用动画追求新艺术形式的画家。瑞希特的卷轴画里重复出现的几何图形在不同节奏下做角度及大小远近的变化，使观者能模拟观赏建筑物的体验，作品精神再创几何图形变化的动态过程，深受立体主义及构成主义的影响；他的许多动画片遂成为许多着迷于图形组合及潜意识关系的前卫艺术家的圭臬。（李涛，2008，pp. 51–58）通过以上从原始的静止洞岩画到现代动画诞生的简史梳理，可以略见动画符号体系建构的要件。

如果将动画视作符号的观测站，则动画符号的新生成，首先是科学理论的突破，其次是动画技术的发明和动画文化、动画艺术①的创新。动画是在移动物体的视觉暂留原理指导下发明的"活动视镜"架构中的媒介，动画这种数字方式的符号传播还需要艺术审美的创新。动画科学技术与动画文艺的融合，催生出一类崭新的符号，被命名为"动画符号"。这是一类特殊的符号，不同于文字符号，也不同于真人电影符号。对动画符号特殊性的理解，可以从以下情境略做推测。

家庭生活中有一个常见的情景：好动的学龄前儿童被引导到银幕前，就能安安静静、津津有味地陷入动画符号场域中。试想：一部英语或日语动画片，学龄前儿童听不懂对白，也看不懂字幕，是如何观看动画片的？研究者在英国访学期间观察到这一情景：英国幼儿听不懂日语，却仍可以观看原声《千与千寻》《幽灵公主》。沉浸在动画境域中的动画受众被动画符号包围，动画符号是动画技术基石上生成的动画艺术，流动的数字图景和数字音效构成其典型的符号象征。

现代科技运用于动画制作，通过创造动画符号讲述动画故事，首先是出于指称和表意的实用目的。动画电影和真人电影的不同正在于动画技术创造出的动画艺术符号，幼儿受众更能接受动画符号集合，更能明白动画符号对事物的指称；青少年动画受众则不再满足于指称，不再满足于动画符号对客观现实世界的概念式映射，不再满足于对现实世界的镜像反映，而是需要创造一个精神的艺术世界。

一项国家级课题的调研数据显示，"认识自我""认识世界"是"95后""00后"动画受众观看动画的首要目的。认识自我根源上是精神的自我认识。幼儿咿呀学语的过程是幼儿对本来一无所知的自己及周遭世界的整理过程，

---

① 动画文化和动画艺术是有区别的，在本论文的研究中，考虑到研究的重心是精神符号问题，故将动画文化和动画艺术统称为"动画文艺"。关于动画文化和动画艺术的论述请参见李涛（2021）。

也是建立秩序的过程。人置身于广大无边的空间和绵延不绝的时间中，需要在孤独中找到尽头，也就是对自我的界定和认识。他被无限的空间和无尽的时间这样一个不出声的宇宙包围，需要动画这种有边界的影像，以打破缄默不语的世界，确定自己，找到自己的边界。幼儿观看动画片，也是利用动画世界来认识现实世界、建立秩序的认知过程。幼儿也好，成人也好，就这样通过观看动画来不断丰富着自己的现实世界，而且在观看动画的过程中，随着对动画语言的掌握而掌握了一种"给予意义"的体系。（池上嘉彦，1985，p.5）动画文本给予的意义不是能触摸的物质意义，而是能感知的、可以流通的符号意义，是人类在精神世界自我思考、自我完善所需要的那种意义。

动画科技发明者们和动画艺术开拓者们创造的动画符号世界并不仅仅是世界映射和镜像反映的符号集合；动画符号在其生命的实用功利方面与动物、植物的符号行为并无本质的不同，而作为精神世界表征的动画符号行为则为人类所特有。

三、精神符号：动画符号学的阿基米德点

动画是媒介，媒介是交流的介质，其传播功能的效率是评估的重要项目。心有灵犀的交流一直是传播的梦想，交流的困难来自需要跨越的各种边界，包括语言、文化、性别、种族和信仰等。动画符号恰好正在跨越这些边界，一部优质动画片可以成功发挥跨越边界、达成交流的功能。动画媒介相较于其他媒介更可以独辟蹊径，寻找一条新的理解思路，避免对话的道德特权，避免交流的失败。动画能实现高效率的交流，因为动画是一种特殊的符号体系，对动画符号进行研究则是提升动画创作水平的重要路径。

动画符号的研究可以突破动画研究和传播研究各自的藩篱。借助传播理论，动画传播研究可建构传播学的一种研究范式。依据传播学研究的基础理论和文本意义的符号系统假设，可以推导出动画传播研究的假设：

（1）动画是符号传播，动画符号是动画传播的基础；

（2）动画既与电影、电视、互联网等媒体交叉，又独具特征。电影学已经从文学中独立，动画也应该从影视学中独立；

（3）动画研究需要上升到学理层面；

（4）动画传播研究是传播符号学内容。（李涛，2012，pp. 37 – 43）

动画传播成立的支持系统有二：一是动画文本的符号集合，二是动画受众群体。传播是交流，交流是现代人诸多渴望的反映。媒介发达，达成交流

已不是问题，问题却是现代人即使面对面时仍不知如何交流，正在当面交流的两个人不在一个频道上。交流是盘根错节的，它把时代的种种自我冲突编写进了自己的代码之中。（彼得斯，2003，p. 2）

动画受众与动画媒介技术发展同社会变革相关联。动画受众系统研究一般以调查数据做四分法分析，将动画受众分为基本受众、参照受众、特约受众和潜在受众，但这种分类很难分析出动画受众的真正所需。受众大致经过三个阶段：作为大众的受众、作为群体的受众和作为个体的受众（隋岩，2015），动画理论研究对动画受众的认识也历经了大致相同的三个阶段。动画研究很快认识到动画受众结成的动画社群的重要性，最初认为动画社群中的受众成员们意图明确，价值观相同，互动频繁，形成的应该是稳定而紧密的群体，这符合芝加哥社会学学者赫伯特·布卢默认为的受众——由现代社会环境催生出的群集公众的特点。但研究很快发现动画社群的不稳定性，其成员可能因为一部动画片联系在了一起，却因为对这部动画片理解的不同而冲突争执，所以动画社群不是一个关系恒定的群体，而只是一群有着相似理念或爱好的人，聚集到某个平台进行公共议题的讨论，提出自己的观点和建议。

随着动画受众研究的进展，特别是实证研究的全新推进，动画研究开始思考动画受众中是否存在稳定的"基础群体"。拉扎斯菲尔德在《人民的选择》中，对"魔弹论"提出挑战，认为传媒并不如想象的那样强大，受众可以自主选择媒介信息，把一些信息过滤掉。"有限效果论"在动画社群中有所体现。动画社群的建立是非常个体化的。媒介技术飞速发展，在由数字化技术形成的新兴传媒网络中，动画群体不受地域、利益甚至语言的限制，而依托对动画媒介的评论结成意见的交往。随着更年轻的一代人进入动画受众调研的视野，动画受众年龄范围进一步扩大，动画受众不再抽象，而是变成一个个活生生的、拥有独特认知能力的个体。

动画文本和动画受众两套系统达成符号流通，动画符号体系吸引和聚集爱好同种动画符号的受众，他们因此结成动画社群，这种社群处在动画科技和动画文艺的语境中。动画科技是动画社群的体制，正如"政治、经济、军事、教育、社会生活不是受科技的影响……而是政治、经济、军事、教育、社会生活等都在科技的体制中"（Merton，1979，p. 22）。

动画社群自成一种社会秩序，这是动画文艺与动画科技融合创新出的秩序。这种动画社会秩序组织上是松散的，精神上是紧密的，放在社会学框架中探讨，其成立和建设需要动画科技和动画文艺融合创新的推动。美国结构功能主义学派的奠基者之一罗伯特·金·默顿（Robert King Merton）的专著

《科学社会学》收录了他的博士学位论文《十七世纪英格兰的科学、技术与社会》，这部论文的重大贡献是将科技置于社会改变的视域中，探讨了文化、科技对社会的影响。从缓慢形成动画社群到巩固成为动画社会体制，其间动画科技带给动画社群的不仅是文艺收益。置身于动画社会体制中的动画科技具有一切经过公认确定的动画活动所具有的吸引力。新的动画科技代表一种新的、整装待发的动画社会秩序，其中必定蕴含新价值与旧价值交融组合的社会理念。

动画文艺与动画科技融合的过程中，技术因素起引擎作用，内容因素起意义作用。（李涛，2020，pp. 41－48）动画科技嵌入动画文艺或动画文艺嵌入动画科技并产生重大突破，就为动画社群的生活和精神提供了改变的动力。动画文艺、动画科技与动画精神价值三者形成三螺旋关系，简称"动画三螺旋"（VTC动画创新模型），立体螺旋体由价值螺旋线（V线，即Value）、科技螺旋线（T线，即Technology）、文艺螺旋线（C线，即Culture）交替缠绕构成，其中价值螺旋线更具内涵，能量更强，文艺螺旋线和科技螺旋线实际功能较平等。价值线是文化艺术追求和科学技术探寻的目标，无论是生活精神价值，还是生命精神价值，甚或人类文明精神价值，其解释意义都不在文化艺术之中，更不可能禁锢于科学技术之中，所以，价值线应该是独立的螺旋线。在动画文艺、动画科技与动画精神价值的三螺旋关系中，三者交叠，互为因果关系；精神价值黏合动画文艺与动画科技，是动画符号系统成形的核心动力，换言之，精神价值是核心，它正是动画符号学研究的阿基米德点。

动画符号的阿基米德点是动画符号科学性研究的关键点，是动画符号展开科学研究的支撑点，是动画符号学建构的基点。从宇观层次观看动画符号集合，可以研探动画受众的心灵宇宙，正如象山先生所言"四方上下曰宇，古往今来曰宙"，谓之"天道"。从渺观的层次观看动画符号集合，可以体味动画受众的情感心理，谓之"人道"。动画符号学的研究特别需要关注的一个重点是其与一般的文化符号论的不同。动画符号学往往研究动画片的符号个案，但不是把动画个案作为经验材料堆积，而"首要关注的是符号与精神发展的逻辑关系，深层探索人类精神发展与符号演变之间共同的、必然的逻辑结构"（李思屈，2015），研究关注人类精神现象中的价值符号。这样的追求，正是动画符号论走向动画符号学的正确路径。21世纪的科幻日漫在世界动画受众中收视率和评价双高，例如：《新世纪福音战士》在强烈的悬念中带领动画受众观察、体验神秘，唤起人们的真切感受和思考，求得心灵的净化；《红辣椒》通过微型DC游走于现实世界与梦境世界，以治疗现代人类的精神疾病；《来自新世界》以严谨的科学逻辑反思反乌托邦式的未来超级社会"新世界"优胜劣汰的价值观念……用动画符号穷极四方上下，幽隐往古来今，这正是研究动画符号传播的阿基米德点。

动画符号学研究的阿基米德点是广义的"精神符号"，它不同于狭义的"精神文化符号"。在价值符号论层面讨论精神符号，和在文化符号论层面讨论精神文化符号，不是一个层级的问题。在我们上面描述的动画三螺旋中，价值符号论在价值螺旋线上，文化符号论在文艺螺旋线上。精神文化符号与科技螺旋线是同一层级，而精神符号则是三者中的核心和动力。

站在动画符号的阿基米德点上的动画符号学是研究动画受众精神及其动画文本意义生成的学科，它研究动画科技与动画文艺交汇处的动画符号的精神价值性内容及逻辑。对于人类精神呈现的具体形态的研究，构成了宗教、艺术和哲学，黑格尔在纯粹逻辑的层次上扬弃了历史的偶然性，对精神现象进行了全面的逻辑整理，对精神的历史发展中具有必然性的逻辑结构进行了揭示，这使他的《精神现象学》成为精神研究的一座丰碑。对人类"心灵的永恒结构"的逻辑性追求，是现代符号学诞生的重要动力（李思屈，2015）。建构具有严密逻辑的"人的物理学"（霍克斯，1987，p.9），也应该成为真正的动画符号科学的努力方向。

符号学应用于动画研究，绝不是简单的套用，而有其根本原理，这个根本原理就是：动画符号的价值性意义远高于指称性意义。真人电影的受众非常在意表演、服装、化妆、道具的真实性，需要的是指称性意义。而对于动画电影，没有受众会纠结于动画是否真实，即便是动画大师宫崎骏的经典作品也只是"意向"的真实，而不是指称性真实。例如宫崎骏自传动画《红猪》中将自己塑造成了猪的形象——因为不愿服从纳粹去屠杀盟军和犹太人，又无从逃避现实，于是对自己下了诅咒，变成"红猪"，这是宫崎骏身不由己的实现写照。没有受众会质疑"红猪"形象怎么会指称真实的宫崎骏；相反，在精神符号层面上，受众接受"红猪"就是宫崎骏，是价值性意义的宫崎骏。

精神符号，是动画符号学的本质属性，是动画符号学的阿基米德点。

引用文献：

巴尔特（1988）. 符号学原理（李幼蒸，译）. 北京：生活·读书·新知三联书店.

白居易（1994）. 白氏长庆集. 上海：上海古籍出版社.

彼得斯（2003）. 交流的无奈：传播思想史（何道宽，译）. 北京：华夏出版社.

池上嘉彦（1985）. 符号学入门（张晓云，译）. 北京：国际文化出版公司.

迪利（2012）. 符号学基础（第六版）（张祖建，译）. 北京：中国人民大学出版社.

黄玉珊，余为政（1997）. 动画电影探索. 台北：远流出版公司.

霍克斯（1987）. 结构主义和符号学（瞿铁鹏，译）. 上海：上海译文出版社.

卡西尔（1985）. 人论（甘阳，译）. 上海：上海译文出版社.

李思屈（2015）. 精神符号学导论. 载于曹顺庆（主编）. 中外文化与文论，3，9－19. 成
都：四川大学出版社.

李思屈（2018）. AI 时代的人类精神与价值传播. 浙江传媒学院学报，2，18－25＋147－148.

李思屈，鲁知先（2020）. 中国创新危机的破解与创新文化的培育. 西南民族大学学报，9，
32－40.

李涛（2008）. 美日百年动画形象研究. 北京：光明日报出版社.

李涛（2012）. 动画符号与国家形象. 杭州：浙江大学出版社.

李涛（2020）. 文化与科技深度融合的创新模型研究. 西南民族大学学报，9，41－48.

李涛（2021）. 从世俗之维到精神之维：动画文化和动画艺术. 载于科幻动画：符号传播
与科学传播. 杭州：浙江工商大学出版社.

李赍明（1992）. 西方美术史. 北京：人民美术出版社.

隋岩（2015）. 受众观的历史演变与跨学科研究. 新闻与传播研究，22，8，51－67＋127.

索绪尔（1980）. 普通语言学教程（高名凯，译）. 北京：商务印书馆.

王文实，陈晓云，卓敏（1999）. 绚丽的时空——电影、电视. 杭州：浙江人民美术出版社.

张慧临（2004）. 二十世纪中国动画艺术史. 西安：陕西人民美术出版社.

祝普文（2003）. 世界动画史. 北京：中国摄影出版社.

Crafton, D. (1993). *Before Mickey: The Animated Film* 1898－1928. London：University of
Chicago Press, Ltd.

Fiske, J. (1995). 传播符号学理论（张锦华，等译）. 台北：远流出版公司.

Merton (1979). *The Sociology of Science: An Episodic Memoir*. Carbondale, IL：Southern
Illinois University Press.

作者简介：

李涛，博士后，浙江传媒学院教授，浙江大学西溪符号学主要成员，主要研究方向
为动画符号学。

Author:

Li Tao, postdoctoral fellow, professor at Communication University of Zhejiang, principal
member of Xixi Semiotics of Zhejiang University. Her main research interest is animation
semiotics.

E-mail：sibi99999@126.com

中国传统符号学思想 ● ● ● ● ●

"文之道"与"文的自觉":《文心雕龙·原道》的符号学考察[*]

李卫华

摘　要: 要走出《原道》之"道"的研究困境,首先要改变提问的方式。不再纠结于"《原道》之'道'究竟是谁家之'道'"这样的假问题,而是要问:"刘勰在《文心雕龙·原道》中创设了一个怎样的'道'?他是如何创设出来的?"在这一问题的引领下,借鉴符号学的伴随文本理论,则不难发现,刘勰以儒家思想为互文本,以道家思想为承文本,创设了一种崭新的"文之道",其中"文"与"道"是一体两面、互为表里的关系。这种"文之道"的创设,恰是魏晋以来"文的自觉"的彰显。

关键词:《文心雕龙》,道,伴随文本

"The Dao of Wen" and "the Consciousness of Wen": A Semiotic Study of "On Dao" in *The Literary Mind and the Carving of Dragons*

Li Weihua

Abstract: Readers of "On Dao" face a dilemma in understanding the meaning of "Dao", and this dilemma can only be dealt with if we change the way

＊ 本文为国家社会科学基金项目"《文心雕龙》范畴的符号学研究"(18BZW001)阶段性成果。

of asking questions. Instead of asking false questions such as "Whose Dao is the original Dao in 'On Dao'", a more productive approach is to ask "What kind of Dao did Liu Xie create in *The Literary Mind and the Carving of Dragons*? How did he create it?" In pursuing this question, with the guidance of co-text theory in the study of semiotics, it is not difficult to realise that Liu Xie created a brand-new "Dao" of Wen, with Confucianism as its intertext and Taoism as its hypotext. Liu Xie took "Wen" and "Dao" as the two sides of one body. This creation of the "Dao of Wen" is exactly the manifestation of "the consciousness of Wen" as it has been understood since the Wei and Jin Dynasties.

Keywords: *The Literary Mind and the Carving of Dragons*, Dao, co-text

DOI: 10. 13760/ b. cnki. sam. 202102003

作为"文之枢纽"的首篇，《原道》可以看作《文心雕龙》全书的总纲。然而，对于《原道》之"道"，学界一直众说纷纭，它究竟是"儒家之道"还是"道家之道"？是黑格尔的"绝对精神"还是海德格尔的"存在"？各种观点至今争论不休。① 对《原道》之"道"的研究似乎已成为"龙学"中的一个迷人的陷阱，令人不甘绕开又不敢涉入：如若绕开，则《文心雕龙》全书的指导思想无以明确，理论体系无以确立；而一旦涉入，则似乎终其一生也无法理清头绪，更无暇于《文心雕龙》的其他研究。

《原道》之"道"研究的这一困境，是由提问方式的错误造成的。在学术研究中，正确的提问比正确的解答更重要。答案可以是多样的，而提问方式一旦错误，就会将大量的学术资源和精力浪费于一个假问题之中。对于《原道》之"道"的提问，最常见的方式是："《原道》之'道'究竟是谁家之'道'？"而对这一问题的解答，无论是中国传统文化中的"儒家之道""道家之道"，还是黑格尔的"绝对精神"、存在主义的"存在"，等等，都是试图将《原道》之"道"置换为一个学界已经掌握的"道"（无论其出现于刘勰之前或之后），从而说明其内涵。这种置换，实际上是一种"能指的滑动"，最终必然陷入解构主义所谓"无穷后退"的困境；更重要的是，这种研究实际上抹杀了刘勰及其《文心雕龙》的独创性价值。将《原道》之

---

① 对于《原道》之"道"的各种观点，已有不少学者进行了总结归纳，其中周振甫主编《文心雕龙辞典》（1996）总结较为确当，可参阅。本文对此不再赘述。

"道"等同于"儒家之道"或"道家之道",实际是说,刘勰只是将之前的"儒家之道"或"道家之道"应用于对文章写作的论述中,其理论只有应用价值,并无原创价值。而将《原道》之"道"等同于黑格尔的"绝对精神"或存在主义的"存在"等西方近现代的理论,则颇似阿Q的"先前阔"——"看,西方的理论我们老祖宗在一千多年前早就提出过了",但实际仍是"以西释中",将中华博大精深的传统文化作为西方理论的注脚,无形中贬低了中华文化的价值。

要走出《原道》之"道"的研究困境,首先要改变提问的方式。不再纠结于"《原道》之'道'究竟是谁家之'道'"这样的假问题,而是要问:"刘勰在《原道》中创设了一个怎样的'道'?他是如何创设出来的?"在这一问题的引领下,《原道》之"道"的独创性及其丰富内涵才能真正彰显。

一、"文之道"及其伴随文本

著名龙学家黄侃先生（2006,p.1）曾指出:"论文之书,鲜有专籍。自桓谭《新论》、王充《论衡》,杂论篇章。继此以降,作者间出,然文或湮阙,有如《流别》、《翰林》之类;语或简括,有如《典论》、《文赋》之侪。其敷陈详覈,征证丰多,枝叶扶疏,原流粲然者,惟刘氏《文心》一书耳。"的确,《文心雕龙》是中国古典文献中难得的体大而思精的"论文"专籍,是刘勰对中国学术史的独特贡献。具体到《原道》这一篇,刘勰所原者"道",所论者却是"文",他所创设的,乃是前人从未论述过的"文之道"。

（一）《原道》之"道"是"文之道"

对《原道》之"道"的解释之所以歧义纷纷,一个重要的原因是刘勰在《原道》中并没有给"道"下一个清晰明确的定义,甚至连"道可道,非常道"（王弼,1954,p.1）、"道之为物,惟恍惟惚"（p.12）这种描述性的定义也没有。在刘勰看来,"道"的含义似乎是不言自明的,而这不言自明的"道",正是"文"的根源。在《原道》中"道"一共出现了七次,分别是:

> 夫玄黄色杂,方圆体分,日月叠璧,以垂丽天之象;山川焕绮,以铺理地之形:此盖道之文也。（杨明照,2012,p.1）

"道"首次出现,就与"文"紧密相关:天地、日月、山川都是"道之文"。此"文"并非"文章",而是形而上之"文";而"道"则是此"文"

产生的最终根源和依据。

> 惟人参之，性灵所钟，是谓三才。为五行之秀，实天地之心，
> 心生而言立，言立而文明，自然之道也。（p. 1）

"道"第二次出现，与之相伴的不仅有"文"，还有"人"和"心"。"心生而言立，言立而文明"的过程即为"自然之道"。道孕育了天文（日月叠璧）、地文（山川焕绮），也孕育了人文，"文"是"道"自然生发的结果。

> 爰自风姓，暨于孔氏，玄圣创典，素王述训，莫不原道心以敷
> 章，研神理而设教……故知道沿圣以垂文，圣因文而明道，旁通而
> 无滞，日用而不匮。《易》曰："鼓天下之动者存乎辞。"辞之所以
> 能鼓天下者，乃道之文也。（p. 2）

这一段中"道"出现了四次，都与"文"密切相关。从伏羲到孔子，自古以来的文章，都推究"道"的精义而写成。"道"本身是深奥难解甚至神秘莫测的，只有通过圣人之"文"才得以彰显；圣人不同于常人之处就在于其对"道"的领悟，以及凭借"文"对"道"的阐明。这种文辞之所以能鼓动天下，就在于它是"道"的体现。圣人因文明道，是为了教化常人，所以《原道》篇的赞语中说"道心惟微，神理设教"（p. 2）。总之，《原道》中"道"的七次出现，都与"文"密切相关。"文"因"道"而出现，"道"因"文"而彰显。显然，此"道"不是与"文"无关的道，而是"文之道"。

自先秦以降，论"道"者众，但以"道"论"文"，首推刘勰。在刘勰之前，论"文"都没有提出"原道"这一命题；而刘勰提出的"圣因文而明道"，具有开创性意义，对后世产生了深远影响。

（二）"文之道"的生成性伴随文本

"文之道"是如何创设出来的？这一问题极为复杂，从不同的角度可以进行不同的解读。笔者以为，"道"是《文心雕龙》的核心范畴，而范畴是文论中的基本符号，适合运用符号学进行研究。本文尝试借鉴中国符号学家赵毅衡先生提出的"伴随文本"（co-text）理论，对《原道》之"道"的创设过程进行解析。

赵毅衡先生提出的"伴随文本"这一符号学术语，是对法国符号学家克里斯蒂娃（Julia Kristeva）等人提出的"互文性"（intertextuality）理论的发

展。克里斯蒂娃于 1966 年在《词语、对话和小说》（"Word，Dialogue and Novel"）一文中认为："任何文本的建构都是引言的镶嵌组合；任何文本都是对其他文本的吸收与转化。"（2015，p. 87）她由此提出"互文性"这一概念，并在《封闭的文本》（*The Bonded Text*）中将其定义为"在一个文本的空间里，取自其他文本的若干陈述相互交会和中和"（p. 51）。在克里斯蒂娃之后，法国学者热奈特（Gerard Genette）在《广义文本导论》（*The Architext: An Introduction*，1979）、《隐迹稿本：次度文献》（*Palimpsests: Literature in the Second Degree*，1982）、《侧文本：解释的门槛》（*Paratexts：Thresholds of Interpretation*，1987）等著作中，将"跨文本性"（transtextuality）分为五种类型：互文性（intertextuality）、广文性（architextuality，也译型文性）、侧文性（paratextuality，也译副文性）、元文性（metatextuality）和承文性（hypertextuality）。需要说明的是，热奈特所说的"互文性"远远小于克里斯蒂娃的"互文性"概念，仅指文本之间直接引用的关系；其"跨文本性"概念则约等于克里斯蒂娃的"互文性"概念，指文本间的任何吸收、转化、交会、中和等关系。鉴于二者之间的差别，本文在引用热奈特理论时，不使用"互文性"的概念，而使用"文本"的概念，如"互文本""广文本""承文本"等，以避免混淆。

热奈特之后，费斯克（John Fiske）、贝内特（Tony Benett）以及麦克林（Marie Maclean）等学者均对"互文性"理论有所探讨（Fiske，1987；Benett，1983；Maclean，1991）。在融会吸收各家理论的基础上，赵毅衡先生提出了"伴随文本"这一术语。"伴随文本"指的是"伴随着符号文本一道发送给接收者的附加因素"（2016，p. 139）；为了论述方便，王长才先生主张将"相对于伴随文本的文本"称为"核心文本"（2018，p. 10）。根据伴随文本与核心文本产生的时间先后，赵毅衡先生将伴随文本划分为"生成性伴随文本"与"解释性伴随文本"。"生成性伴随文本"指的是"在文本生成过程中，各种因素留下的痕迹"（2016，p. 143），"解释性伴随文本"则是"在文本生成后……影响我们的解释"的伴随文本（p. 144）。对于《文心雕龙·原道》这个核心文本来说，先于其产生的儒家之道、道家之道等，被刘勰吸收并融会于《原道》的写作之中，是其生成性伴随文本；后于其产生的黑格尔的"绝对精神"、存在主义的"存在"等，则是后人用来解释《原道》之"道"的解释性伴随文本。限于篇幅，本文专注于《原道》之"道"的生成性伴随文本。

作为《原道》之"道"的生成性伴随文本，儒家、道家之"道"均与

《原道》之"道"形成了独特的跨文本关系。借鉴热奈特的跨文本理论，可将儒家之道视为《原道》之"道"的互文本，将道家之道视为其承文本，而魏晋以来"文的自觉"的大背景则是"文之道"生成的广文本。需要说明的是，在热奈特的理论中，形成跨文本关系的五种文本（互文本、承文本、广文本、元文本和副文本）并不是完全分立的，彼此之间存在着关联和交叉。同样，本文所论《原道》之"道"的生成性伴随文本，也不排除关联和交叉的可能，只是限于篇幅，本文仅论及其在《原道》之"道"生成中的不同作用。

二、儒家之道："文之道"的互文本

热奈特在《隐迹稿本》中给"互文本"下的定义是：

> 两个或若干个文本之间的互现关系，从本相上最经常地表现为一文本在另一文本中的实际出现。其最明显并且最忠实的表现形式，即传统的"引语"实践（带引号，注明或不注明具体出处）；另一种不太明显、不太经典的形式……即秘而不宣的借鉴，但还算忠实；第三种形式即寓意形式，明显程度和忠实程度都更次之，寓意陈述形式的全部智慧在于发现自身与另一文本的关系，自身的这种或那种变化必然影射到另一文本，否则便无法理解。（2008，p. 57）

简言之，"互文本"即被核心文本实际引用了的伴随文本，它有三种基本形式：一是标明出处的引用（不一定标明具体出处，只说某人说即可），二是秘而不宣的借鉴，三是用典。在现代学术体制中，引文必须注明详尽的出处信息，如作者、书名、出版社、出版时间、页码等，否则就沦为抄袭和剽窃等学术不端行为。在古代，没有如此严格的学术规范，引文很少标明出处，而更多地呈现为秘而不宣的借鉴或用典。但由于作者和读者对于古代典籍都非常熟悉，这种不注明出处的引用并不构成剽窃，反而使行文更加简洁明了，并且增加了文采和深度。

在《原道》中，唯一标明出处的引用是："《易》曰：'鼓天下之动者存乎辞。'"（杨明照，2012，p. 2）这句话出自《易·系辞上》，可见《周易》对于《原道》之"道"的重要意义。《周易》为儒家五经之一，《文心雕龙》中对《周易》的引用，显然可以视为儒家经典对刘勰的影响。对于《周易》，《原道》中除了上文提到的标明出处的引用，还有大量秘而不宣的借鉴和用典。仅借自《易·系辞上》的就有"高卑定位，故两仪既生矣""庖牺画其始""《河图》孕乎八卦，《洛书》韫乎九畴"等名句，其他如开篇的"玄黄色杂"出自《易·坤·文言》"夫玄黄者天地之杂也，天玄而地黄"（李学勤，1999，p. 33），"惟人参之，性灵所钟，是谓三才"（刘勰，2012，p. 1）以及"幽赞神明"均出自《易·说卦》，"虎豹以炳蔚凝姿"出自《易·革·象辞》"大人虎变，其文炳也"（李学勤，1999，p. 204），"君子豹变，其文蔚也"（p. 205），等等，不难看出《周易》是《原道》之"道"最重要的互文本。除《周易》外，《原道》还引用了大量其他的儒家经典，出自《礼记》的有"方圆体分""为五行之秀""文胜其质""席珍流而万世响""爰自风姓"等，出自《尚书》的有"日月叠璧""草木贲华"（p. 1），"元首载歌，既发吟咏之志；益稷陈谟，亦垂敷奏之风。夏后氏兴，业峻鸿绩，九序惟歌，勋德弥缛""道心惟微"等，出自《论语》的有"唐虞文章，则焕乎始盛""木铎起而千里应"等，出自《孟子》的有"金声而玉振"等。可以说，《原道》几乎句句用典，而其中所用典故大多为儒家经典，儒家经典作为《原道》最重要的互文本的地位可谓不言而喻。

要正确理解《原道》之"道"，还需将其置于《文心雕龙》全书这个有机整体中来看，因为《原道》之"道"实际上是《文心雕龙》全书的指导思想。刘勰在《文心雕龙·序志》中，将全书分为"文之枢纽"（本质论）、"论文叙笔"（文体论）、"剖情析采"（创作论）、"披文入情"（鉴赏论）、"以驭群篇"（《序志》）五部分。在各部分中，儒家之道都是最重要的互文本。

《原道》与《征圣》《宗经》《正纬》《辨骚》共同构成"文之枢纽"，体现了《文心雕龙》的指导思想。文章本乎道，而道心惟微，一般人难以理解，必须以圣人为师，道才得以征验。在《征圣》篇中，刘勰所征之圣均为儒家圣人，以孔子为代表。《征圣》篇第一小节所引"远称唐世，则焕乎为盛；近褒周代，则郁哉可从""郑伯入陈，以文辞为功；宋置折俎，以多文举礼"，以及"褒美子产""泛论君子"（杨明照，2012，p. 18）等例证，均为孔子言论。而自第二小节始，全篇所引圣人著述，均为《春秋》《礼记》《诗经》《周易》《尚书》等儒家经典，这与《宗经》篇中刘勰所宗之经完全一致。李建中指出："中国文论的诸多经典文本之中，最具经学立场或经学视域的首推刘勰《文心雕龙》，刘勰征圣宗经，将一部（广义上的）文学史描述为由经学到文章的历史，其路径为'道沿圣以垂文，圣因文而明道'，其原则为'文能宗经，体有六义'。"（转引自戚良德，2014，p. 178）而《正纬》批判纬书之伪诈，只承认其文采有助于文章；《辨骚》品评《离骚》，肯定其"典诰之体""规讽之旨"，赞扬其"比兴之义""忠怨之辞"，正是由于这四点"同于风雅"；而批判其"诡异之辞""谲怪之谈""狷狭之志""荒淫之意"，显然也是以儒家思想为评价标准的。综观"文之枢纽"，儒家思想的核心地位不言而喻。

"论文序笔" 20 篇，将当时的文章体裁分为"文"（有韵）和"笔"（无韵）两大类，并具体分为 80 小类进行阐发。其中大多数篇目均开篇即引儒家经典以论证其存在的合理性。如《明诗》引《尚书·尧典》中的"诗言志，歌永言"，《乐府》则引同篇"声依永，律和声"；《诠赋》引《毛诗序》中的"诗有六义"，《颂赞》则引同篇"四始"之说，等等。在《诸子》篇中，刘勰认为，诸子之书均为"枝条五经"；因此，刘勰评点各家著作，也均以儒家五经为标准，与其相合的为"纯粹之类"，不合的为"踳驳（驳）之类"。依此为据，不但《列子》《庄子》《淮南子》中的某些篇目受到刘勰的批驳，甚至《归藏经》中所载羿射十日、嫦娥奔月之事，也因与儒家思想不符而遭到刘勰的否定，可见其对儒家正统思想的忠诚。

在"剖情析采"的创作论中，《神思》"志气统其关键"出自《孟子》，"辞令管其枢机"出自《易·系辞上》，"秉心养术"出自《诗经》，"谋篇之大端"出自《礼记》。《风骨》中"刚健既实，辉光乃新""文明以健""能研诸虑"等均出自《周易》。而且，刘勰对"比兴"的看法颇值得回味。"比"和"兴"本是两种不同的修辞方法——比即比喻，兴即兴起，而刘勰把"比"与"兴"合成了一个具有稳定性的全新的范畴"比兴"。它并不是"比"与"兴"的简单相加，而有着更为深刻的文化内涵：它是儒家源远流长的诗教传统的具体体现。在这个意义上，所谓"比兴"，关键并不在于诗中是否用了"比""兴"两种修辞方法，而在于是否具备诗以言志、诗以明道的作用。只要做到有所寄托、有所美刺，就是"比兴"；如果做不到这一点，即使"比体云构"，也是"兴义销亡""信（倍）旧章矣"。

"披文入情"的鉴赏论也大量引用了儒家经典。其中出自《周易》的有："文帝以二离含章"（《时序》）、"世执刚中"（《才略》）、"是以君子藏器，待时而动"（《程器》）等，出自《尚书》的有："至大禹敷土，九序咏功""景文克构""飏言赞时，请寄明哲"（《时序》）；"滔滔孟夏，郁陶之心凝"（《物色》）；"虞夏文章，则有皋陶六德，夔序八音，益则有赞，五子作歌""仲虺垂诰，伊尹敷训""璇璧产于崑冈，亦难得而逾本矣""魏文之才，洋洋清绮"（《才略》）；"《周书》论士，方之《梓材》""是以朴斫成而丹腹施，垣墉立而雕杇附""自非上哲，难以求备""盖士之登庸，以成务为用""若非台岳，则正以文才也"（《程器》）；等等，至于引述《诗经》及"三礼""三传"的句子更是随处可见。可以说，刘勰对文章的鉴赏批评，无论是文学史的评价，还是作家的品德、读者的接受，都是以儒家思想为标准的。

直到"以驭群篇"的《序志》，刘勰也说自己"夜梦执丹漆之礼器，随仲尼而南行"，醒来"怡然而喜"，因而"搦笔和墨，乃始论文"。《序志》作为全书的总序，直接点明《文心雕龙》全书均以儒家思想为指导。据此，《原道》之"道"显然以儒家之道为最重要的互文本。互文本的三种形式虽然不同，但有一个共同点就是"忠实"，即互文本之间形成互相支撑的意义关系。《文心雕龙》引用儒家典籍，无论直接引用还是用典，都是在完全肯定的意义上，直接用于佐证和强化刘勰自己的观点。

三、道家之道："文之道"的承文本

在征引儒家经典的同时，《文心雕龙》也大量引述了道家典籍。这里首先值得辨析的是《周易》。如前所述，《周易》为儒家五经（《周易》《诗经》《尚书》《周礼》《春秋》）之一，但它也是道家"三玄"（《周易》《老子》《庄子》）之一。陈鼓应先生认为，从哲学的观点看，《周易》更应归于道家经典而不是儒家经典。为了证明这一点，他提出了四点理由：①"三玄"都关注天人关系，即天道与人道的紧密联系，而孔子及其后学都罕言天道，只论人事；②在宇宙论和人生论上，"三玄"都强调万物变化及其法则，孔子及其后学则不强调这一点；③"三玄"均强调阴阳学说，孔子及其后学则不讨论这一问题；④"三玄"均关注形而上问题，孔子及其后学则缺乏这种哲学意识（2005，重排版序）。这四点都颇为雄辩。

然而，把《周易》归为儒家经典的说法亦不可贸然否定。《周易》是儒道共同的源头，只不过，儒道两家与《周易》关系并不相同。儒家从中吸收的主要是经世致用的伦理学思想，道家从中吸收的则是超然世外的"伦理学之后"的形而上学。而《文心雕龙》对《周易》的引用，则兼及这两个方面。"道沿圣以垂文，圣因文而明道"是儒家的人道，"日月叠璧""山川焕绮"则是道家的天道。人道以天道为依托，天道以人道为旨归。《原道》之"道"，是以道家之道为承托的儒家之道。

今考《文心雕龙》全书，除《周易》外，还征引道家典籍共53条，其中仅征引《庄子》就有31条之多。与对儒家经典的完全肯定相比，《文心雕龙》对道家典籍的引用虽多，但其中既有肯定，又有否定和批判。例如在《诸子》篇中，刘勰就提出，儒家典籍属于"经"，而道家典籍属于"子"，"圣贤并世，而经子异流"。道家典籍虽然也是"入道见志之书"，但只是五经的枝条，其中合于五经的才是纯粹的，违背五经的则是踳驳的。因此，对于包括道家在内的诸子，应当"弃邪而采正"。（杨明照，2012，pp. 231 - 232）如《庄子·则阳》中说惠施推荐戴晋人去对梁王说，蜗牛的两个触角上有两个国家发生战争，丢下数万尸首，这就违背了儒家经典，是不可取的。

如果说，儒家之道是《原道》之"道"的互文本，道家之道与《原道》之"道"的关系则更接近热奈特所说的"承文性"关系①，即"任何联结文本 B 与先前的另一文本 A 的非评论性攀附关系，前者是在后者的基础上嫁接而成"（热奈特，2008，p. 61）。《原道》之"道"对于道家之道就进行了攀附和嫁接。这种攀附和嫁接使得道家之道成为《原道》之"道"的承文本，并生成了《原道》之"道"的两个重要方面：一是"文之道"的宇宙论基础，二是"道之文"的外在表征。

（一）"文之道"的宇宙论基础

刘勰提出的"文之道"以儒家之道为最重要的互文本，但儒家之道不能自证其合理性，还需要寻找更为深厚的理论基础。刘勰通过对道家之道的攀附和嫁接，为儒家之道找到了宇宙论的根基。

从全文结构来看，除赞语外，《原道》篇大致可以分为三个部分：道之文—人之文—文之理。刘勰认为，天有天文（日月叠璧），地有地文（山川焕绮），人有人文，三才并立，皆为遵循着自然之道的"道之文"。他还以"林籁结响""泉石激韵"等为例，说明自然万物都富有文采，秉承着这个道理，人类自然也能写出好文章。这与老子思想中的"人法地，地法天，天法道，道法自然"（王弼，1954，p. 14）明显有相通之处。而且，其中的"林籁结响"化用了《庄子·齐物论》的"三籁说"，原文是："子游曰：'地籁则众窍是已，人籁则比竹是已，敢问天籁。'子綦曰：'夫吹万不同，而使其自已也。咸其自取，怒者其谁耶?"（郭庆藩，1954，p. 7）"籁"即从洞孔中发出的声音。庄子认为，人有人籁（竹管笙箫），地有地籁（风吹山林），二

---

① "承文性"（hypertextuality）关系涉及两个相关的文本：hypertext 与 hypotext。目前学界对这两个术语的译法颇不一致。史忠义先生将其译为承文本（hypertext）和蓝本（hypotext）（热奈特，2008，p. 61），赵毅衡先生则将其译为超文本（hypertext）和承文本（hypotext）（赵毅衡，2016，p. 145）。本论文采用赵译。

者皆依托于无声的天籁。显然，刘勰在这里化用庄子的"三籁说"，意思是，正如天籁是地籁和人籁的依托一样，"自然之道"是"文之道"的基础，为其提供了天然的合理性。

自"人文之元，肇自太极"（杨明照，2012，p.1）开始，"文"即由"道之文"落实到"人之文"。这一落实分为两个层次：一是太极生《周易》，河出图，洛出书，即人文也同天文、地文一样，是太极自身演化的结果；二是"自鸟迹代绳，文字始炳"，按历史顺序说明文字出现以后"人之文"演进的过程。从神农伏羲，经由尧舜禹，《诗经》《周易》，直到孔子熔钧六经，"道之文"最终完全实现于"人之文"中："木铎起而千里应，席珍流而万世响；写天地之辉光，晓生民之耳目矣。"（p.2）

自"爰自风姓，暨于孔氏"起综述"文之理"。刘勰从上文的历时性梳理中，拈出伏羲和孔子，二人皆"原道心以敷章，研神理而设教"，即接受河图洛书中所蕴含的"道"的神秘启示，辅之以自己的观察和思考，最终"经纬区宇，弥纶彝宪，发挥事业，彪炳辞义"，由此揭示全文主旨："道沿圣以垂文，圣因文而明道"（p.2）。最后赞语总结全篇：道为文之源头，教为文之目的，人文取法天文，皆为道的体现。以"天文"为依托，《原道》所论述的以伏羲、周、孔为代表的儒家之文的合理性终于得以彰显。有人认为，刘勰将自然之文与人之文并立甚至等同起来，是混淆了两种不同性质的事物；说"人文"来源于"神理"，是神秘主义、唯心主义的观点。但在刘勰生活的年代，只有这样，才能证明"文"的伟大，证明宣扬儒家之道的儒家之文是秉承天地之道、书写天地辉光之作，值得呕心沥血去研究。这是道家之道在《原道》中生成的第一个方面。

（二）"道之文"的外在表征

"文之道"既然以自然为基础，那么"道之文"当然也应以自然为表征。然而，在刘勰生活的齐梁时代，文坛盛行绮靡浮艳之风，早已远离了作为根基的"自然之道"。为了纠正这一流弊，刘勰强调创作本于自然，反对矫揉造作。这是道家的"自然之道"作为承文本在"文之道"中生成的第二个方面。刘勰在《原道》中强调："心生而言立，言立而文明，自然之道也""夫岂外饰，盖自然耳"（杨明照，2012，p.1），认为"人之文"的产生是自然而然的过程，由这个过程所产生的"文"当然也应当是自然的。在其他篇目中，刘勰也多次强调应当本于自然之道来写作。在"论文叙笔"20篇中，刘勰论述各类文体时多次强调"自然"。例如，他在《明诗》中说"人禀七情，应物斯感，感物吟志，莫非自然"（p. 65），认为诗应当是人的感情自然而然的表达，反对没有感情地玩弄技巧。在《乐府》中，刘勰化用了《庄子·在宥》中"鸿蒙方将拊髀雀跃而游"（郭庆藩，1954，p. 7）一句，批判时人"奇辞切至，则拊髀雀跃，诗声俱郑，自此阶矣"（刘勰，2012，p. 85）。在《诔碑》中，刘勰梳理了自周以来的碑文，认为自后汉以来，"才锋所断，莫高蔡邕"（p. 160）。而蔡邕之所以能写出如此优秀的碑文，正是由于自然，即"察其为才，自然而至"（p. 160）。在《杂文》中，刘勰化用《庄子·秋水》中"邯郸学步"的故事，批评杜笃、贾逵、刘珍、潘勖等人，一味模仿抄袭前人，"可谓寿陵匍匐，非复邯郸之步"（p. 185），这就违背了"自然"这一写作原则。

在"剖情析采"的创作论中，刘勰同样强调"自然"并大量征引道家典籍。如《神思》开篇即化用《庄子·让王》所讲的中山公子牟的典故，以"形在江海之上，心存魏阙之下"作为"神思之谓也"；"神思"的精神准备"陶钧文思，贵在虚静"，出自《老子》（第十六章）"致虚极，守静笃"（王弼，1954，p. 9），"疏瀹五藏，澡雪精神"出自《庄子·知北游》"汝斋戒，疏瀹而心，澡雪而精神"（郭庆藩，1954，p. 139）。显然，"神思"的精神状态非常接近道家所提倡的顺其自然的精神自由状态。《体性》则借用《庄子·齐物论》"夫随其成心而师之，谁独且无师乎"（p. 8）的说法，指出"各师成心，其异如面"，说明写作风格是因人而异的，应当顺应各人的自然本性。《情采》化用《庄子·齐物论》中"必有真宰，而特不得其眹"（p. 8）的说法，从反面论证"若真宰弗存，翩其反矣"；化用《庄子·缮性》中"文灭质，博溺心"（p. 522）的说法，从反面论证好的文章就应当"文不灭质，博不溺心"，即不要被文采和博学湮没了自然本性。《丽辞》讲骈文对偶。为什么要用对偶？因为"造化赋形，支体必双，神理为用，事不孤立"（杨明照，p. 451）。这说明，对偶是自然而然形成的，而不是刻意经营的。而如果做不到对偶，就会像《庄子·秋水》所描述的只有一只脚的夔一样，只能"趻踔而行"（p. 452）。总之，在刘勰看来，从文思的酝酿到文才的培养，从对偶的运用到风格的形成，都应当顺乎自然。

清代学者纪昀评《原道》曾说："文以载道，明其当然；文原于道，明其本然。"（周振甫，1996，p. 58）"当然"是儒家之道，"本然"是道家之道，儒道互补，才是"文之道"。

四、"文的自觉":"文之道"的广文本

在跨文本性的五种关系中,热奈特最重视的就是广文性,他还为此专门写作了《广义文本导论》。但是,热奈特一直拒绝给广义文本(广文本)下一个严格的定义。因为在热奈特看来,"广义文本无处不在,存在于文本之上、之下、周围,文本只有从这里或那里把自己的经纬与广义文本的网络联结在一起,才能编织它"(2008,p. 54)。概言之,广文本就是核心文本所处的广阔文化背景。但如果把广文本变成一张无边无际、变化万千的大网,反而会使得对广文本的研究成为不可能。因此,必须在广文本中,选择与核心文本关系最密切、最有助于揭示核心文本意义的伴随文本。就《原道》这一核心文本而言,刘勰所处的魏晋南北朝时期"文的自觉"的时代思潮,是最为重要的广文本。刘勰身处其中,必然受到这一时代思潮的影响,并将其体现在《文心雕龙》之中,而《原道》中的"文之道",正是这一时代思潮的集中体现。

本文所论"文的自觉",是对日本学者铃木虎雄提出的"魏晋文学自觉说"的化用和修正。铃木先生在 1920 年发表于《艺文》杂志的《魏晋南北朝时代的文学论》一文中提出,"魏的时代是中国文学的自觉时代"(1989,p. 37)。他认为,曹丕在《典论·论文》中提出的"文章,经国之大业,不朽之盛事""诗赋欲丽""文以气为主"等论断,表明了中国文学由道德论向审美论的转变。这一观点由鲁迅先生《魏晋风度及文章与药及酒的关系》一文引入中国,逐渐为学界所普遍接受。但也有一些学者对此持批评意见,而这些批评意见沿着两个完全相反的方向展开:

其一是向上追溯,认为中国文学的自觉早于魏晋时期。这类学者通常将所谓文学的自觉划分为三个方面:一是对文学体裁的区分,即诗赋等今天被视为"文学"的体裁被从广义的学术中划分出来;二是人们对文体风格的认识,即认识到不同文体的特点并有意识地将其作为写作的规范;三是对审美特性的追求,即在诗赋等体裁的创作中追求语言和结构的美感。依此为据,有学者发现,这种区分、认识和追求至迟从汉代就已经开始了,汉赋就是有着明显的独立体裁、独特风格和审美追求的文学作品。有学者甚至认为,中国文学的自觉完全可以上溯至先秦时期,屈原的《楚辞》也完全具备上述三个特点(龚克昌,1988;张少康,1996)。笔者认为,上述三个方面涉及的只是"审美的自觉"而非"文学的自觉"。中国文学史上审美的自觉确实应

上溯至先秦，但由于此时并未形成今天意义上的"文学"观念，这种自觉不宜称为文学的自觉。

其二是向下推延，认为中国文学的自觉晚于魏晋时期。这类学者通常将文学的自觉界定为"为艺术而艺术"，这也正是铃木先生和鲁迅先生的原意。但若严格按照王尔德式的唯美主义者的立场来考察，则中国魏晋时期绝非一个"为艺术而艺术"的时代，这一时期的文人关注的核心仍是"文"与"道"的关系。曹丕如此，刘勰亦如此。而且，魏晋时期并无今天意义的"文学"观念，只有明晰的文体观，却无明晰的文学观，当然更谈不上文学的自觉（赵敏俐，2005）。

的确，无论是"为艺术而艺术"的思想，还是今天意义上的"文学"观念，都是20世纪西学东渐、东西方思想激烈碰撞的结果（李卫华，2018）。以此为据，魏晋时期确实不适合"文学的自觉"这一术语。但是，魏晋南北朝时期的文学和文论也确实有其独特性。这是中国历史上的一个重大变化时期，政治、军事方面的变化必然带来文化上的转折。战乱频仍、死亡枕藉的生存现状，与政权的频繁更替所带来的意识形态控制的相对宽松，共同引发了文人们对传统价值观念的质疑，催生了文人们对"文"的重新发现和思考。这确乎是一种"自觉"，这种自觉不是"文学的自觉"，而是"文的自觉"。此"文"并非今天意义上的"文学"，而是包含一切文体在内的"文章"；此"自觉"也并非"为艺术而艺术"的审美追求，而是对"文"的价值的重新定位。

中国文人历来有立德、立功、立言的"三不朽"（杜预，1977，p. 1011）之说，而三者之中，"立言"最末。这与孔门四学"德行、言语、政事、文学"中"文学"居其末完全一致。有德有行、建功立业方为大功德；著书立说虽然也很重要，但终究比不上实实在在的功业，只能算是小功德。而魏晋剧烈的社会变革所引发的思想震荡颠覆了这一传统观念。面对战祸不已、血流成河的惨象，魏晋文人们突然发现，德行是如此虚假，功业是如此脆弱，它们转眼就会变为荒丘白骨。与之相比，"文"却因其世代流传而使作者实现了精神的永恒。这突出地体现在曹丕的《典论·论文》中。作为开国皇帝，曹丕建立功业无数，但他仍然慨叹："年寿有时而尽，荣乐止乎其身，二者必至之常期，未若文章之无穷。"与功名富贵相比，只有"文章"能够"不假良史之辞，不托飞驰之势，而声名自传于后"；将文章视为"经国之大业，不朽之盛事"（郭绍虞，2001，p. 159），其本质意义就在于把立言摆在了立德、立功之上，重新确定了"文"的地位。此时的"文"，不再是德行教化的工具和记录功业的手段，而是代替德行和功业，成为人的精神最为根本的寄托。这是整个魏晋南北朝的时代思潮，也是《文心雕龙·原道》最重要的广文本。

和曹丕一样，刘勰认为文可以使人"百龄影徂，千载心在"（杨明照，2012，p. 19）。而刘勰写作《文心雕龙》也正是他自己人生的寄托，是他对自己人生理想和文化身份的确认。如前所述，儒家之道是《原道》之"道"最重要的互文本，而在刘勰所生活的时代，宣扬儒家思想最有效的方法是注释儒家经典。但刘勰发现，在这条道路上，"马郑诸儒，弘之已精"，自己对于儒家经典即使有深刻的见解，在注经上也不能自成一家。显然，刘勰并不想在众多经学家中增加一个并不出色的模仿者，于是，他舍弃注经而选择了论文。他认为，自古论文者虽多，但皆"各照隅隙，鲜观衢路""未能振叶以寻根，观澜而索源"（pp. 618-619）。因此，他决定沿着这条路继续前行，并最终以体大虑周、深得文理的《文心雕龙》名垂青史，其影响远超过他担任东宫通事舍人的政绩。正是出于对自己人格理想的追求和文化身份的设计，刘勰以自己的人生践行了"文的自觉"。此"自觉"并非"审美的自觉"，而是试图通过文章不朽追求人生不朽；此"文"也非"为艺术而艺术"，而是"明道之文"。

作为人格理想和人生价值的寄托，"文"当然不能仅仅是一种文辞的游戏和消遣，它必然与作为宇宙本原（道家）和人生信仰（儒家）的"道"密切相关。但刘勰并不是用"文"来传达儒家之道或道家之道，在这里，"文"和"道"是一体两面的。"文"不是传达"道"的工具和手段，它就是"道"自身演化出的外在形态。文生于道，道明于文，道是文的本原，文是道的彰显。离开了道，文无法产生；离开了文，道也无以显明。道是永恒的，文也是永恒的；道法自然，文亦法自然。在这里，"明道"不是"文"的功用，而是"文"的本质。刘勰之后，"文以贯道""文以载道"等诸多说法明显受其"文以明道"思想的影响。但"文以明道"的提法，明显优于"文以贯道""文以载道"。"文以贯道"如同以绳穿钱，"文以载道"如同以车载物，都是把"文"和"道"当作两个完全不同的东西——用"文"来贯穿、承载"道"，表面上将两者结合，实际上二者仍是割裂的。在割裂的二者中，"道"是本体，而"文"只是装载、传达"道"的工具。"文以明道"则不同，"文"与"道"是一而二、二而一的："道"本身是神妙难解的，有了"文"，"道"才得以彰显；"文"是"道"通过圣人获得的表现形式，离开了"道"，"文"也无法存在。"道"是"文之道"，"文"是"道之文"，二者互为表里，不可分割。正是在这个意义上，"文"不再是工具，而是本体。如果说"文的自觉"在"人"的层面，体现为以文章不朽追求人生不朽，那么在"文"的层面，这种自觉则体现为以"文道一体"生成"明道之文"。

最后需要说明的是，佛家对于《文心雕龙》的影响一直是学界关注的问题，有学者甚至认为《原道》之"道"就是佛家之道。但笔者认为，刘勰虽曾长年居于佛寺，研读佛理，并最终出家，但就《原道》这一核心文本来看，其中受佛教思想的影响并不明显。即使从《文心雕龙》全书来看，直接引用佛教思想的也只有《论说》篇中的"动极神源，其般若之绝境乎"一句。而且，这一句并非阐释佛理，只是为了说明论说文发展历史上有名的玄学"有无之辩"而借用了佛教中的一个说法而已。正如著名龙学家杨明照先生所说，从"《文心雕龙》本身的内容"来看，"全书中找不到一点佛家思想或佛学理论的痕迹"；"至于全书文理之密察，组织之谨严，似又与刘勰的'博通经论'有关。因为他那严密细致的思想方法，无疑是受了佛经著作的影响的"。（p.7）换言之，佛家对于《文心雕龙》的影响主要在"术"而不在"道"，因此，本文谈论《原道》之"道"不再述及佛家思想。

综上所述，刘勰以儒家思想为互文本，以道家思想为承文本，创设了一种崭新的"文之道"。这种"文之道"最独特之处在于，"文"不是装载"道"的工具、传达"道"的手段，而是本体，它与"道"是互为表里、一体两面的关系。这正是《原道》之"道"的广文本——魏晋以来"文的自觉"这一时代思潮的彰显。

引用文献：

陈鼓应（2005）. 周易今注今译. 北京：商务印书馆.

杜预（1977）. 春秋左传集解. 上海：上海人民出版社.

龚克昌（1988）. 汉赋：文学自觉时代的起点. 文史哲，5，69 - 77.

郭庆藩（1954）. 庄子集释. 载于诸子集成（第三册）. 北京：中华书局.

郭绍虞（2001）. 中国历代文论选（第一册）. 上海：上海古籍出版社.

黄侃（2006）. 文心雕龙札记. 北京：中华书局.

克里斯蒂娃（2015）. 符号学：符义分析探索集（史忠义，等译）. 上海：复旦大学出版社.

李卫华（2018）. 中国古典文学符号学：研究对象、策略及方法. 北方工业大学报，3，84 - 91.

李学勤（1999）. 十三经注疏·周易正义. 北京：北京大学出版社.

铃木虎雄（1989）. 中国诗论史（许总，译）. 南宁：广西人民出版社.

杨明照（校注拾遗）（2012）. 增订文心雕龙校注（黄叔琳，李详，补注）. 北京：中华书局.

罗宗强（2007）. 读文心雕龙手记. 北京：生活·读书·新知三联书店.

戚良德（2014）. 儒学视野中的《文心雕龙》. 上海：上海古籍出版社.

热奈特（2008）. 热奈特论文选（史忠义，译）. 开封：河南大学出版社.

王弼（1954）. 老子注. 载于诸子集成（第三册）. 北京：中华书局.

王元化（2007）. 读文心雕龙. 北京：新星出版社.

王长才（2018）. 泛文本、显文本："伴随文本"的两种理解. 中国语言文学研究，24，2，9 - 18.

张少康（1996）. 论文学的独立和自觉非自魏晋始. 北京大学学报，2，75 - 81.

赵敏俐（2005）. "魏晋文学自觉说"反思. 中国社会科学，2，155 - 167 + 207 - 208.

赵毅衡（2016）. 符号学：原理与推演. 南京：南京大学出版社.

周振甫（1996）. 文心雕龙辞典. 北京：中华书局.

Benett, T. (1983). The Bond Phenomenon：Theorizing a Popular Hero. *Southern Review*, 16, 195 - 225.

Fiske, J. (1987). *Television Culture: Popular Pleasures and Politics*. London：Methuen.

Maclean, M. (1991). Pretexts and Paratexts：The Art of the Peripheral. *New Literary History*, 2, 273 - 279.

作者简介：

李卫华，河北师范大学文学院教授，主要研究方向为中国古典文学符号学。

Author:

Li Weihua, professor of School of Chinese Language and Literature, Hebei Normal University. Her research field is semiotics of Chinese classical literature.

E-mail: 1838782043@ qq. com

禅宗公案中的空符号*

李 刚

摘 要: "言意之辨"是文学理论中一个永恒的话题,其焦点不在于语言能否表达意义,而在于语言能否穷尽意义。循此思路,我们不禁思考:既然语言能够表达意义,那么无言能否表达意义?从符号学角度看,无言也是"携带意义的感知"。沉默不语是一种空符号,但空符号的表现形态不仅仅是不言不语,它具有临时生成的多种可能性。禅宗公案是生产空符号的重要"工厂","无对""无语""良久""圆相"等都是极为典型的空符号,在特定语境中表示特定意义。空符号表意不仅涉及符号学问题,而且是阐释学理应讨论的重要议题。

关键词: 禅宗公案,空符号,沉默,圆相

Empty Signs in Zen Koans

Li Gang

Abstract: The debate about words and meaning is an eternal topic in literary theory. The focus of this debate is not whether language can express meaning, but whether language can express all meaning. In pursuing this train of thought, we cannot help but wonder—if speaking can convey meaning, can muteness also convey meaning? From the perspective of semiotics, any meaning can be expressed with signs, and any sign can express meaning. Muteness is also a sign that carries

---

* 本文为教育部人文社会科学重点研究基地重大项目"宋元禅林文学东亚传播研究"(19JJD750006)阶段性成果。

meaning. Silence is a kind of empty sign, but the expression of empty signs can take forms other than silence. In making empty signs, a variety of possibilities can be temporarily generated. The traditional practice of producing Zen koans can be considered as an important "factory" for creating empty signs, such as "Wu Dui" (No Answer), "Wu Yu" (Muteness), "Liang Jiu" (Keeping silence for a long while) and "Yuan Xiang" (Circle). These signs express specific meanings in specific contexts. The semiosis of empty signs is therefore an important topic in semiotics and in hermeneutics.

Keywords: Zen koans, empty signs, muteness, circle

DOI: 10. 13760/ b. cnki. sam. 202102004

一、从"言意之辨"说起

中国古代的"言意之辨"是关于语言和思想之间关系的讨论,大体分为两派:一是"言尽意"论,认为语言可以穷尽意义;二是"言不尽意"论,认为语言不能穷尽意义。"言意之辨"又衍生出许多相关议题,如"象"与"意"、"文"与"意"、"诗"与"意"的关系等。循此话题,我们不禁思考:无言与思想之间的关系如何?无言能否表达意义?

所谓无言,从狭义来讲,是沉默、不说话;从广义来讲,是除语言之外包括眼神、姿势在内的一切动作行为。无言的情况在佛教中十分常见,其中以"世尊拈花"和"维摩一默"最著名。据《五灯会元》记载:"世尊在灵山会上,拈花示众。是时众皆默然,唯迦叶尊者破颜微笑。"(普济,1984,p. 10)在这一场景中,释迦牟尼、众佛菩萨、迦叶尊者都表现出无言的状态:世尊"拈花",众人"默然",迦叶"微笑"。这些动作都表达了一定的意义:世尊"拈花"代表其有"正法眼藏,涅槃妙心,实相无相,微妙法门";众人"默然"表示他们并未理解世尊动作所传达的意义,而迦叶"微笑"则表明他与世尊心心相印,完全领会世尊的意思。当世尊即将涅槃时,文殊大士请佛"再转法轮",世尊呵斥道:"文殊,吾四十九年住世,未曾说一字,汝请吾再转法轮,是吾曾转法轮邪?"(p. 10)"转法轮"指佛说法。佛的教法,如车轮旋转,能转凡成圣,能碾碎一切的烦恼,谓之"法轮",故佛说法度众生,即"转法轮"。世尊"未曾说一字"表明其并未用语言说法,但佛法依然流传久远,世尊能以无言的方式传法,说明无言本身携带着意义。又如《维摩诘所说经》卷二《入不二法门品》，当众菩萨说完自己对"不二法门"的理解之后，文殊师利表达了自己的看法，并请问维摩诘。虽然文殊师利认为"无言无说，无示无识，离诸问答"才是"入不二法门"（高永旺，张仲娟，2013，p. 179），但自己仍然用语言表达了出来，故比维摩诘"无有文字、语言""默然无言"的行为逊色许多。

以上两例代表了佛教中"言不尽意"派的主张。"言不尽意"的根源在于"符号过程定义上不可能终结，因为解释符号的符号依然需要另一个符号来解释"（赵毅衡，2016，p. 101）。正因言不尽意，所以不如不用语言。释迦牟尼、迦叶尊者和维摩诘菩萨分别以"拈花""微笑"和"默然无言"的动作传达了佛法真义。事实上，言意之辨的核心不是语言能不能表达意义，而是语言能不能完全表达意义。某种程度上说，"无言"是"言不尽意"论走向极端的表现。

从符号学的角度来讲，任何符号都有意义，任何意义都用符号来表达，无论是语言还是无言，都是"携带意义的感知"（2016，p. 1），都是符号。即使无言也是一种言说，沉默是典型的无言。赵毅衡先生指出："作为符号载体的感知，可以不是物质，而是物质的缺失：空白、黑暗、寂静、无语、无嗅、无表情、拒绝答复，等等。缺失能被感知，而且经常携带着重要意义。"（p. 25）韦世林将这种符号称为"空符号"，并从内涵、外延、发生、关系、功能、条件、操作、语境等七个不同角度对"空符号"进行了定义，其性质定义为："空符号是以直接的'空位''空白''停顿''间隔''距离'或其代码作为表现形式，对实符号有分隔、提示、衬托作用，在符号活动中显示出必要性、依附性、可变性、单纯性、一次性的一类特殊符号。"（韦世林，2012，p. 62）据此，我们发现禅宗典籍中也存在着大量空符号，如"沉默""圆相"等。

二、不作为型空符号"沉默"

陈宗明认为，不作为也是一种空符号："不作为属于行为缺失，是一种空位，或者时空空位。空位是空符号的特有或本质属性，也是它与实符号的根本区别所在。"比如对话中的沉默不语，音乐中的休止符等。（韦世林，2012，pp. 1 - 5）换言之，"沉默"是一种不作为型空符号，以维摩诘的默然无语为代表，在禅籍中主要指"无对""无语""良久"等。

首先，是"无对"。如《池州南泉普愿禅师》云："师因东西两堂各争猫儿。师遇之，白众曰：'道得即救取猫儿，道不得即斩却也。'众无对，师便斩之。赵州自外归，师举前语示之。赵州乃脱履安头上而出。师曰：'汝适来若在，即救得猫儿也。'"（释道原，2019，p. 172）南泉普愿是马祖道一的法嗣，在安徽的南泉山修禅时，禅院东西二堂的禅僧因争夺猫儿起了冲突。南泉普愿为了平息争端，对僧人们说："你们如果道得，便可解救猫儿；如果道不得，我将斩杀猫儿。"众僧"无对"。这里的"道得"指说出禅悟的境界。众僧"无对"表明禅僧们都"道不得"，即不能说出佛法真义。"师便斩之"说明南泉普愿领会了众僧"无对"的意义，即"无对＝沉默＝道不得"，最终斩杀猫儿。"无对"作为空符号，此处表示"不知道"。

其次，是"无语"。如《袁州仰山慧寂通智禅师》云："一日雨下，天性上座谓师曰：'好雨。'师曰：'好在甚么处？'性无语。师曰：'某甲却道得。'性曰：'好在甚么处？'师指雨，性又无语。师曰：'何得大智而默？'"（释道原，2019，p. 257）天性上座所谓的"好雨"，可能指雨下得及时，让人感觉凉爽，属于现实的"用"的层面。仰山慧寂问"好在甚么处"显然指佛法大义，让人开悟的境界，上升到哲理的"体"的层面。仰山慧寂"指雨"是"无语"中的动作语，表示"好雨"之好就在当下，具有马祖禅"作用即性""直下便是"的特色。天性的两次"无语"都表示沉默，但这里的"沉默"并不一定指茫然无知之义。可有二解，关键在于仰山慧寂的最后一问："何得大智而默？"我们若将其理解为具有戏谑意味的玩笑语，则说明天性的"无语"是"茫然无知"之意；若理解为字面意义，则说明天性的"无语"是"维摩一默"所示意的"不二法门"，是真正的大智慧。"无语"作为空符号，此处具有双关义。

其三，是"良久"。如《筠州洞山良价禅师》云："（洞山）又问云岩：'和尚百年后，忽有人问还邈得师真不，如何祗对？'云岩曰：'但向伊道"即遮个是"。'师良久。云岩曰：'承当遮个事，大须审细。'师犹涉疑。"（释道原，2019，p. 398）洞山良价是云岩昙晟的法嗣。云岩圆寂之前，洞山问："师父百年后，若有人问能否画得您的肖像，该如何回答？""邈得师真不"的"真"一语双关，既表示肖像的表面真实，又表示禅学的内在本质。画真容是一种委婉的说法，其实在问，云岩圆寂之后，自己如何才能真实地体悟禅法精要。云岩回答说："只向他道'就是这个。'"即"正是我自己"。当下的自己就是。洞山沉默了好一会儿。云岩提示："担当这件事，必须谨慎仔细。"洞山还是感到疑惑。洞山此时并未开悟，"后因过水睹影大悟前旨。因有一偈曰：'切忌从他觅，迢迢与我疏。我今独自往，处处得逢渠。

渠今正是我，我今不是渠。应须怎么会，方得契如如。'"（释道原，2019，p. 398）如果说云岩"即遮个是"指当下活生生的自己，那么洞山"渠今正是我，我今不是渠"则表明"渠"（本来性）与"我"（当下性）既有一体性又有两面性，表现出对马祖禅"作用即性"的反拨。"良久"作为空符号，此处表示犹疑不决。

"南泉斩猫"公案中的"无对"、"天性叹雨"公案中的"无语"、"洞山犹疑"公案中的"良久"，都是典型的不作为型空符号。空符号具有一定的依赖性，是借助实符号表达意义的。（韦世林，2012，p. 85）空符号的表意功能随着其所依赖的实符号不同而有差异。我们在南泉斩猫的语境下，才能理解"无对"是"沉默""道不得"之意；在天性和仰山对话的语境下，特别是慧寂"何得大智而默"的发问中，才能对天性上座的"无语"有双重的解读；在洞山、云岩问答的语境下，才能准确领会"良久"是"犹涉疑"之意。此类"沉默"在禅籍中比比皆是，不胜枚举。

对"沉默"这种空符号形态的感知，与对实符号"语词""语句"的感知同样重要。（韦世林，2012，p. 66）从禅语问答的"沉默"中，我们感知到了"不可说"或"不理解"。但质言之，"不可说"也是一种言说，"不理解"还是一种理解。理解本身是一个符号表意和思想交流过程，"往往是心语或语言的沉思默想"（赵毅衡，2017，p. 204）。"默然无语"是用一个空符号形态来表达一系列实符号的意义过程。

禅师们对此认识明确而深刻，并有时将其视为禅门宗风。如洞山问龙牙："德山的禅法是什么？"龙牙回答说："德山的禅法是无语。"雪峰问德山："您的宗风是什么？传给学人的禅法是什么？"德山回答说："我的宗风是'无语'句，事实上没有把任何禅法传给学人。"（释道原，2019，p. 385）德山的意思并不是真的没有把任何禅法传给学徒，而是用"无语"的方式传法。不是没有佛法，而是没有可证之法；不是不能说法，而是佛法本不可说。正如《宗镜录》所云："但了唯心，自然无语，无语是真语。"（延寿，2008a，p. 984）无法可说，就是说法。古人云："止沸莫若去薪，息过莫若无言。"（释道宣，1986，p. 671）"圣人当言而惧，发言而忧。"（刘昼，p. 912）可见，对语言弊端的警惕和对无语好处的认识自古而然。从高僧大德的"无语"中，我们仿佛看到了他们"语时默默时语，语默纵横无处所"的从容和"亦无语亦无默，莫唤东西作南北"（释道原，2019，p. 906）的智慧。

禅籍中的"沉默"是禅宗"言不尽意"语言观的极端反映，最终导向把静坐摄心作为获得证悟的唯一方式，要求"潜神内观，息虑静缘"，最终彻见诸法本源以至于悟道的"默照禅"。这种强调"默默忘言""寂然静坐"的禅法形成了"静场"，其本身就是具备"寂静、无语、无表情"特征的空符号。

三、周遍含融、理事无碍的"圆相"

圆相是在禅籍中频繁出现的典型空符号。画圆相是晚唐五代时期沩仰宗接引学人的重要途径，后来成为其门庭设施的主要标志。大体有两种：一是以动作即手势作圆相，一是在纸上或地上画圆相。圆相是以无言表意的又一方式。

据灯史记载，圆相始于南阳慧忠国师。相传国师将得自六代祖师的九十七个圆相授予耽源禅师，此后圆相之作逐渐风靡禅林。如《袁州仰山慧寂通智禅师》云："耽源上堂，师出众，作此○相，以手拓呈了，却叉手立。"（普济，1984，p. 527）《黄龙慧南禅师语录》云："时有僧问：'宝座已登于凤岭，宗风演唱嗣何人？'师画一圆相。"（惠泉，2008，p. 629）《虚堂和尚语录》："师云：'古人为物伤慈，于中有失。'者僧当时才见掩门，便就地上画一圆相，各自散去，管取药山开门不得。"（妙源，2008，p. 987）诸如此类，不一而足。那么佛经禅籍中的圆相表达什么意义？它是如何表意的？禅师们为何又对圆相如此青睐？

佛教中的圆相表示虚空，也表示佛性。如《宝王三昧念佛直指》有"真妄心境胜劣之图"，其解说文字指出："此一圆相，喻十方无边虚空也。"（妙协，2008，p. 379）用圆相比喻虚空。又《楞严经》用虚空比喻见性。见性即通俗意义上的佛性，将两者结合起来，我们可得出如下关系："圆相＝虚空＝佛性"，即圆相代表佛性。

根据符号学原理，"空符号用以指代无具体对象的符号，其符号再现体有清晰的边界，而符号对象空缺"（胡易容，任洪增，2019，p. 179）。如果说圆相是以具有明确边界的符号再现体"○"代表"空缺"的符号对象"虚空"的话，那么同样，方相也能以具有明确边界的符号再现体"□"代表"空缺"的符号对象"虚空"。因为虚空无形，入圆器则成圆，入方器则成方。既然方相可代表虚空，而佛性有如虚空，那么方相也可代表佛性，何以佛教禅宗独爱以圆相比喻佛性呢？

这是因为空符号还须符合像似性特征。有学者指出"空符号的再现体也常常通过'边界明确而内容为空'这种像似性指向'对象为空'的意义"（胡易容，任洪增，2019，p. 179）。像似性是像似符的主要特征。皮尔斯认为，像似符是"借助自己的品格去指称它的对象，并且无论这种对象事实上存在还是不存在，它都照样拥有这种相同的品格"；像似符或图像可以代替任何对象，只要它像那个对象。（皮尔斯，2014，pp. 51－52）圆相就是这样的像似符，就是具有像似性的空符号，其圆满的形象表征了佛性的周遍含容、事理无碍。

圆相又极似月相。"月喻"是中国文学与佛教禅宗的书写传统。南朝宋谢庄《月赋》云："升清质之悠悠，降澄辉之蔼蔼；列宿掩缛，长河韬映；柔祇雪凝，圆灵水镜；连观霜缟，周除冰净。"（萧统，1986，p. 601）道出了月的"清质""澄辉""圆灵"的特质。《大般涅槃经》云："月性实无增减、蚀噉之者，常是满月。如来之身，亦复如是，是故名为，常住不变。"（昙无谶，2008，p. 416）以满月比喻如来常住不变之身。《文殊师利问菩提经》云："初发心如月新生，行道心如月五日，不退转心如月十日，一生补处心如月十四日，如来智慧如月十五日。"（鸠摩罗什，2008，p. 482）借圆月形容无上智慧。

与此相关，佛教还有著名的"水月"之喻。《维摩诘所说经》云：菩萨观众生"譬如幻师，见所幻人""如智者见水中月，如镜中见其面像"（高永旺，张仲娟，2013，p. 127）根据佛教词典的相关解释，水月之喻的深层原理主要在于以下方面：其一，圆形为水轮之形，水可洗净污秽不净，亦可灭却众苦之热恼，故具息灾之义；其二，水字之种子含有"离言说"之意，以离言寂静之故，遂与息灾之意义相应；其三，圆形表示遍至十方，不执着一处，而一切灾难皆起自执着，故圆形自含息灾之义。

中国禅宗常借水月以说明虚幻空无之境界、周遍含容之佛性。如《石头希迁大师》云："汝等当知，自己心灵。体离断常，性非垢净。湛然圆满，凡圣齐同。应用无方，离心意识。三界六道，唯自心现。水月镜像，岂有生灭。"（释道原，2019，p. 353）用水中月来比喻湛然澄明、无有生灭的佛性。又如《永嘉证道歌》云："一性圆通一切性，一法遍含一切法，一月普现一切水，一切水月一月摄，诸佛法身入我性。"（释道原，2019，p. 901）透彻地阐释了圆通佛性与水月之关系。

无论"月喻"还是"水月"之喻都是人们对圆相的阐释。佛教禅宗之所以爱用圆相，是因为圆相能更好地象征圆满自足的佛性。但任何长久的钟爱都易形成难以超越的窠臼，从而产生新一轮的执着。正如《楞严经》所说，佛性如同虚空，虚空本无方圆，因器而有差异。同样地，佛性周遍无碍，本无大小缩断，因境而有不同。若能转物，则境随智亡。圆照法界，事事无碍。（释智觉，2020. pp. 113 - 114）禅师们若一味地使用圆相来说法，便会执着于物，为物所转，最终陷入自己所制造的条条框框而无法超脱。因此，禅林又有很多打破圆相的做法。如《京兆府章敬寺怀恽禅师》云：

> 有小师行脚回，师问曰："汝离此间多少年耶？"曰："离和尚左右，将及八年。"师曰："办得个什么？"小师于地画一圆相。师曰："只遮个更别有？"小师乃画破圆相，后礼拜。僧问："四大五蕴身中，阿那个是本来佛性？"师乃呼僧名，僧应诺。师良久曰："汝无佛性。"（释道原，2019，p. 153）

在这则公案中，怀恽禅师对小僧道行深浅进行了四次勘验，整个过程蕴含丰富的佛理禅机。第一次是怀恽问小僧学到了什么，小僧画圆相。第二次怀恽又问小僧此外还有么，小僧打破圆相。画一圆相，再打破圆相，体现了马祖"即此用，离此用"的禅观。马祖禅特别是沩仰宗向来重视体用关系，如沩山和仰山普请摘茶时的对话就体现了这一点："普请摘茶。师谓仰山：'终日摘茶，只闻子声，不见子形，请现本形相见。'仰山撼茶树。师云：'只得其用，不得其体。'仰山云：'未审和尚如何？'师良久。仰山云：'和尚只得其体，不得其用。'师云：'放子二十棒。'"（释道原，p. 197）可见禅修的终极目标是不仅要"得其用"，更要"得其体"，达到体用兼备。又《金刚经》云："凡所有相，皆是虚妄，若见诸相非相，即见如来。"（陈秋平，尚荣，2013，p. 32）小僧打破圆相的过程即破除妄执的过程。第三次是小僧反问什么是佛性，怀恽直呼其名，小僧立即答应。师唤某僧名字以刺探其禅机深浅是禅宗传统。《西京光宅寺慧忠国师》："一日唤侍者，侍者应诺，如是三召，皆应诺。师曰：'将谓吾孤负汝，却是汝孤负吾。'"注云："僧问玄沙：'国师唤侍者意作么生？'玄沙云：'却是侍者会？'"（释道原，2019，p. 120）虽然慧忠国师口是心非地说"却是汝孤负吾"，但事实上侍者已经理解了其三次召唤的意思，即所谓佛性就是当下活生生的自己。第四次是怀恽"汝无佛性"的据款结案。《坛经》云："出没即离两边，说一切法，莫离自性。忽有人问汝法，出语尽双，皆取对法，来去相因。"（2018，p. 143，p. 146）小僧问禅师什么是佛性，禅师最终回答："你没有佛性。"正是"法相语言十二对"中的"有与无对"。小僧打破圆相与禅师正话反说，都是去妄的行为。

禅籍中以不同方式打破圆相的例子还有很多。如"上堂举，马祖令智藏驰书上当山国一祖师。祖师开缄，见一圆相，实时索笔于中点一点。"（蕴闻，2008，p. 829）"侍有书与老师，僧驰书回。沩山折见画一圆相，于中书个'日'字。沩山呵呵大笑云：'谁知吾千里外有个知音。'"（绍隆等，2008，p. 784）"相公就沩山乞偈子，沩山云：'觌面相呈，犹是钝汉，岂况上于纸墨？'又就师乞偈子，师将纸画圆相，圆相中着'某'字，谨答：'左边，思而知之，落第二头；右边，不思而知之，落第三首。'乃封与相公。"（静、筠二禅师，2007，p. 806）"圆相中书'水'字顾示，其僧（无对）。问：'如何是祖师意？'师以手作圆相，圆相书'佛'字对。"（静、筠二禅师，2007，p. 807）

圆相本来是没有明确指代对象的空符号，打破圆相即改变符号形态。在圆相中"点一点"，"写个'日'字""着'某'字""书'水'字""书'佛'字"等，都使得原本的空符号转变为实符号，符号表意形态和表达的意义都发生了改变。这一符号行为体现了禅宗破除妄执、锐意进取的创新精神。

四、余论

禅宗公案中的空符号为何能够表达意义？它们又是如何表达意义的？空符号接收者怎样理解和阐释其意义？这不仅是符号学的问题，也是阐释学的重要议题。

空符号在本质上依然是符号，任何符号都能表达意义，空符号也不例外。空符号的表意功能依赖实符号发挥作用。（韦世林，2012，p. 85）换言之，空符号在形态上是一种空无，这种空无如果以单一的方式出现，我们根本无法理解其含义；如果出现在一系列实符号当中，我们将根据实符号意义来推断其意义。空符号所依赖的一系列实符号可被称为语境。语境是决定符号意义的最重要的因素。（赵毅衡，2016，p. 178）禅宗公案的沉默、圆相等，在不同的语境中有不同的意义，关键在于接收者如何做出恰当合理的阐释。

有效的方法之一是"阐释的循环"，即读者通过整个文本去理解个别字词的含义，又反过来通过个别字词来理解整个文本的含义，部分与整体"相互依赖，互为因果，形成循环"。（周裕锴，2020，p. 19）即便如此，有些文本依然没有完全固定的意义，而是有多义性。即面对同一个文本，我们也可有两种不同的解释，而这两种解释"同时有效"，不必"相互取消"，这就形成了"阐释漩涡"。（赵毅衡，2016，p. 232）上文所举天性禅师的沉默，我们根据仰山慧寂"何得大智而默"的发问而做出的两种阐释均说得通，无需相互否定对方的存在。

阐释漩涡形成的原因不仅在于符号文本，而且在于阐释者。从符号文本来看，禅宗公案往往有意反对正常的逻辑理路，以"拈花指月""绕路说禅""反常合道""打诨通禅"等方式使符号文本"理据性滑落"，从而造成禅语极强的"象征性""隐晦性""乖谬性""游戏性"等特征。阐释漩涡正好就形成于原有的理据性丧失、新的理据性尚未形成之间的空档。从阐释者角度来看，不同的阐释者由于"先见"和"成见"的存在而对同一文本形成不同的理解。一千个读者眼中有一千个哈姆雷特，说的就是阐释的主观性问题。尽管如此，我们对一个禅宗公案文本的阐释必然有一个较为一致的观点，即使是两种不同的阐释，也不会差得太远，以致完全水火不容。这除了由语境决定，还必须遵循阐释的"合法性""相应性""连贯性""范型合适性"（周裕锴，2020，p. 2）等原则，任何一种有效的阐释都不是完全客观的机械主义，也不是毫无标准的主观武断，而必须是客观与主观的结合。

引用文献：

陈秋平，尚荣（译注）（2013）．金刚经．北京：中华书局．

高永旺，张仲娟（译注）（2013）．维摩诘经．北京：中华书局．

胡易容，任洪增（2019）．艺术文本中"空符号"与"符号空无"辨析．社会科学，4，177-185．

惠泉（集）（2008）．黄龙慧南禅师语录．载于大正藏（第47册）．石家庄：河北省佛教协会印行．

静、筠二禅师（编）（2007）．祖堂集（孙昌武，衣川贤次，西口芳男，点校）．北京：中华书局．

鸠摩罗什（译）（2008）．文殊师利问菩提经．载于大正藏（第14册）．石家庄：河北省佛教协会印行．

李申，方广锠（2018）．敦煌坛经合校译注．北京：中华书局．

刘昼（1986）．刘子（袁孝政，注）．载于景印文渊阁四库全书（第848册）．台北：台湾商务印书馆．

妙协（集）（2008）．宝王三昧念佛直指．载于大正藏（第47册）．石家庄：河北省佛教协会印行．

妙源（编）（2008）．虚堂和尚语录．载于大正藏（第47册）．石家庄：河北省佛教协会印行．

皮尔斯，C. S.（2014）．论符号（赵星植，译）．成都：四川大学出版社．

普济（1984）. 五灯会元（苏渊雷，点校）. 北京：中华书局.

绍隆等（编）（2008）. 圆悟佛果禅师语录. 载于大正藏（第47册）. 石家庄：河北省佛教协会印行.

释道宣（1986）. 广弘明集. 载于景印文渊阁四库全书（第1048册）. 台北：台湾商务印书馆.

释道原（2019）. 景德传灯录（冯国栋，点校）. 郑州：中州古籍出版社.

释智觉（2020）. 楞严经译解. 上海：上海古籍出版社.

昙无谶（译）（2008）. 大般涅槃经. 载于大正藏（第12册）. 石家庄：河北省佛教协会印行.

韦世林（2012）. 空符号论. 北京：人民出版社.

萧统（编）（1986）. 文选（李善，注）. 上海：上海古籍出版社.

延寿（2008b）. 万善同归集. 载于大正藏（第48册）. 石家庄：河北省佛教协会印行.

延寿（2008a）. 宗镜录，载于大正藏（第48册）. 石家庄：河北省佛教协会印行.

蕴闻（编）（2008）. 大慧普觉禅师语录. 载于大正藏（第47册）. 石家庄：河北省佛教协会印行.

赵毅衡（2016）. 符号学：原理与推演. 成都：四川大学出版社.

赵毅衡（2017）. 哲学符号学：意义世界的形成. 成都：四川大学出版社.

周裕锴（2020）. 中国古代文学阐释学十讲. 上海：复旦大学出版社.

作者简介：

李刚，四川大学文学与新闻学院博士研究生，四川大学中国俗文化研究所成员，研究方向为唐宋文学、禅宗文学。

Author:

Li Gang, Ph. D. candidate in School of Literature and Journalism at Sichuan University, and member of the Institute of Chinese Folk Culture of Sichuan University. His research interests are Chinese classical literature of Tang and Song Dynasties and Zen literature.

E-mail: ligang200502140408@163.com

论《道德经》的形式美学："自否定"
与"物自化"

丁茂远

摘　要：在三种形式的框架中，《道德经》的"无形之形"以"道"与
"德"、"无"与"有"两组概念为主。此二者生发形式的最终
目的，以"无为"作核心。这确定了主体"归根""复命"与
"虚静"等融通生命与形式的追求，提供了循环式的宇宙观念
与"自否定"的思维方式，以借理想之"一"实现成己。对艺
术形式来说，老子主张"物自化"的成物观念与"自否定"的
论证方式，不仅探讨了人与艺术的根本关系，也反思了当代物
化语境中的艺术本体与创作思路问题。

关键词：道，一，形式，"自否定"，"物自化"

Formal Aesthetics in *Daode Jing*: "Self-negation" and "All Things Are Done through Themselves"

Ding Maoyuan

Abstract: Among the "three kinds of form" described in the *Daode Jing*, the
main expressions of the "metaphysical form" involve two pairs of
concepts: Dao and De, and Wu and You. The final aim of form as
expressed in these concepts is "actionless activity" (Wuwei). This
aim shapes a series of understandings concerning the interaction of life
and form, including "return to the origin" (Guigen), "back to
nature" (Fuming) and "voidness and quietness" (Xujing). These
concepts provide the understanding of cyclic cosmology and the means
of critical thinking through "self-negation" that allows the achievement

of self-realisation through the ideal "One" (Yi). Concerning the artistic form of reality, Laozi advocates the "cultivation of things" (Chengwu) by which "all things are done through themselves" (Wuzi hua). This discussion demonstrates the method of self-negation in examining the relationships between art and life, and between art ontology and creative thinking in the context of modern materialisation.

Keywords: Dao, One, form, "self-negation", "all things are done through themselves"

DOI: 10. 13760/ b. cnki. sam. 202102005

引　言

"形式"作为重要的哲学与美学范畴之一，相关研究广受关注。自王国维引入西方形式美学概念以后，特别是新时期以来，国内西方形式美学研究成果丰富，但中国自有的形式研究相对薄弱①。究其原因，一是"以西律中"的影响，因此本文通过标出"形式"，以示移借；二是传统表述分散于不同的思想流派与典籍，既有相通，也有差异，梳理与辨析的难度很大；三是跨文化、跨学科的要求较高，既要兼顾中西，又要融通哲学、美学与艺术，这样才能兼具整体观照与文本体察，从而析理并比较形式的本源与目的；四是需结合当代文艺创作的形式困惑，以"理解之同情"的立场与敏感，反思中西传统形式资源的当代性。

有鉴于此，本文以《道德经》为例，将研究思路聚焦于两个问题。一是落实一个具有普遍性的形式研究框架，以便梳理并比较中西各自形式传统。否则的话，面对概念与内涵复杂的传统表述，简单的文本疏解无法满足整体考察与合理比较。二是从文本出发，考察老子的形式美学观念的独异性与当代性，这是本文的主要内容。

作为本文的理论框架，"三种形式"是对中西形式理论的一般概括，代表形式的普遍结构，能够兼通中西形式之比较。概言之，其包含"无形之

---

① 相关著述主要包括《西方形式美学：关于形式的美学研究》（赵宪章，张辉，王雄，2008）、《西方形式美学问题研究》（汪正龙，2007）、《西方美学中的形式：一个观念史的考索》（张旭曙，2012）与《造形本源》（毕建勋，2013）等。

形"（形上存在）、"有形之形"（自然物）与"艺术形式"（人造物）①。三者的基本关系是："无形之形"是本原；"有形之形"是物质基础，是中介；"艺术形式"则是对前两者的独特阐发，包含着人创造的意义。

此框架源自中西相通的形式观念，契合现实世界的一般划分。比如柏拉图以"床"为例，将形式分为三类："自然的床""木匠的床"与"画家的床"，即分别对应"无形之形""有形之形"与"艺术形式"（柏拉图，2002，pp. 390 - 391）。同样，《周易》也分"天文"与"人文"："刚柔交错，天文也。文明以止，人文也。观乎'天文'，以察时变；观乎'人文'，以化成天下。"（《贲卦·象传》）"天文"就包含着"无形之形"与"有形之形"，"人文"则对应着"艺术形式"。同时，《周易》也称"形而上者谓之道，形而下者谓之器"（《系辞上》）。"道"就是"无形之形"，而"器"则包含了"有形"与"艺术"两种形式。不同传统对"三种形式"有多样的表述与理解，但其基本结构与内在关系大体相通。以"无形之形"为例，柏拉图的"理念"（idea）、亚里士多德的"实体"（substance）、基督教的"上帝"，抑或儒道的"道"与佛家的"空"，虽内涵各异，但皆属形式之本原。

那么三种形式如何互动？这就无法离开生命空谈"形式"。此生命（life），既是"无形之形"的受造者，也是"艺术形式"的主体与目的。"无形之形"创造的自然万物，也包括人；"自然形式"为人类提供了物质基础，此二者同为人类的思考对象与精神源泉。因此，"艺术形式"既是人对前两者的理解与阐释，同时也包含着个人的创造，关乎三种形式生发与互动的最终意义：生命的存在与发展。对于当代艺术来说，受现代主义与物化语境的影响，那种翻新求奇的形式创造在打破传统观念桎梏的同时，也有迷失于个人情绪与虚无主义的危险，因此有必要借助如《道德经》等古典资源，解剖当代困惑与切身痛楚，以反思未来发展的诸种可能。

本文将在三种形式与生命的框架下，梳理《道德经》中关于形式的文本与思想，探讨其独异性与当代性，为传统形式美学的深入研讨提供参照。

一、"无形之形"与生命

本节论述老子"无形之形"与生命相关的主要表述，挈领全篇。虽然《道德经》的"无形之形"概念较多，且分不同层次，但以两对表述为主：

---

① 至于"三种形式"的具体表述，参王乾坤的《敬畏语言》（2013，pp. 105 - 114）。

"道"与"德"、"有"与"无"。它们的含义、地位与关系，都可借第一章展开分析：

> 道可道，非常道；名可名，非常名。
>
> 无名天地之始，有名万物之母。
>
> 故常无欲，以观其妙；常有欲，以观其徼。
>
> 此两者同出而异名，同谓之玄，玄之又玄，众妙之门。（王弼，
>
> 2016，pp. 1 - 2）

作为先秦时期最具代表性的形上概念，"道"是无法用语言描述的。《道德经》开篇不仅直接论"道"，且将"无"与"有"也一同推出，以描述形上存在的运行状态。所谓"道可道，非常道；名可名，非常名"，这里"可道之道"与"可名之名"都是有限的"符号化"，"无法包蕴万有"①。但之所以仍要"道"或"名"，都是旨在阐述"常道"与"常名"，仅做权宜之计。

《道德经》与《周易》自然宇宙观较接近，其二十五章即同为创世描述："有物混成，先天地生，寂兮寥兮，独立不改，周行而不殆，可以为天地母。吾不知其名，字之曰道，强为之名曰大。大曰逝，逝曰远，远曰反。""混成"指其形式处于"不可得而知"的状态（王弼，2016，pp. 62 - 63）；"先天地生"以天地作参照，核定其作为包括天地在内的万物之本体；"独立不改，周行而不殆"，强调其完全性，亦即前文的"常道"，与柏拉图的"理念"、古希伯来 - 基督教中的"上帝"一样，都是永恒自足的存在。但《道德经》还给出了"道"的四个更具体的特质——大、逝、远、反，从不同角度强调道体的无限、周备、变化与无形。

此处的"反"与"反者道之动"（四十章）的"反"，都可解为"返"，不仅是"否定"，还暗合黑格尔"否定之否定"（negation of the negation）：此"反""兼'反'意与'返'亦即反之反意，一语中包赅反正之动与夫反反之动而合于正为返"（钱锺书，2001，p. 75）。因此，老子的形式观显然不止于"有形之形"，而在于"万物自相治理"（王弼，2016，p. 13）的"无为"。所谓"道"的"无为而无不为"（三十七章），"无"与"有"组成了否定性结构。因此，此"无"首先直接关联着道之"反/返"与作为理想模式的"一"，为全书构建了循环宇宙论与"否定之否定"的论证方式。"否定

---

① 此处表述，直接引自某位匿名评审者的修改意见，以作致谢。

之否定"，在本质上也可理解为"自否定"（self-negation, or selbstnegation），但后者还包含"自身反思和在他物中反思的统一"（邓晓芒，2016，pp. 202 - 206）。这与《道德经》相通，因为老子在"自否定"之外，也强调"物自化"（本文另一个核心概念），以此兼顾人与物的否定之统一。黑格尔认为，"否定之否定"不是回到最初的肯定状态，而是达到更高的肯定，并实现事物自身更大的发展。而由于任何事物本身都包含着矛盾与否定，并最终走向后者，那么否定之否定则会超越初始的肯定与否定之间的二元对立。更重要的是，在此否定的过程中，"否定之否定"自身也是被否定的（Bunnin & Yu，2004，p. 464）。因此，本文主要使用"自否定"这一概念。

既然"道常无名"（三十二章），那么道象亦即"无形之形"及其创生过程也是十分玄妙的："孔德之容，惟道是从。道之为物，惟恍惟惚。惚兮恍兮，其中有象；恍兮惚兮，其中有物。"（二十一章）王弼释将此释为"以无形始物，不系成物，万物以始以成，而不知其所以然"，而"恍惚"则是"无形不系之叹"（王弼，2016，p. 52），不仅对应"混成"的形式，还揭示"无为"之广大。所以，道正因是万物生成与运作的动力，故被老子引为人与社会的典则："孰能有余以奉天下？唯有道者。"（七十七章）"道"之所以能够"奉天下"，是因其关联着贵生之"德"。

在"道"的创生基础上，"德"培育万物。《道德经》五十一章展开了道德二元论："道生之，德畜之，物形之，势成之，是以万物莫不尊道而贵德。"（王弼，2016，p. 136）可见万物形式在"道生""德畜"共同作用下的生成过程。这里道与德的相互作用接近《周易》乾"资始"、坤"资生"的二元阐述（丁茂远，2018，pp. 88 - 97）。但较之于乾坤的"广生之德"，《道德经》直接由道分出德，首先赋予了道更为具体复杂的内涵层次：不仅包含万物所由的道，还有推而极之的"至道"（王弼，2016，p. 137）。其次，道德并论突出了形式的最终目的是保养生命的自然本性："道之尊，德之贵，夫莫之命而常自然。"（五十一章）不过因由"自然"，道家在同样注重"生"的同时，也突出否定自身的"无为"："生而不有，为而不恃，长而不宰。"（五十一章）由此，道与德这一对形上存在，在有为（生与畜）与无为（不占有）之间强化了"自否定"与"物自化"的形上特性。

再回到第一章的论述："无名天地之始。有名万物之母。故常无欲，以观其妙；常有欲，以观其徼。"这还涉及另一对形上表述："无"与"有"。首先，较之于"不可道"的"常道"，"无"与"有"是更具体的宇宙论，从"无名"到"有名"，亦即由"无形"到"有形"："凡有皆始于无，故未形无名之时，则为万物之始。及其有形有名之时，则长之、育之、亭之、毒之，为其母也。言道以无形无名始成万物，万物以始以成而不知其所以然，玄之又玄也。"（王弼，2016，p. 1）因此，较之于道与德的创生地位，无与有更注重描述道创生中具体形式的变化，如"天下万物生于有，有生于无"（四十章），这里"无"与"有"描述的正是从"无形之形"到"有形之形"的生成过程。

其次，老子紧接着又提出将"无欲"与"有欲"作为生命主体观察形式变动与目的的方式："故常无欲，以观其妙；常有欲，以观其徼。""妙"是"有形之形"的极微状态，必须以无欲的虚静洞察其初始，才能把握形式初萌的微妙；只有基于现实生存体验（有欲），才能分辨形式是否以"生"为目的。因此，对照《周易》的"设卦观象"，老子并未创造诸如卦这类中介形式，而是重视"无形之形"与"有形之形"的互动关系，以揭示形式变化的深妙精微。

最后，老子又在二者之上设"玄"为源头。所谓"玄者，冥默无有也，始、母之所出也"（王弼，2016，p. 2）。"玄之又玄"同样贯彻了《道德经》"否定之否定"的论述意旨。至于玄与道的关系，王弼在分析"名"与"称"二者的来由时指出："涉之乎无物而不由，则称之曰道；求之乎无妙而不出，则谓之曰玄。妙出乎玄，众由乎道。"（王弼，2016，p. 197）即已将道、玄并置为形上表述。

因此，总的来说，《道德经》中"无形之形"的表述以道为最高，是万物自然形式创生的最初动力，而德则是生养基础。相比之下，无与有则描述从无形到有形的形态变化。道的无为决定了形式运作的目的，并兼顾"自否定"与"物自化"两种特质。

基于上文的形上探讨，《道德经》视生命（生）为形式尊道贵德的目的。而从生命主体的角度看，所谓"道大，天大，地大，王亦大"（十六章），人之主（王）也同列其一。在具体的实践中，人仍需宗依自然的"无为""不自生"，才能"长生"（七章），因为只有这样才能"使物归"，而非"自生"的"与物争"（王弼，2016，p. 19）。再就生命主体与形上形式的关系看，老子主张"归根""复命"，同样是否定性的"减法"："归根曰静，是谓复命。复命曰常，不知常，妄作，凶。"（十六章）由"知常"可见，《道德经》并不完全否定认知与理性的积极价值，而是要消解绝对化的"智慧"概念。此处"复命"更接近于"性"。在先秦文本中，"性"也常作"生"；"复"作为动词，本身就属老子所论"循环"的一部分，以此实现道与生命的共同目的——"无为"。为了阐释"归根""复命",《道德经》还以"婴儿"作为典范:"我独泊兮其未兆,如婴儿之未孩"(二十章),"含德之厚,比于赤子"(五十五章),以强调"无求无欲,不犯众物""故无物以损其全也"(王弼,2016,p. 145)。

那么应如何实践呢?老子主张"令有所属,见素抱朴,少私寡欲"(十九章),只有通过自足与减欲,才能排除外界"物"的干扰,此即否定性的"去蔽":"不见可欲,使民心不乱"(三章)。即便对"艺术形式"也一视同仁:"五色令人目盲,五音令人耳聋"(十二章)。这种"寡欲"与前文的"有欲"是否矛盾?从二者所分属的日常生命与形上视角来看,并不冲突,因为"寡欲"并非"绝欲",老子同样强调"为腹不为目"的"以物养身",肯定正常的欲望需求。此"身"即"有欲",肯定了人对物的丰富直觉与合理需求,但物我并不相碍。

"圣人"作为儒家理想人格的绝对典范,是被老子质疑甚至否定的。一方面,老子也借助"圣人"描绘理想的态度与做法,如"圣人抱一,为天下式"(二十二章);另一方面,他却主张"绝圣弃智"(十九章)。因为所谓"圣""智"都非完善的示范(文)(王弼,2016,p. 45),不足以替代道的绝对地位。显然,老子所摒弃的并非理想状态(如"一"),而是假借圣人与智慧之名。因此,老子理想的生命境界是基于否定性的"无为"及超越诸种概念与外在形式的"归根复命"。在这个过程中,从有为到无为,即需要不断否定:"为学日益,为道日损。损之又损,以至于无为,无为而无不为。"(四十八章)这里的"损之又损",更是否定之否定,以此去蔽,进道成己,而"无不为"。

二、形式的关系:"一"与"虚静"

分析完形上形式与生命,本节重点论述《道德经》中的"有形之形"与形式之间的关系。概括地说,老子"有形之形"的主要表述包括"象""形""物""器""式"等与作为理想模式的"一"。这些表述虽同属于"道",内涵却各有侧重。

先说"有形之形"。在前述否定性的形上预设中,《道德经》中的"有形之形"在根本上也被消解。"象"是先秦典籍中常见的关于形式的表述,但与《周易》重视卦象与道象的形式关系不同,《道德经》更推崇超越"有形之形"的"大象":所谓"执大象,天下往"(三十五章),"大音希声,大象无形"（四十一章）。大者，极也，可"包统万物，无所伤犯"（王弼，2016，p. 87）。至于其他表述，略论如下：

其一，"物"是实物，具备可见形式，主要指道与德所生畜的"万物"①。所谓"道者万物之奥"（六十二章）与"万物将自宾"（三十二章），都强调道作为万物的本源，因此人应当得道守朴。

其二，"形"在《道德经》中有两种词性。动词的"形"如"道生之，德畜之，物形之，势成之"（五十一章），描述万物如何依道成形；名词的"形"如"余食赘行"（二十四章）中"行"也作"形"，各家注释者虽有不同，但本意都指无关于道的形式或行为②。

其三，"器"在根本上用于描述形式的生成。所谓"朴散则为器，圣人用之则为官长"（二十八章），强调的就是由普遍性的"朴"散化为具体的"器"。由此还引申出了不可拘束的"天下神器"（二十九章）、作为"不祥之器"的兵器（三十一章）与"诚天下"的"大器"（四十一章）。

在这些表述之上还有一个"式"，代表着理想的模型。《说文解字》释"式"为"法"（许慎，1963，p. 110）；老子强调"知其白，守其黑，为天下式"（二十八章）。根据前文"知雄（先）守雌（后）"，"知白守黑"就是主张在二元关系中身居下位，同为基于自然无为之理的否定式表述。这其中，"一"又是核心的"式"："圣人抱一，为天下式。"（二十二章）王弼释"一"为"少之极也"（王弼，2016，p. 56），可谓极致状态的"有形之形"，这样方能为圣人所"抱"，"归根复命"。

"一"作为更具体的理想形式，又包含着怎样的形式关系呢？从深层次上说，"一"兼顾了宇宙论与功夫论。首先，"一"是宇宙生成中从无到有的关键一环，所谓"道生一，一生二，二生三，三生万物"（四十二章）。"道生一"就是从"无形之形"到"有形之形"的过程，王弼释为："万物万形，其归一也。"（2016，p. 117）因此，"一"既是有形初始与无形征兆，又为"艺术形式"所宗依，可为三种形式的中介，极为微妙。在形式的地位上，老子推崇的"抱一"也相当于《周易》中的"设卦"，居于诸形式的中心。

其次，"一"也是人所应效法的进道途径。在形式的整个演化循环中，

---

① 关于《道德经》中"物"的研究成果较多，代表性论述如王庆节的《道之为物：海德格尔的"四方域"物论与老子的自然物论》（2004，pp. 164–205）。

② 如潘静观的《道德经妙门约》（高明，1996，p. 336）。

"一"既是中心，也为"归根复命"、由多返一的进道描述。因此"昔之得一者，天得一以清，地得一以宁，神得一以灵，谷得一以盈，万物得一以生，侯王得一以为天下贞"（三十九章）。王弼借"一"揭示了生命与物的合体："一，数之始而物之极也。"（2016，pp. 105–106）也正是在此有无之间，"一"才能兼通生命与三种形式，成为人修道的理想准则。

那么如何实现"一"呢？如果说前文的"归根复命""少私寡欲"侧重生命层次，那么老子以"虚静"阐释"归一"，则突出了形式的关系，所谓"致虚极，守静笃"（十六章）。王弼释曰："言致虚，物之极笃；守静，物之真正也。"并指明"有形"的最终变化目标："夫物芸芸，各复归其根。归根曰静，是谓复命。"（2016，p. 35）因此，"虚静"是万物的终极形式。对照亚里士多德"四因说"，"虚静"就是"目的因"。同时，"虚静"还是形式的起点。如前述，"道"是创生万物的"动力因"。但按王弼的理解，老子又分别描述了"虚"与"静"二者在万物形式变化中的地位，即可对应无有之辩："虚"与"静"都可以认作"无"的状态，抑或"有"的最初形态，以区别于"有形"或"有名"的动态描述。所谓"万物并作，吾以观复"（十六章），王弼释曰："以虚静观其反复。凡有起于虚，动起于静，故万物虽并动作，卒复归于虚静，是物之极笃也。"（2016，p. 35）在整个形式生发过程中，"虚静"既是始点，也是目的，由此阐释了"一"的循环，其自身也呈现出否定式的宇宙观念与修道途径。而对于老子的"艺术形式"来说，"虚静"就是其所理解的理想境界，就应是"超脱庸常的人类活动之共同追求"（赵毅衡，2021，p. 65）。这一共同追求，庄子有"心斋"，《中庸》是"至诚"，而佛家则为"涅槃寂静"。

就形式关系而言，"虚"上可为圣人与天地所合之德，下可通万物形式。"天地之间，其犹橐龠乎？虚而不屈，动而愈出。"（五章）这种"虚"亦即"不仁"，推崇主体与万物的自然关系，强调"无为无造，万物自相治理"（王弼，2016，p. 13），这样不仅成己，也能成物，合之即"物自化"。后经庄子推阐，"言以虚静推于天地，通于万物，此之谓天乐"（《庄子·天道》），肯定了"虚静"贯通于三种形式。因此，物与心的相通，其关键点就是"虚"。但此"虚"又绝非虚无，而是基于橐龠的"无为"：其中空不滞于物，在无意间具不竭活力，得造化之功。更具体的"虚其心，实其腹"（三章），则强调以"虚"统摄心志，以免后者过强，"生事以乱"（王弼，2016，p. 8），徒添物累。

总之，老子的"虚静"是以自然为归依的自我减损，最终至形式与生命的合"一"。但与佛家的"空"乃至"空空"的"否定之否定"不同，老子仍保留着所归复的"根命"限度与作为"无称之言，穷极之辞"（王弼，2016，p.64）的自然。这个"自然"也是权且表述，只是后来被赋予了太多的宇宙物质层面的含义。而较之孔子"一以贯之"的道与儒家调和二元的"时中"（《周易·蒙卦·象传》《中庸》），老子的"虚静"有更明显的否定倾向：通过追求"虚静"主动减损，以求得自我完善。总之，在整个形式关系中，老子的"自否定"意在推阐形式循环往复中的"一"，包容着"道生一""一生多"与"抱一为天下式"，由此彰显出"无为"之道与自否定的独异性。

三、"艺术形式"的当代性："物自化"与"自否定"

基于上文关于前两种形式的讨论，本节借"物自化"重点分析老子的"艺术形式"观念，及其对当代物化语境中艺术创作的启益。

如前所述，老子形式观念的独异性在于其"自否定"与"物自化"。从生命主体来看，一个切身的问题是，人是否真的需要这么多的物？这不仅关系"成己"，也关乎"成物"。在追求自然无为的过程中，老子尤其警惕物对人天性的干扰。此物除"有形之形"，也包括如五音、五色等"艺术形式"。具体而言，老子强调"执大象，天下往；往而不害，安平太"（三十五章）。作为"无形之形"的"大象"，其德在于"无形无识，不偏不彰，故万物得往而不害妨也"（王弼，2016，p.87）。紧接着，他又借音乐与美食这类形式的"应时感悦人心"（p.87）来反衬道在形式上的无味、无色与无声。以"正言若反"阐其用之不竭的本体，贬抑物自身"有形"的局限，因为有形即有限，也可能有害。

与此相通，老子对"艺术形式"也持基本否定的态度，主要见于其对"美"与"言"的辨析。先看"美"。中国传统注重美善相通，但老子在认知上指出美与恶的二元一体，排除了只推崇美而否定恶的绝对化。所谓"天下皆知美之为美，斯恶已"（二章），就是通过美与恶的依存关系，来超越单一的美。

再说"言"。对于作为具体"艺术形式"的语言，老子指出了其局限性，推崇"知止不殆"（四十四章）。开篇所谓"道可道，非常道"，即指出语言无法全面呈现"常道"，随即也有"信言不美，美言不信"（八十一章），以"信"指陈"美言"之不足。孔子也强调"文质彬彬"的中道，批判"巧言令色"（《论语·学而》），肯定了"质"是"文"的本原地位。二者的差异在于：孔子的"质"与"文"，一内一外；老子的"信"与"言"，则关系着常道的认知，可谓分属不同维度。所以，对作为"艺术形式"之言，老子强调"多言数穷，不如守中"（五章），以便通过减法接近"常道"之"信"。因此，庄子的"天地有大美而不言"（《庄子·知北游》），同样强调"美"的"不言"与"言"的"知止"。

如前述，"无为"决定了物我之间"万物自相治理"的"物自化"。所谓"道常无为而无不为，侯王若能守之，万物将自化。化而欲作，吾将镇之以无名之朴。无名之朴，夫亦将无欲。不欲以静，天下将自定"（三十七章）。较之于《中庸》的"参赞天地"，老子以此强调人应遵循自然之法，令物自成自化①，抑或"自然发展"，由此更可见道家物论的独异处。

若狭义地讲，此处"自化"的万物指自然形式。但广义上看，万物也包括人造之物乃至人自身，所谓"我无为而民自化"（五十七章）。因为对于形上存在而言，人与物皆为受造者，况且，成物与成己本属一体。在这种意义上，老子也肯定了"小国寡民"理想状态下的和谐社会：那些刻意有为且有害的形式，如舟舆、甲兵与什伯之器都已无所用；相反，"甘其食，美其服，安其居，乐其俗"（第八十章），那些有益于身的器物，抑或作为文化的风俗都能与人相适，其各自物性都能得到发挥以"自化"。

那么老子形式观念的当代性何在？当今一个普遍的艺术创作困惑是：艺术家处在否定古典审美体系的场域中，其形式创造面临着自由与混乱相纠合的挑战。现代艺术在一味寻求解构、打开视域的同时，也可能陷于自说自话，忽视群体接受效果及意义的同一性。究其根本，还在于其形式创造缺失形上视角与生命观照。

因此，老子形式观念的当代性，正在于其能疏通上述困阻，启发新的思路。此处称"疏通"，而非"转变"，意在远离"原教旨主义"。古典也好，现代也罢，都应落实到主体生命的自我化用上，以便应对现实遭际（形式），从中生发出新的灵感，而非沿用古典或现代之"名相"，拼凑概念，自我陶醉。由"物自化"与"自否定"来说，分两方面：

其一，"物自化"视角下的艺术认知。老子对艺术的整体贬抑，可以提

---

① 关于"化"的具体含义，郑开认为《道德经》中出现的三次"化"，"基本上是'修辞性的'（或者属于政治术语），从而很难作为一个哲学概念来探究"。其"自化"主要指"自然而然的生活"或者"听凭自然的生存"。相比之下，《庄子》中的"化"，则是复杂但重要的哲学概念。（郑开，2018，pp. 83－106）

醒当代创作者与其受众：艺术形式上的单纯狂欢，是否会带来"意义过剩"，从而导致人的"目盲""耳聋"乃至"心迷"？实际上，很多当代艺术作品未必是出于艺术家敏感于时代与痛苦的个体心灵洞见，而多为时代物化惯性所裹挟。因此，"物自化"视角中，艺术形式作为物的本质会得到重新开掘：所谓的"形式美"距"真"有多远？人们是否能凭借艺术抵达澄明无为？这绝非一味的否定，而是说艺术家可借此本体质疑获得"虚"心，反思成己与成物，调整物我（包含人与艺术）关系，使二者既无阻隔，也不相碍。

这其中，"欲望"是个有争议的关键词。物化时代是否要回归小国寡民？当然不是。"物自化"本来就强调自然统摄下的天理，亦即尊重各自的"性"。"归根复命"并不意味着否定合理的欲望，而是基于无为反思人与欲望（物）的关系，以善其身。如前所述，在道家寡欲的基础上，正可借"虚"洞察形式初创的微妙形态，便于艺术家成己成物。实际的艺术史影响也是如此，比如黄宾虹就曾针对"人心世道之忧"，推重"澄怀观化，少私寡欲，故曰返淳朴"，以"养身安民""谓道极之于玄则曰无"。（黄宾虹，1999，pp. 394－398）因此，在成物的同时，养身成己才是"艺术形式"本然的目的。遗憾的是，这一常识鲜为当代艺术创作者所知。

其二，"否定之否定"的创作思路。现代艺术具备天然的否定性倾向，以此照亮传统观念下的历史阴影。但这种否定也存在着自我流放的危险，其自身也要面对接受者的质疑与否定。因此，相对于线性历史发展思维来说，参照多重资源来自我怀疑、打破局限，并不断加以实践，应是自我圆成的理想取法。亚瑟·丹托（Arthur Danto）曾对照西方艺术流派不断否定的现象，以倪瓒为例，指出中国艺术在相对注重模仿传统之时，也保留了个人的创作自由，此种创作方式来自文人间相通的"内在资源"（internal resources），并成为"精神训练的形式"（a form of spiritual exercise）。（Danto，2011，p. 357）这其中，仿古所宗的内在资源，不仅包含着孔子"述而不作"的精神，还指通过临习传统形式不断打磨"小我"的情绪躁动，由笔墨形式的成熟，获得成己成物的"自否定"智慧。即便是现代语境，潘天寿也在张璪"外师造化，中得心源"之上，补以"法古人"（徐建融，2001，p. 5）：先主动寻求自我否定，通过研习自然与人文理法（形式）把握传统，再融会贯通，打破成规，才有可能自成一家。因为即便是经由日常来突破传统规限的现代艺术家，也能感受到传统思想（不止于文学艺术）对日常修养的重视。并且无论古今中外，艺术家都要返回现实层面解决自身困惑，或提出反思生命的独特视角，而非借"艺术形式"释放出个人小意图这样的"自矜"（二十二章)。从意义传递的角度看，作为创造者的意识主体是不完整的；想要获取完整性的意义，"意识必须走出意识主体才能理解自己"，并需要在"社会文化中寻找评价标准"。(赵毅衡，2017，pp. 62 - 67)"走出意识主体"的过程艰难且复杂，需要不断地"否定"与"否定之否定"，乃至循环往复成为常态，直至最终接近完善的人格。而这种基于无为的"自然性和本来性"，其"圆环式或螺旋回归式的形式循环流通"，也正是中国异于欧洲的"自然法"。(沟口雄三，2011，pp. 435 - 436) 当然，对于老子来说，这种"自否定"又绝非毫无依据的凌虚蹈空，现代艺术同样需要肯定，但这绝非折中式的选择，而是保持视域的开放、形式的融通、生命的流动。

"自否定"与"物自化"也本为一体："自否定"可通过解蔽，为生命主体开显"自化"之道；借助"物自化"所主张的虚静无为实现物我无碍，则是"自否定"的最终目的。艺术家形式创造的真诚之所以能引起共鸣，正因为它是某种自我否定，借助艺术形式的镜子，清空物累，"虚其心"，主动展现其未臻于完善的个体生命困惑，从而在普遍的生命结构与共时的境遇遭际上激发欣赏者追问圆满的人格。换言之，所谓的真诚表达，不是刻意表现，而应是自我人格与心境的"自然呈现"（寒碧，2016，pp. 160 - 170)。就艺术品本身的价值看，仅仅是自然可能还不够，还需要创作主体自身的人格圆成度、形上洞察力与形式表现力。因此，古典形式的当代化本应以生命为主体，自我圆成为目的。

当然，当代跨文化的语境中，"自我圆成"存在多种可能，老子乃至道家绝非当代艺术家唯一的古典资源，因此多元视域本身也是某种否定性的自觉。本文对老子形式观念的分析，也正是借阐释其当代性，拓展形式理解与发展的不同可能，从而为当代创作者提供更丰富与更开放的氛围。基于三种形式的传统探讨，可以激活不同形式观念的独异性与当代性，以激发生命主体的自我潜能，活化传统，为我所用。

总体上说，道家的形式观念以自然为根，以天地为美，注重通过"言"的辨析，超越是非之辩，阐述"人文形式"的不可靠，追求"与道同体"的"心斋"，实现三种形式的合一。相比之下，儒家《周易》宇宙论维度更注重形式的加法，强调用外在的社会礼仪加深个人修养，在日常生活中，实现形式的中庸与道器合一。道家对形式的否定不如佛家彻底，后者不仅以"空"否定"相"，揭示形式的虚妄不实，更是以"空空"否定"万法"，以追求"涅槃寂静"。

就《道德经》而言，老子的形式观推崇"自然"与"无为"，以否定的方式描述了循环往复式的形式宇宙，推崇以"归根"与"复命"的途径实现融通生命与形上的"虚静"。概言之，《道德经》形式观念的特性在于"自否定"与"物自化"。"自否定"以"反者道之动"为代表，通过"反"之两义，强调形式世界的循环往复，但其最终目的，仍是道所法之自然，因此其"无"保留着某种限度。庄子推进了这种"自否定"，以"无无"（《庄子·知北游》）化之。比较而言，老子的形式观念不彻底，但也保留了"人间性"，恰如佛家所主张"空空"，并非无所作为，否则即堕"恶空"。至于"物自化"，则是以无为平衡人与自然万物（有形之形）的关系，不过多地干涉造化之运作，这异于儒家"参赞天地"，并引出庄子的"物自喜"（《庄子·应帝王》），贯穿着道家致力于"无为"的形式目的。

引用文献：

柏拉图（2002）．理想国（郭斌和，张竹明，译）．北京：商务印书馆．

毕建勋（2013）．造形本源．北京：社会科学文献出版社．

邓晓芒（2016）．思辨的张力：黑格尔辩证法新探．北京：商务印书馆．

丁茂远（2018）．象与生——《周易》"形式"观念探微．船山学刊，2，88–97．

高明（1996）．帛书老子集注．北京：中华书局．

沟口雄三（2011）．中国前近现代思想的屈折与展开（龚颖，译）．北京：生活·读书·新知三联书店．

寒碧（2016）．"故事"与"新诠"——对话武艺．诗书画，3，160–170．

黄宾虹（1999）．黄宾虹文集·书画编（下）．上海：上海书画出版社．

钱锺书（2001）．管锥编（第二册）．北京：生活·读书·新知三联书店．

汪正龙（2007）．西方形式美学问题研究．哈尔滨：黑龙江人民出版社．

王弼（2016）．老子道德经注校释．北京：中华书局．

王乾坤（2013）．敬畏语言．诗书画，4，105–114．

王庆节（2004）．解释学、海德格尔与儒道今释．北京：中国人民大学出版社．

徐建融（2001）．潘天寿艺术随笔．上海：上海文艺出版社．

许慎（1963）．说文解字注．北京：中华书局．

张旭曙（编）．（2012）．西方美学中的形式：一个观念史的考索．北京：学苑出版社．

赵宪章，张辉，王雄（2008）．西方形式美学：关于形式的美学研究．南京：南京大学出版社．

赵毅衡（2017）．认知差：意义活动的基本动力．文学评论，1，62–67．

赵毅衡（2021）．从文艺功能论重谈"境界"．文学评论，1，59–66．

郑开（2018）．道家形而上学研究（增订版）．北京：中国人民大学出版社．

Bunnin, N., & Yu, J. (Eds.). (2004). The Blackwell Dictionary of Western Philosophy.

Malden：Blackwell Publishing.

Danto, A. (2011). The Shape of Artistic Pasts：East and West. In Wiseman, M., & Liu Y.,
（Eds.）. *Subversive Strategies in Contemporary Chinese Art*. Leiden-Boston：Brill.

作者简介：

　　丁茂远，华中科技大学中国语言文学系博士研究生，主要研究方向为文艺理论、传统思想的现代性问题。

Author:

Ding Maoyuan, Ph. D. candidate of Department of Chinese Language and Literature at Huazhong University of Science and Technology. His research interests focus on the theory of literature and art, and modernization of traditional thoughts.

　　E-mail: dingmaoyuan@ hust. edu. cn

艺术符号学 ● ● ● ● ●

符号考古与图像编码：20 世纪 30—40 年代中国文艺期刊视觉设计的跨文化经验[*]

支 宇 吴朋波

摘 要： 从符号学角度看，20 世纪 30—40 年代中国文艺期刊为中国读者提供了视觉文本与文学文本的双重跨文化经验。中国现代平面设计师挖掘传统符号资源，嫁接西方现代艺术与设计语汇，进行形式、修辞、审美、观念等维度的视觉转译，在文艺期刊纸质媒介中建构了一组组"东情西韵"的多义性图像文本和蕴意结构。通过符号考古和图像编码的分析，20 世纪 30—40 年代中国文艺期刊视觉设计在传统与现代、东方与西方之间的文化间性得以呈现。设计符号学的运用不仅能够更为深入地揭示 20 世纪 30—40 年代中国现代文艺期刊的跨文化属性，而且对数字全球化时代中国当代视觉设计的未来发展也具有重要的启发性。

关键词： 中国现代文艺期刊，跨文化，视觉设计，符号考古，图像编码

    ＊ 本文系 2020 年度教育部人文社会科学研究规划基金项目"新中国美术七十年乡村叙事的区域分化、在地性与空间政治研究"（20YJA760114）和 2019 年教育部产学合作协同育人项目"基于数字可视化技术的当代艺术展览虚拟仿真实践基地建设"（201902112058）前期成果。

Symbol Archaeology and Image Coding: The Cross-cultural Experience of Visual Design in Chinese Literary Journals from the 1930s to the 1940s

Zhi Yu　Wu Pengbo

Abstract: From the perspective of semiotics, Chinese literary journals from the 1930s to the 1940s provide readers with a dual cross-cultural experience of visual and literary texts. In these journals, elite artists with rich cultural backgrounds excavate the resources of traditional signs, graft them onto the vocabulary of Western modern art and design, and conduct visual translations between the dimensions of form, rhetoric, aesthetics and concept. These artists construct a cross-cultural polysemy of image-texts and structures of implication in the paper media of literature and art periodicals. Through an analysis of symbol archaeology and image coding, this paper shows the interculturality of visual design by which Chinese literary journals of the 1930s and 1940s combine tradition with modernity, and East with West. This application of design semiotics not only reveals the cross-cultural attributes of modern Chinese literary journals, but also informs the development of Chinese contemporary visual design in the era of digital globalisation.

Keywords: Chinese modern literary journals, cross-culture, visual design, semiotic archaeology, image coding

DOI: 10. 13760/ b. cnki. sam. 202102006

　　新文化运动既加速了中国传统文化与近现代社会现实的断裂，也在新的时代格局之下开启了中国近现代视觉文化格局的重构。在西风东渐与社会意识形态的转型中，现代中国不仅出现了书籍装帧、月份牌广告等新的视觉设计业态，同时也涌现了一大批从事媒体工作的知识精英。中国现代文艺期刊的诞生与发展正是他们在跨文化语境中的文化实践，其整体设计与视觉编码也深受西方现代艺术与设计的影响。中国现代期刊的文学文本与视觉文本共同承担着思想启蒙和文化构建等时代赋予的使命。从符号学角度看，20 世纪

30—40 年代中国文艺期刊为中国读者提供了视觉文本与文学文本的双重跨文化经验。以鲁迅、钱君匋、陈之佛、陶元庆等为代表的中国现代文化精英挖掘传统符号资源，嫁接西方现代艺术与设计语汇，不断进行着形式、修辞、审美、观念等维度的视觉转译，在文艺期刊纸质媒介中建构了一组组"东情西韵"的多义性图像文本和蕴意结构。通过符号考古和图像编码的分析，20 世纪 30—40 年代中国文艺期刊视觉设计在传统与现代、东方与西方之间的文化间性得以呈现。设计符号学的运用，不仅能够更为深入地揭示 20 世纪 30—40 年代中国现代文艺期刊的跨文化属性，而且对数字全球化时代中国当代视觉设计的未来发展也具有重要的启发性。

一、符号考古：民族形式的前文本与传统文化认同

20 世纪 30—40 年代的中国文艺期刊设计风格可以用百家争鸣来形容，构成主义、表现主义、装饰艺术与蒙太奇摄影实验等前卫视觉编码方式，此起彼伏地出现在期刊的封面与版式中。这种尽情释放、大胆演绎的先锋态度即使在今天也仍然具有强烈的视觉震撼力。从中西与古今对比的视角来看，中国现代文化精英在学习与借鉴西方现代视觉模式及其设计语汇的同时，并没有割裂传统文化价值与符号体系，反而在中西文化的差异及其引发的价值观冲突中为我们拓展出一个相当开阔的符号学阐释空间。

此一时期，作为现代文学主要奠基者的鲁迅对现代期刊出版与设计倾注了大量的心血。1916 年，在时任北京大学校长蔡元培的邀请下，鲁迅设计了北京大学的校徽。从视觉符号看，鲁迅设计的北大校徽显然受到汉代文字瓦当的启发，它以"北大"篆体变形而成，在圆形印章的背景衬托之下，线条化的造型既典雅又时尚。篆书与印章的两重符号叠加呼应了北京大学浓郁的人文气息。1917 年左右，鲁迅大量购入拓本、汉画像等古代纹样，以抄写古碑文颐养性情（鲁迅，2005，p. 522）。钱君匋第一次拜访鲁迅时，曾建议鲁迅"是不是可以运用一些中国古代的铜器和石刻上的纹样到装帧设计中去？"（钱君匋，1996，p. 6）自此，他们经常一起观摩古代拓片、石刻画像和古文字等传统文化资源，并以古代石刻画像和字体作为编码因子做了大量装帧实践。鲁迅设计的《心的探险》《桃色的云》，陶元庆设计的《工人绥惠略夫》等封面均采用了汉代、六朝时期画像砖的人物、动物和云纹符号。"中国书法更是中国艺术的独特体现，因为它反映着中国文化意象承载的审美传统。"（朱寿桐，2020，p. 139）对这些清末民初视觉设计先行者而言，传统符号资

源的征用一方面可以美化书衣，凸显书卷气与美学品格，另一方面实则是对文化的追溯，尝试探索传统文化与现代文学的融汇。

再如茅盾主编的《小说》创刊封面使用了衔草的梅花鹿剪纸符号作为主体，视觉的相似性将解码者带入能指的背后——现实中的梅花鹿，而符码本体的释义会终止于此吗？从符号学前文本的角度，我们可以对《小说》封面"衔草梅花鹿"这一视觉图像进行一番符号考古：鹿衔草是一味中草药，而且"鹿衔草""鹿回头"还链接着一段陕西关中和海南天涯海角的民间传说。在《聊斋志异》之《鹿衔草》篇记载有："关外山中多鹿。土人戴鹿首伏草中，卷叶作声，鹿即群至。然牡少而牝多。牡交群牝，千百必遍，既遍遂死。众牝嗅之，知其死，分走谷中，衔异草置吻旁以熏之，顷刻复苏。急鸣金施铳，群鹿惊走。因取其草，可以回生。"（蒲松龄，2015，p. 400）《鹿衔草》作为清朝的一篇文言文短篇小说无疑呼应了《小说》作为文学期刊的内容定位。同时，该刊创刊词有云："我们都是深信文艺应当为人民服务，而中国人民今天正在

图1　《小说》创刊号封面
（陈建功，2009，p. 444）

创造自己的历史，我们不敢妄自菲薄，决心在这伟大的战斗中尽我们应尽的力量。我们相信这是我们的本分，也是我们的工作，同时又是我们的学习。这，既然是我们的志愿，当然也就是本刊的态度和立场。"（陈建功，2009，p. 444）期刊编辑团队以务实的态度竭尽全力地以文学艺术为人民服务。而梅花鹿在寓言故事中所表现出来的不畏强权、勇于担当的精神与《小说》的办刊理念是高度吻合的，粗壮的刊头设计更表达了《小说》编辑团队在国难当头的逆境中奋进的决心和勇气。所以《小说》的封面符号文本不仅是一个简单的美化与装饰，实则结晶为形式与思想的复杂编码。符码本身丰富的上下文背景与小说这一文学体裁是暗合的，解码者需要一定的前文本知识背景对封面进行释读，否则就很难进入编码者建构的蕴意结构。但是，正因为如此，我们看到了20世纪上半叶文艺期刊在封面编码过程中所凸显的符号考古意识。期刊作为一种文学传播媒介，首要的封面设计不应仅是简单的平面图像，其设计符号系统应当是立体的、多维的，甚至是动态绵延的。

1940年4月郁风主编的《耕耘》创刊号封面上赫然印着一张犁，朴实的刊名与木刻的犁形成一种直白的图文关系。犁是中国农耕文化中的经典农具，

曾经在世界农业技术史上引领千年风骚，欧洲直到 13 世纪才出现了"泥土翻板"等类似农具。（孙机，2014，p.8）像似性符号的时差凸显的是一种文化的自信与历史的回音，由此形成了一种隐喻式修辞。1934 年创刊的《天下篇》选取双人击鼓画像石作为封面装饰元素，1943 年创刊的《民族文学》选取一个手持剑与盾的武士画像石图案平铺封面，1945 年创刊的《乡土》选取武梁祠"神农执耒图"作为封面主题图像符号。诸多文艺期刊选取汉代的画像石作为封面编码的主要符号，一方面是因为被黑白拓片本身所具有的朴素而又饱含力量的审美品格打动，另一方面无疑是因为发现了文学或者期刊与画像石内在气息的吻合。这样的编码视觉文本可以弘扬汉代金戈铁马、挥斥方遒的民族精神，激励国民驱除鞑虏、恢复中华的责任担当。而同一时期《中国文学》选取传统金鱼蜡染图案，《同声月刊》选取青铜编钟拓片，《北方杂志》选取北方农耕题材剪纸，《戏杂志》《一周间》《中行》等选取京剧人物造型和传统书法为封面符号……雷圭元、庞薰琹、陈之佛等中国现代设计的先行者将选材视角转向中国传统与民族民间艺术，创作了一批彰显东方趣味的书刊与图案设计作品。这些都是中国文艺期刊在现代文学与出版业拓荒的年代里开掘传统符号地质层的收获。

由此，作为一种传播媒介和视觉文化，中国文艺期刊设计与传统符号具有特殊的互文性与共生性，是我们观察与解读民族精神主体发展进程的独到佐证。回归本土文化之根寻找灵感的符号载体，经由意指的转译而曲折表达文化身份认同，传统符号资源潜藏的文化力量逐步被激发。从符号考古的角度，中国现代设计的开拓者们在这些看似陈旧、平凡甚至琐碎的符码中解读出它们所承载的历史基底和精神符旨，从而与西方国家自上而下的以现代设计建构国家认同的策略形成鲜明对比。西方政府和现代企业积极构建各具特色的物质文化与生活方式，对消费者进行"身份化"，而民众个体则以本国的不同标签确认自己，一时间英、法、德、意、美等国家都通过现代设计建构起了差异化的国家形象与文化身份。我们 20 世纪 30—40 年代的文艺期刊作为一个个文化集群，其力量在当时与西方国家相比无疑是微弱的，但他们在对封面编码之前以考古的形式对作为文化表征体的形式符号进行回望，不仅是对传统文化的溯源，也孕育着中国现代设计的开启。

二、视觉传达：封面图像文本的"蕴意结构"

传统图像符号既可以是单个的视觉符号，也可以是集合化的符号文本。

"单独的符号不可能表达意义，符号必然集合为文本，即可被理解为一个具有合一意义的符号组合体"（陆正兰，赵毅衡，2021，p. 51）按照索绪尔对符号信息层级的分类方式，不论是单体的还是集合化的符号皆有能指与所指两个层级。符号作为能指的形态和功能、作为所指的隐蔽含义，甚至能指与所指的勾连与转化，是现代期刊编码设计环节的重要考虑因素。传统符号被引入现代文艺期刊设计，如何对这些信息进行编码成为广大知识精英面临的紧要问题。"符号是被认为携带意义的感知：意义必须用符号才能表达，符号的用途是表达意义。"（赵毅衡，2012，p. 1）符号的意义需要被编码，符号的用途在于解码，编码、符码、解码是符号生产与消费的"三部曲"。艺术理论研究学者段炼曾提出符号由能指向所指过渡中出现的蕴意结构，由此他将图像符号分为形式、修辞、审美、观念四种或者四个信息层级，四者互相勾连而成为一个立体的集合，并且在符号阐释空间中，编码者、符号文本、解码者、语境四个维度互动与整合，才能生成有效的蕴意结构。"'蕴意结构'是图像符号由形式向观念层层递进的结构，从作者之维的编码角度看，作者以图像的形式符号来传播其所指的信息，从读者之维的解码角度看，读者从图像的形式符号来接受所传播的信息。……正是形式符号、修辞符号、审美符号、观念符号的延伸，见证了图像内在结构的复杂性，也揭示了图像内含的丰富与深刻。"（段炼，2018，p. 297）

作为图像文本，文艺期刊的封面同样可以被视为一个平面设计师从上述四个维度进行复杂编码操作的蕴意结构。在图像文本的形式层面，1929 年 9 月创刊的《夜枭月刊》封面为折线化的几何分割样态，版面中心抽象化的两位汉画像石武士造型直接闯入观者的眼帘，形成"刺点"；黑色的尖锐三角形中暗含着一只具象的猫头鹰，它的尾巴却荒诞地被切割置于三角形的顶部。人物、猫头鹰等都是剪影式的色块，这些素材与技法便是该封面符号文本的能指呈现。在封面的图像符号中，我们其实看到了画像石、几何图形和猫头鹰三个相关的元素。首先是画像石与构成艺术共时性地出现在我们面前，空间与时间的如

图 2　《夜枭月刊》创刊号封面（陈建功，2009，p. 509）

此错置实则破坏了我们的观看习惯。其实，两名东方武士也已经不是纯然的画像石拓片，编码者为了取得与几何造型语汇的协调，已然对武士的轮廓进

行了修正，流线式的造型使画像石具有了现代的味道，所以只能从招式、服饰、冠宇等隐约解读出符号再现的内容。最后，刊名作为指示符号，为了取得与封面符码聚合体的视觉统一，编码者也对其进行了偶然性的裁切，看似笨拙的笔意却与几何式的构图与语汇相当益彰。由此我们便可以看出，设计师的选材与变形就是形式符号与修辞符号编码运行的转译过程。

中国画像石与现代构成艺术属于两个截然不同的造型体系，不同文本的属性与语境的差异被《夜枭月刊》统合于封面版图中。封面中的形式符号既有中国传统画像石的语汇特质，构图又映射出西方现代主义设计几何分割的特征，包蕴在封面中的构成式符码无疑是优势方，两个东方武士在强大西方语境的包围中进行肉搏。编码者使用叠加与聚合之法将中国的传统画像石题材与西方构成语汇变成了自己的视觉文本，从而将文化杂糅的信息进行可视化传达，所以符号的修辞属性在编码之后便开始得到不同程度的释读，而作为整体设置的修辞符号升华到审美符号时，则已经是符号的聚合状态了。换句话说，审美符号是符号聚合体，唯当如此，其所指才能是一个审美世界，而非一个具体物象。审美层面上的符号聚合体已然化整为零，统合生成一个新的视觉文本而指向解码者的内心。《夜枭月刊》是在东西方文化观念的杂糅中产生的，同时也是在古典与现代的对冲中产生的。不同基底的文化发生冲撞时，以各自的视觉规定性区隔对方。而该刊封面设计以开放的现代姿态，调和着中国传统与西方现代的关系，这便是《夜枭月刊》的审美符号所指。《夜枭月刊》的封面设计搭建了传统文化与西方现代文化的桥梁，也搭建了文字文本与视觉文本互证的通道。编码者无意于再现某个特定的对象，也无意于再现某一特定艺术的视觉品格，他穿透二者之间的壁垒，穿透图像的表面，从而促成了东西方的交流与对话，由此打造了一个具有文化内涵和历史意识的审美新视界。此中国传统艺术与西方现代构成艺术被并置于统一符号聚合体中，其要义是两种文化和两个时代不同的审美理想和不同的意识观念被建构为一个共同活动和对话的场所，从而成为图形符号的审美层级。

然而，"若说形式的层面是编码材料的准备之处，修辞的层面是为这些材料进行编码的工作场地，那么，审美的层面便是符码的活动与展读场所，而下一个观念的层面，则是密码的藏身与现身之处"（段炼，2018，p. 304）。观念符号也是统合于一幅画面中的深层释义。为了读取与理解《夜枭月刊》封面符号聚合体的完整含义，我们可以联系书中另一段文字文本《献诗》进行更为深入的解读：

我们是一群飞着的夜枭，/在这黝黑的夜中的社会上歌叫；/……我们久生活在铁毂般的囚牢，/我们的行动就这样地如此单调；/……朋友！最后的时间已到，/我们速快乐的去做有生命地喊叫；/……我们要争斗得颈上没有东西在摇，/我们要共同的在炽热的灰中睡一个长觉，/……我们把我们的剩余的时光顽了，/便到无人的荒原上枯槁！（陈建功，2009，p. 509）

《夜枭月刊》创刊正值国民党发起的北伐战争如火如荼的时候，连年动荡的时局无异于"黝黑的夜""铁毂般的囚牢"。北伐战争胜利在即、中国有望得到统一的时候，知识精英像化作一群夜枭而发出生命的怒吼，从而实现自己的人生价值。作为符码的夜枭注视着下方两个格斗的画像石人物，呈现出一种"众人皆醉我独醒"的趣味。无独有偶，汉武帝刘邦曾经亲率大军北伐匈奴，东汉窦宪率王命也曾北伐匈奴并取得决定性胜利。构成艺术大约开始于1917年受到马克思主义指引而发起的俄国革命之后，持续到1922年左右。对于激进的俄国艺术家而言，十月革命引进西方工业化的新秩序，是对传统旧秩序的终结。资本主义与社会主义对立的语境提供了信奉文化革命和先锋观念的构成主义在艺术学、建筑学和设计领域实践的机会。期刊、画像石艺术、构成艺术虽然有不同的历史语境，却都处于历史的大变革时期，无疑具有一种精神与思想的共通性。夜枭以动物的物性在隐喻，同时它也在观看，看到的是以画像石象征的中国20世纪前期迷乱的时局，而这个时局也恰恰处于世界性的大格局中，甚至这个世界也是构成式的，充满了决绝的革命气息。再联想到犹如斧劈刀削出来的刊头文学，这一切聚合为一个符号场域，场域中的符号单体超越了自我表征的单向输出而成为解码者进入后的复合交流。这种交流的多向性与丰富性使得《夜枭月刊》封面符号阵营有了更多元的内涵，呈现出一种跨文化的气质，而跨文化设计方法正是现代艺术与设计的重要特征，可以视为观念符号的实现。由此，设计师在形式、修辞、审美、观念四个层次上反复叠加、不断聚合，进而构建了期刊设计的编码系统与解码系统。

然而对于观念符号的释读，也许还可以对其意指进行延伸，比如结合刊物中的其他文本信息，与其他同类期刊比较，甚至考察编辑队伍，以继续深化对《夜枭月刊》的多维度阐释。这样，图像符号的意义已然超越符号本身而进一步关涉符号的编码者与解码者，甚至与更为宏观的时代语境也互动性地关联起来。这无疑也能够启发当代设计师在对期刊封面进行编码设计的过程中，不仅要关注单个符号能指与所指的内部关系，也要在符号文本的聚合层面上协调诸符号文本之间的互文关系，进而在时代的大语境中进行深入的观照，将文字文本与视觉文本建构为一个超越平面的"符号阐释空间"，从而有助于意义的生发。作为编码行为的主要实施者，设计师只有经历了从符号文本能指到所指再到超文本意义的层层递进，并最终达到形式、修辞、审美与观念四位一体的融通，才能有效地完成设计信息视觉传达的过程。

三、混语书写：跨文化的现代视觉经验

符号文本的蕴意结构必然指向意义世界的生成与绵延，著名符号学家赵毅衡先生曾指出："意义能够共享的更重要的原因，是社区共同使用的符号体系，以及对这套符号采用相同的解释规范元语言。至少在一定的社群范围内，他人之心类似我心，他人的意义方式类似我的意义方式。"（2017，p. 13）事实上，艺术家或设计师个体作为社会文化的产物，很难离开他所属的文化社群。然而"'越界'其实是人类世界中一切人和事物的自主性要求，也是一切艺术和生命之自主性存在的证明。因为艺术与人的生命一样，都是自由的；而自由的，即跨越边界的"（李军，2020，p. 21）。在这个时期的中国现代文学运动中涌现出一股以徐志摩、刘呐鸥为代表的"混语书写"文风，他们认为传统语言已经无法有效表达对工业社会、时尚潮流与自由恋爱等新时代现象的多元感受，继而尝试开拓新白话文的风格创新。汉语古典词汇、方言、外文的自由组合是其主要特质。例如刘呐鸥所书写的这段文字："你是黄金窟［さいよう］哪！看这把闪光光的东西！你是美人邦哪！红的，白的，黄的，黑的，夜光［こんしゅ］的一极，从细腰［まりょうく］的手里！横波的一笑，是断发［だんぱつ］露膝的混种［やこう］。"（刘呐鸥，2001，p. 52）暂且不去细读文本的思想旨趣，仅仅是平假名与汉字的混搭已然在形式上灼伤了读者的眼球：这样的能指组合显然已经超越了汉字作为规约性符号的使用惯习。"混语书写"不仅跨越语言的界限，也跨越了传统与现代、国家与地方的界限。如此跨文化、跨语言、跨形式的混搭使得当时的新白话文充满了诸多可能性，中国现代文学运动中的"混语书写"实验正是跨文化现代性的最佳写照。

当把 20 世纪 30—40 年代的文艺期刊从文学研究领域"挪"到设计领域时，从视觉文化研究的角度来看，封面期刊视觉编码也普遍存在一种"混语书写"的符号学征候。源自西方的纷繁艺术与设计编码机制在相当程度上影响了传统书刊装帧的现代化进程。这些视觉性文本之所以具有阐释历史的条件与可能，正是因为其中那些貌似平凡的微小结构作为一种类似于多重承载

的"块茎体",不仅能够设计并存储那些符号形式之下的过程与细节,而且能够与作为社会引导与控制结构的问题场域产生对应关系。也就是说,这些看起来无足轻重的形式层面上的视觉设计活动,事实上关联着一条在20世纪初跨文化条件下逐渐成长起来的设计理路,这其中包括产业的催生与勾连、技术的引进与推广、消费心理与文化场域等条件,而较为关键的是导入合适的设计编码机制。1931年创刊的《南风》封面囊括了台阶、回形纹、箭、几何形等符号,运用了透视、错置、透叠等编码语法,交叠的台阶、令人迷惑的空间、回形纹约束的疆域以及射向"丑恶的时代"的箭完全生成了一个蕴意多元的符号阐释空间。编码者通过对构成艺术和超现实主义艺术的视觉转译,使我们难以准确区隔平面与立面,难以划清东方与西方的界限。1934年5月叶公超主编的《学文》创刊,刊名取自《论语》:"行有余力,则以学文。"该期刊一时间成为"新月派"文学精英在北京的阵地,提倡纯粹文艺,不刊登商业广告,受到很多知识精英的好评。他们邀请林徽因担纲封面设计。林氏运用线条以"学文"为中心对封面进行对称的几何分割,同时也以线条对一组画像石进行归纳,框架式的版式与线条化的画像石实现了编码语言的统一。洗练的线条、几何化的分割映射着法国装饰艺术对林氏的影响,简洁优雅、不事渲染的封面形式符码引导着解码者逐渐进入浓郁的书卷氛围中。季羡林在日记中对《学文》的封面如此评价:"仿佛鸡群之鹤,有一种清高的气概。"(2015,p. 230)这些封面版图没有对东方与西方两种视觉符号体系进行非此即彼的硬性切割,反而出现了一种你中有我、我中有你的自洽局面。正如李欧梵先生所言:"中国最复杂的正在于其文化传统的复杂性,也就是说当一些新观念进入中国晚清的境遇时,它们与中国本身的文化产生了一系列非常复杂的冲击,这种冲击最后就成为中国现代性的基础。"(2005,p. 7)由于民国时期特殊的政治与历史环境,虽然中国一直作为独立的主权国家而存在,但是像后殖民理论家霍米·巴巴所说的东西方文化之间的矛盾性和杂糅性在此一时期仍表现得尤为突出。西方现代强势文化和非西方传统弱势文化的相遇带来的并不仅仅是绝对的二元对立,更不是强势文化对弱势文化的绝对消解。相反,在文化对冲过程中,中西文化碰撞与合流,从而致使所有的意义被模糊化,最终表现为不可避免的、迂回曲折的本土化视觉语言。中国现代文化对抗西方强势文化的方式并不意味着固守民族主义的宏大叙事,而是渗透在日常生活的点点滴滴中,这是一场悄悄地进行着的革命。

图3 《南风》创刊号封面
（陈建功，2009，p. 204）

图4 《学文》创刊号封面
（陈建功，2009，p. 496）

不仅如此，《国民文学》封面运用马蒂斯的变形技巧对一位东方现代文艺女青年进行编码；《盍旦》《今代文艺》运用波普艺术的造型文法拼贴错乱报纸版面、方格手稿；《文汇》《人生》运用摄影蒙太奇手法进行封面编码；《中行》创刊号封面图像中的传统戏曲人物与莱热、德加等现代艺术家的影响相映衬；《洛浦》封面采取传统二进拱门形制，却以透视关系进行递进，封面文字从左往右识读……正是这些在今天看起来十分传统、十分民族化但又十分摩登的设计符码，构建起20世纪30—40年代中国平面设计史富有魅力的视觉篇章。没有一个国家的艺术是封闭的系统，域外元素总是源源不绝地渗透进来。在中国本土艺术致力于创造一个全新的国家样式之时，所谓纯粹"传统性"更令人质疑。从现存的各种文献可见，当时参与运动的人，无论知识精英或艺术家，均强调传统及现代的界限。"全球化时代，为了获得文化交流与对话的有效性，各个民族国家和文化体系的艺术家们不约而同地走上'再传统'艺术创造之路，即将各自的文化记忆当作最珍贵的文化资源。"（支宇，2020，p. 229）然而，在高唱传统及现代之分、普遍感时忧"国"的氛围里，我们看见的是艺术与设计实践中各种有形无形界限的松动，以及各种权力机制的角力竞逐。所谓"现代"，可能是古典的创造性转化；所谓"本土"，经常是外来元素在本土生根后形成的。已经没有所谓"纯粹"的国别艺术，文化的整全性在跨文化的世界语境中逐渐失效。

然而，历史并不仅仅是事实与细节的列阵，而是由人们所赋予的想象与象征的结合构成的现实。对于中国而言，现代性的震撼不仅是技术、社会和政治层面的，更是文化上的。早期现代中国的一切个体或主动或被动的努力都体现了现代化改造过程中产生的超强的文化动员力，它建构了早期现代中国关于国家的概念和认同。"从 20 世纪初期到中期，再到世纪之交的中国百年，是一个各种形式、各种价值、各种社会功能的设计活动极为丰富而生动的历史单元，不存在所谓的历史空白，甚至在水准上也并不全然贫弱。"（陈湘波，许平，2015，p. 10）20 世纪 30—40 年代的期刊设计并没有被西方盲目的民族优越感击败，反而在他们的启发下着手建构自己的设计语汇，探索东方式的设计方法。这些设计师们探索编码机制，不仅进行着修辞的考量、品格的营造和思想的传达，还与西方现代设计进行着不同程度的交流与较量。在这种东方与西方的深度文化博弈中，设计师以符号考古的方式植入西方编码语汇，生成了一个多种面相的符码集合，使设计解码活动与现代文学生产一同闪耀于中华文化的璀璨星空中。

结　语

滥觞于工业革命后的欧洲现代设计积极推行西方资本主义文化与经济体系的全球化，在这整个进程中，现代设计的"东传"也是一种复杂的文脉梳理和关系生成过程。外来文化的被动接受心理始终与在地化的编码再造进程纠缠，同时此种被动心结又激发对文化主体性的反思与遐想。20 世纪现代艺术与设计在全球的流转仿佛一股巨大的文化风潮，直接渗透进中国现代文艺期刊设计的多维视觉编码实践。虽然不可回避鲁迅先生所说的"生吞'比亚兹莱'，活剥'蕗谷虹儿'"式的模仿与同质，但亦不可否认其中同样包含着批判、吸收、转译与再造，仅仅以其风格或趣味是否完全与源自欧洲的现代设计既定标准相符来评判其成功与否是不够的。1943 年创刊的《文风杂志》封面上部布满了传统云纹，一艘大船从打开的书籍中扬帆起航，也许正如其发刊词所云："《文风》创刊，愿达到两点任务：第一是学术性的提高；第二是时代性的注重。"伴随着现代文学与出版业的发展，裹挟其中的期刊设计受到了空前的关注，专业的与非专业的"设计师"以符号考古的形式回望传统，向内寻找民族文化的血脉与基因，向外纳取现代艺术与设计的编码智慧，逐渐构建起内质充盈的蕴意结构。他们这种编码实践无疑体现了现代设计学术性建构的自觉意识，也体现了与时俱进的时代意识。进一步来看，中国现代文艺期刊设计以其自身的生存条件与文化逻辑为依据，与世界现代设计齐头并进，呈现出一种传统与现代、东方与西方兼容并蓄的"混语书写"状态。

引用文献：

陈建功（编）（2009）．百年中文文学期刊图典．北京：文化艺术出版社．

陈湘波，许平（编）（2015）．20 世纪中国平面设计文献集．南宁：广西美术出版社．

段炼（2018）．视觉文化：从艺术史到当代艺术的符号学研究．南京：江苏凤凰美术出版社．

季羡林（2015）．清华园日记．北京：人民文学出版社．

李军（2020）．跨文化的艺术史：图像及其重影．北京：北京大学出版社．

李欧梵（2005）．未完成的现代性．北京：北京大学出版社．

刘呐鸥（2001）．刘呐鸥全集——日记集．台南：台南县文化局．

鲁迅（2005）．鲁迅全集（第 11 卷）．北京：人民文学出版社．

陆正兰，赵毅衡（2021）．艺术符号学：必要性与可能性．当代文坛，1，49－58．

蒲松龄（2015）．聊斋志异．长春：长春出版社．

钱君匋（1996）．钱君匋论艺．杭州：西泠印社．

孙机（2014）．中国古代物质文化．北京：中华书局．

王宁，生安锋，赵建红（2011）．又见东方：后殖民主义理论与思潮．重庆：重庆大学出版社．

赵毅衡（2012）．符号学．南京：南京大学出版社．

赵毅衡（2017）．哲学符号学：意义世界的形成．成都：四川大学出版社．

支宇（2020）．具身的进路：中国当代艺术的视觉认知与观看方式．北京：中国社会科学出版社．

朱寿桐（2020）．文化自信意义上的草书意象传统．湘潭大学学报（社会科学版），5，139－144．

作者简介：

支宇，四川大学艺术学院教授、博士生导师，主要从事文艺理论研究。

吴朋波，四川大学艺术学院博士研究生，太原理工大学艺术学院讲师，研究方向为设计艺术历史与理论。

Author:

Zhi Yu, Ph. D., professor of Arts College, Sichuan University, mainly engaging in art theory and criticism.

Wu Pengbo, Ph. D. candidate of Arts College, Sichuan University, lecturer of School of Art, Taiyuan University of Technology, mainly engaging in history of Chinese design.

E-mail: 993261117@ qq. com

江南地区运河沿岸民居建筑及其装饰符号研究[*]

薛　娟　赵梦雪

摘　要：江南地区运河沿岸的民居建筑及其建筑装饰因其独特的地理环境、深厚的文化底蕴而显示出独具一格的特色，具有极高的艺术审美价值。本文从建筑符号学角度出发，结合符号的分类方法，对这一地域的建筑符号及建筑装饰符号进行分析和阐释，探究建筑实体背后的符号意义，并由此探讨江南传统建筑符号与装饰符号在当代设计中的理念传承和运用。

关键词：符号学，大运河文化，江南民居，建筑装饰，象征

Decorative Signs on the Residential Buildings along the Canal in Jiangnan Region

Xue Juan　Zhao Mengxue

Abstract: Along the Grand Canal to the south of the Yangtze River, the decorations displayed on residential buildings express unique styles of great aesthetic value. These decorations and signs reflect the qualities of the geographical environment and the area's rich cultural heritage. This paper analyses the qualities and symbolic meanings of the decorative signs in this region from the perspective of architectural semiotics and sign classification. It then examines how the heritage of these traditional signs has been applied in the contemporary

* 本文为江苏省社科应用研究精品工程项目"江南地区运河沿岸居民建筑及其装饰研究"（21SYB－019）终期成果。

architectural designs of the region.

Keywords: semiotics, Grand Canal culture, Jiangnan residential buildings, architectural decorations, signs

DOI: 10.13760/b.cnki.sam.202102007

建筑作为人类实践活动的产物，不只是满足人类的基本生存需要，更是人类各种文化事实的符号表征。正如建筑学家诺伯－舒茨指出的："建筑不仅表现机能，实际上也与我们的活动结合……这种结合不仅表现在实质的物体上，更表现在物体反映出的意义层次上。"（Norberg-Schulz，1968，p. 168）而这种建筑意义层次的获得，则要依据各种建筑物体上的符号载体及其解释意义的实现，同时也依赖周边文化的语境阐释。

江南地区运河沿岸民居建筑及其装饰符号所表征的意义，与"运河文化"及"江南文化"密切相关。京杭大运河始凿于春秋，后经隋朝与元朝两次大规模的扩建，形成了一条绵延数千公里，沟通五大水系，跨越四省二市，途经数个城市的人工运河。京杭大运河由不同的河道组成，最南段的河道起自长江南岸，即统称的"江南"，经镇江、常州、无锡、苏州、嘉兴直至杭州。"运河具有连接南北的重要功能，有助于跨越分离的区域的边界，也有助于促进沿线城镇之间的跨区域交流。因此，一个特定的大运河城市的文化和社会认同不仅仅是由自身所处的北方或南方的地理位置决定，同时也是对外部因素的回应。"（孙竞昊，2018，pp. 145–174）

运河文化指运河流经及其辐射地区的区域文化。这种区域文化既包括物质文化、制度文化，也包括精神文化。运河将南北几个不同的文化区域连为一体，通过漕运、商业及社会各阶层的往来，促进了南北文化的交融，因而运河沿岸的城市文化往往会表现出明显的受外来文化影响的痕迹，呈现出"开放性与凝聚性的统一、流动性与稳定性的统一、多样性与一体性的统一"（李泉，2008，pp. 8–13）。比如作为运河城市的山东济宁，就表现出了江南特征。但江南运河沿岸的城市受到的江南文化的影响明显要大于运河文化的影响。

"江南文化"指长江以南、东南丘陵北部位于长三角的江浙地区风格独特的区域文化，其文化具体呈现出崇文尚教、崇商从商、经世务实、开放包容的特点。在这种文化的推动下，江南地区人才辈出，在经济、文化、思想以及学术等方面都取得了巨大成就，产生了重要影响。江南文化至今还能够自然地引起各种文化符号联想，比如：文人墨客笔下的诗意江南，文士阶层避世隐居的江南园林，小桥流水人家的江南古镇，粉墙黛瓦的江南民居，以及具有明显江南地域特色的昆曲、评弹、苏绣、桃花坞年画等艺术。这种文化对江南地区运河沿岸的民居建筑及其装饰题材、图案都具有影响。本文从建筑符号学角度出发，结合符号的分类方法，对这一地域的建筑符号及建筑装饰符号进行分析和阐释，探究建筑实体背后的符号意义，并由此探讨江南地区运河沿岸民居建筑及其装饰符号在当代设计中的理念传承和运用。

一、江南地区运河沿岸民居建筑符号分类

20 世纪 50 年代后期，针对单调枯燥的现代建筑形式，对建筑环境控制考量的欠缺，以及现代建筑对建筑意义思考的缺乏所造成的场所感的缺失，建筑学界开始对现代建筑进行批判，国际式建筑遭到质疑，转向对区域性、地方性或历史性的变通，正是在这时，符号学首次被引进了意大利学界关于建筑的讨论当中。60 年代后期，法国、英国、德国也开始从符号学与建筑学的关系出发讨论建筑，对功能主义的缺点进行批评。70 年代开始，建筑符号学在美国以及全世界范围内产生影响。

建筑学界普遍认为，建筑物本身虽然可能是恒常存在的，但建筑物的意义是可以改变的，因此，建筑意义是可以独立于建筑物而存在的。这种意义所关涉的事实上就是格罗庇乌斯认为的人类最崇高的思想热情、人性、信念和宗教的清晰表现。尽管这种说法有时会被认为过分抒情与好高骛远，但其对建筑意义的表述的文化指向是得到肯定的。早在 20 世纪 50 年代，艺术符号美学家苏珊·朗格在谈论建筑时也强调，"建筑是民族范域及生活形态的表征"（Langer，1957）。意义并非直观的，甚至可能并非与建筑实体本身完全相合，建筑的意义需要诠释。对建筑中蕴含意义的内容以及建筑传递这些意义的方式的研究，正是建筑符号学的基本内容。

江南地区运河沿岸民居建筑符号与其他符号一样，是形式与内容的统一体。其能指包括建筑的空间、表面、体积、装饰等，还包括与建筑相关的建筑体验；其所指可以表现任意一个意念或意念群，其中包括图像志、美学、建筑构思、社会信仰、生活方式等内容。（詹克斯，1991，pp. 59 - 61）皮尔斯将符号分为指示符号、像似符号与规约符号三种类型。江南地区运河沿岸民居建筑符号也能够按照这种模式分为三类，即建筑的指示符号、建筑的像似符号以及建筑的规约符号；每一类符号都包含形式与内容两个层面的内容。

（一）建筑中的指示符号

指示符号的形式（能指）与意义（所指）之间有客观实在的关系，即皮尔斯所说，"在物理上与对象联系，构成有机的一对"。这种关系可以是因果关系，也可以是整体与部分的关系等，比如表示方向的箭头、天气预报的标识、语言中的指示代词"这个""那个"等。就建筑物实体而言，门指示出入，窗指示景观或采光通风，柱梁指示支撑，山墙指示隔断、防火功能。而建筑的指示性符号根据其性质又可以分为三种：①基于因果关系的机能性指示符号；②基于情感意识的意念性指示符号；③基于传统文化的制度性指示符号。

（二）建筑中的像似符号

像似符号表现出的最简单的符号特征，是一种"再现透明性"，是符号与对象之间的像似之处，更简单地说，就是符号形式与内容之间的图像相似性，是一种直观、具象的符号。但像似性是非常复杂的概念，从像似关系到像似性幅度，都需要在实际情况中进一步讨论。建筑的像似符号就是建筑的形式与内容之间的一种形象上的像似关系。传统民居建筑中的装饰图案大多属于像似符号，这类图像性符号根据其表现形式又可以分为三种：①通过摹写实在性对象表达意义的图像符号；②通过创造虚构性对象表达意义的图像符号；③通过抽象几何图形来表达意义的图像符号。

（三）建筑中的规约符号

规约符号是社会性的，依靠社会约定符号与意义的关系，符号能指与其所指之间没有明显的理据性连接，符号的意义需要依靠社会规约来确定。规约性是保证符号表意效率的前提，但建筑中的规约符号往往也具有一定的理据性。很多建筑装饰以动植物、器物的寓意来表达意义，比如石榴象征多子多孙，是建立在石榴"多籽"的生物特征上的。因此，建筑装饰中的规约符号往往是从符号的像似性出发，在得到社会的广泛认同之后，才成为一种规约符号并广泛用于相应的建筑中。

二、江南地区民居建筑装饰符号

建筑装饰符号是建筑形式的重要组成部分之一，建筑装饰一般指从审美目的出发对建筑进行的美化。这些装饰直接依存于建筑实体，因此往往与建筑实体结合密切，同时具备实用价值与符号价值。比如，斗拱、月梁、雀替等建筑结构，都具有鲜明的装饰性以及明确的符号价值，其背后蕴含着美学价值、社会意识、历史文化等丰富内涵。江南地区运河沿岸的民居建筑装饰在历史中逐渐形成了独树一帜的风格特色，呈现出江南水乡的婉约气质。

（一）小木作中的符号运用

A 门窗　明清以来，工匠艺人技艺的不断精湛，使得木雕门窗装饰艺术发展到鼎盛时期，江南地区运河沿岸民居建筑中的门窗木雕装饰也更加精细。门窗的形制类型多样，有长窗、半窗、横风窗、隔扇等。门、窗可以作为建筑的指示符号存在，比如说在江南园林中，透过门、窗，视线直接指向风景。这种指示是建立在长期的建筑实践基础上的。严格意义上说，所有的建筑构件，包括建筑本身、门、窗户等，都是在经过反复的使用之后，抽象成一种概念，再重新普遍应用于所有建筑的。这个过程事实上就是一种规约的过程。因此，可以认为，建筑构件是一种偏向指示性的混合符号。

图1　木雕门窗

在大多数江南地区运河沿岸的传统民居建筑中，门、窗上饰有图案，多以动植物纹样、器物纹样、几何纹样及人物故事纹样为主。其中动植物、器物纹样图案大多属于像似符号，摹写现实或虚拟事物。但是，其意义的表述与阐释却是由文化决定的。以蝙蝠纹样为例，依据"蝠"与"福"同音，蝙蝠成为吉祥的象征，蝙蝠纹样虽是摹写蝙蝠，但其意义显然是由特定的汉语文化语境决定的。蝙蝠纹样形式多变，有单独纹样，也有与寿字纹、云纹相结合的纹样。类似的祥禽瑞兽图案还有龙纹、凤纹、鸡纹、鱼纹、麒麟纹等。其中，龙纹、麒麟纹、凤纹作为像似符号，与鸡纹、鱼纹等不同，其对象是纯粹虚构的，是符号对对象的创造。

植物纹样的种类更加丰富，以梅花纹、海棠花纹、石榴纹、牡丹纹、百合纹、四君子纹、岁寒三友纹等为主。这些植物纹样虽然都是对植物的像似描绘，但指向的意义也同样是由文化决定的。如牡丹、四君子是纯粹经由文人君子构筑起的文化意象，象征中国传统文化中高洁、坚贞、淡泊的品格，是中国文化的典型象征。

几何纹样大多用在窗棂上，有冰裂纹、回纹、井字纹、柳条式纹样、亚字纹、方格纹、菱格纹、卍字纹等。这种抽象几何纹样最初应当也是一种摹写，因而也属于像似符号。而具有象征吉祥、万福之意的回纹、卍字纹等，其意义也是经反复使用而确定的。

人物故事纹样既有对传说的刻写，也有对现实的描绘，因此，人物故事纹样属于像似符号。但对于符号的解释，却需要明确的文化背景。比如，对"二十四孝"故事的描绘，对"二十八贤"以及文王访贤、尧舜禅让、郭子仪拜寿等的表现，都是对江南文化崇尚儒家思想的体现。还有以人民日常生活劳作为题材的纹样，如"渔樵耕读"纹样在运河沿岸的民居建筑的装饰中经常可以看到。"渔樵耕读"刻画了中国古代农耕社会里渔夫、樵夫、农夫与书生四种职业，代表了传统社会的基本生活方式。

B 栏杆、美人靠　这类构件装饰图案多以吉语文字纹样、几何纹样为主，吉语文字纹样以寿字纹、工字纹为主，都属于规约符号，例如寿字纹借助汉字中的"寿"字，来表达福寿安康的寓意。几何纹样也主要以卍字纹、回纹为主。

C 雀替　位于柱与枋之间的相交处，是为了减小梁枋之间的跨距、加强额枋承受能力的一种功能性构件，清代之后，逐渐演变成美学上的纯装饰构件。雀替大多采用深浮雕、透雕、圆雕工艺，样式有很多种，装饰纹样有动物纹、植物纹、花卉纹、如意纹等，雕刻精致繁细。

D 挂落　位于梁枋之下、两柱之间，是一种装饰构件，一般采用透雕、彩绘等工艺。

（二）大木作中的符号运用

A 梁架、柱、斗拱　这些是建筑的承重构件，其本身可能就具有明确的所指。以斗拱为例，明朝时期有明确规定："庶民庐舍，洪武二十六年定制，不过三间，五架，不许用斗栱，饰彩色。"（张廷玉，1974，p.1672）也就是说，在这种文化语境下，作为建筑结构的斗拱本身直接指向社会地位的高低，这种意义的指向依靠社会规定。当然，这些承重构件一般还是属于指示符号，能够直接与稳固、牢靠的感觉经验相连。

梁架可以分为"扁作"和"圆作"两种。"扁作"一般用于富有之家的厅堂上，因其承重需要，大多以线雕、平雕、浅浮雕等进行装饰。"圆作"则用于普通人家，无装饰纹样。梁架构件上的装饰还包括建筑彩画，尤其以苏式彩画为主。彩画不仅有美化作用，其矿物质颜料还可以保护木材，防止腐朽。这种彩画起源于用织锦包裹保护梁架结构、装饰建筑的习俗，这种习俗逐渐演变为直接模仿织锦挂于梁枋上的"包袱锦"状纹样，包袱内再绘其他装饰图案，如吉祥图案、山水画、花卉植物、人物故事等。而"包袱锦"状纹样属于像似符号，模仿起实际作用的包裹梁架的织锦，但其不再具有使用价值，而是成为单纯的象征，表现苏锦的高超技艺。

B 轩 "轩为南方建筑特殊之设计"（祝纪楠，2014，p. 88），多出现在江南民居、祠堂的厅堂中，根据其与内四界的位置关系，又可以分为廊轩、内轩、后轩。它可以对室内空间进行划分，增加厅堂的纵深感；可以调节室内高度；还可以在大进深的民居厅堂中增加采光。其主要样式有船篷轩、弓形轩、鹤颈轩、海棠轩、茶壶档轩等。这些样式多是对现实生活中的事物的仿照，属于像似符号。这些样式能够增添民居建筑的丰富性，也进一步展示主人家的财力及审美品位。

（三）石作、瓦作、砖作中的符号运用

A 柱础（又称礤盘） 江南地区气候条件潮湿多雨，为了防止雨水堆积，导致柱子腐朽，底部常做柱础。柱础造型以圆形为主，也有少量方形。有的朴质无纹，有的则用线雕、浅浮雕工艺雕饰以动植物纹、花卉纹、吉祥纹样等。

B 瓦当、滴水瓦 瓦当是覆盖在建筑屋檐瓦片前端的遮挡，不仅具有保护木质飞檐的作用，还是一种美化屋面轮廓的装饰，其类型一般分为圆形、半圆形、大半圆形三种，其上均有图案纹样。江南民居的屋面一般采用青瓦且形状较平，所以覆盖在青瓦前端的瓦当呈扁长的扇形。

滴水瓦位于檐口处，其下端呈圆尖状，在雨天引导雨水下流，保护墙面洁净。瓦当与滴水瓦的装饰图案以吉语文字、动植物纹为主。吉语文字有"福""禄""寿""囍"等纹样，这些纹样都属于规约符号，直接用语言表达人们对美好生活的向往。瓦当常用的动物纹样大多属于像似符号，比如饕餮纹、鹿纹、凤鸟纹等。饕餮纹又名兽面纹，饕餮是人们想象中的一种猛兽，常用来象征庄严、凝重、神秘。饕餮纹雕饰在瓦当之上，是希望瑞兽来保护家庭的和平与安宁。鹿被看作一种神兽，且"鹿""禄"谐音，是福气的象征，瓦当上雕饰鹿纹，寓意吉祥。还有一些文字与动植物相结合的纹样则属于规约符号，例如"五福捧寿"，其图案是五只蝙蝠环绕一个寿字。"蝠""福"谐音，五蝠代表五福，整个纹样象征着多福多寿。类似的组合还有蝴蝶团寿纹、花朵寿字纹等。

C 砖雕门楼　《黄帝宅经》言："宅以门户为冠带。"门楼除有防御功能外，还象征社会地位、经济状况、户主资望。江南民居中的砖雕门楼数量较多，门楼的精致程度随主人身份不同而不同。门楼主要装饰部分集中在门楣和横枋。门楣是地位的集中象征，一般采用青砖贴面、画幅式的砖雕，对称分布，中间刻字。雕刻装饰精细复杂，十分讲究。江南地区有崇文尚教、崇尚儒家思想之风，所以像科举及第、博古清供、花鸟竹石等题材的图案常用在门楼上。其中科举及第装饰题材的图案属于规约符号，例如"鲤鱼跃龙门"纹样，其能指是"鲤鱼"和"龙门"组成的图案，所指为"人们想要飞黄腾达的愿望"。以博古清供、花鸟竹石为题材的装饰图案则属于模仿现实表达意义的像似符号，这类题材托物言志，表达了宅主的文化品位与艺术修养。例如"四艺"图案以琴、棋、书、画的纹样作为能指，其所指是"文人雅士追求清新脱俗的生活，以及主人的深厚修养"。

图2　"五福捧寿"瓦当

图3　砖雕门楼

D 屋脊　屋顶前后两个斜坡或相对的两边之间交接处为屋脊，根据位置的不同，又分为正脊、垂脊、博脊、角脊等类型。江南民居建筑的屋脊多在其正脊位置进行装饰，正脊的装饰主要在正脊的中央腰花部位和两端。主要形式有甘蔗脊、纹头脊、雌毛脊等比较简单的样式，也有少数规格较高的民居采用哺鸡脊，这些图案都属于像似符号。普通民居在中央腰花部位没有过多装饰，但是规格较高的大型民居会有八仙灰塑或者是宝瓶、植物等纹样装饰，其中"八仙"与"宝瓶"都属于规约符号。

E 马头墙　高于两山墙屋面的墙垣因形似马头而得名"马头墙"。它从具有防火功能的实用物逐渐演变成民居建中必不可少的装饰符号及江南民居的象征，是建筑实体从实用物走向纯符号的典型案例。马头墙根据厅堂的大小可以分为一叠式、二叠式、三叠式等，最多可到五叠式，飞檐饰有植物纹或云纹。它作为建筑构件时，与门、窗、柱一样都属于机能性指示符号；作为图案时，则属于规约符号，在反复使用中成为江南民居的象征。此外，马头墙又能借马寓意—马当先、马到成功。

图4　屋脊　　　　　　　　　　　　图5　马头墙

建筑装饰符号对区域文化的反应，直接表现为人们对建筑的反应。"不是指心理学所谓的刺激—反应，而是指关于情感的与智识的反应。"（孙全文，陈其澎，1986，p.9）建筑装饰作为传统民居不可缺少的部分，同建筑本体一样，也是特定地域历史记忆的承载和文化的象征。"传统民居包含着因地制宜、因材致用、充分利用空间并与风土环境相适应的建筑原则和经济观点。"（张驭寰，2011，p.4）江南地区独特的水网体系、繁荣的经济状况、蓬勃发展的传统民俗文化和艺术，以及以"香山帮"为首的营造技艺的存续，都促使江南地区民居建筑装饰呈现出工艺精巧、形式丰富的特点。建筑的外部装饰一般集中在建筑构件形式或构件的装饰纹样上，这些装饰不仅是主人志趣爱好的象征，还承载了驱邪祈福等愿望。明清以后，江南地区更是成为富商、官绅的聚集地。富庶人家的民居颇具规模，建筑装饰更是十分讲究。

三、传统装饰符号的现代传承与应用

江南民居的建筑装饰符号是江南地区历史文化记忆的缩影，是极其珍贵的文化遗产。但是，这并不意味着在当今时代我们要将这些建筑装饰符号全盘接收，在现代建筑设计上生搬硬套，那样只会格格不入、不伦不类。建筑装饰符号也应该随着时代的发展而变化，对传统进行有选择的借鉴和运用。现代江南民居建筑中的实用物大多失去了实用性，但也有些实用物依旧保留着部分实用功能。

（一）色彩、装饰构件的沿用

"粉墙黛瓦"是江南民居的象征，在现代建筑设计中，为表现地域特色，建筑师经常会用到这一经典装饰符号。例如，贝聿铭设计的苏州博物馆，整体建筑保持白墙不变，体现了"粉墙黛瓦"的意蕴，同时将易碎易漏的传统青瓦替换成深灰色花岗石，又用灰黑色钢铁构件对门窗、外轮廓进行点缀，既符合现代建筑的简洁实用的要求，又继承了江南民居建筑的婉约气质。苏州美术馆以及古运河畔改建后的无锡窑群遗址博物馆也都采用了"粉墙黛瓦"的设计。

除"粉墙黛瓦"外，门窗、柱梁的木色也是江南民居的特点。现代建筑设计经常会用到白墙灰瓦与木色结构的搭配，但不同于江南民居大片使用木板墙的做法，现代建筑将这种结构作为点缀使用。例如苏州美术馆入口处木结构装饰、杭州富春山居度假酒店室内的木架结构。

除了整体外貌颜色上的标识，还有一些独特的构件可以作为装饰符号运用于现代建筑中。江南潮湿多雨，故其屋顶斜度较大，房屋墙体也较高，这使屋顶曲线弧度十分优美，成为当地特色。这种大斜坡屋顶在现代建筑设计中可以继续沿用。马头墙、屋脊、门楼、隔扇、漏窗等元素，也可以作为点缀使用，突出地域特色。

（二）"形"的转换使用

江南地区工匠艺人手艺高超，民居建筑装饰的图案精细繁杂，需要进行有意识的概括提炼，在不失去装饰符号原有意义的情况下，使其更符合现代建筑设计的审美需要。"形"的转换大致有三种方式。

其一，提炼简化，对装饰符号保留其"形"的特征而去掉烦琐的细节。

如基于江南传统建筑样式设计的苏州美术馆，在屋顶造型上沿用了江南民居连绵起伏的形式，却又去掉了山墙、屋脊等装饰部分，只留其形。这种"形"的概括还体现在装饰纹样上。上文已经指出，这些纹样大多属于像似符号，过于写实，现代建筑的装饰则需要对这些纹样进行概括、抽象处理。贝聿铭先生设计的苏州博物馆中漏窗的形状，就是从传统纹样中抽象出来的。

其二，变形。对传统装饰符号进行概括变形在现代建筑设计中也经常见到，这种符号既蕴含原意，又具有时代特征。变形可以是对建筑构件本身形式的改变，也可以是纹样的改变。如王澍设计的中国美术学院象山校区的坡屋顶，借用江南传统屋顶的大斜坡形式，进行夸张变形，再利用传统灰色瓦片搭建屋檐，成了今天享有盛名的"山形大屋顶"，它是对江南地区建筑传统屋顶样式的再创造。纹样的变形，可以是对整个纹样进行变形，比如抽象化的几何处理；也可以是对纹样的局部变形，比如只对图案中的某一突出部分进行变形设计。

其三，重复，即有规律地重复使用装饰符号的处理手法。我们在传统建筑纹样里经常可以看到装饰符号的重复，例如回纹、卍字纹重复作为底纹等。对江南民居中极具特色的构件或纹样，我们可以效仿这种做法，在现代建筑中进行重复使用，以形成强烈的视觉冲击力。如王澍设计的乌镇互联网国际会展中心，虽承袭江南民居的"粉墙黛瓦"基础形式，但又着重突出了"披檐"这一建筑构件，将其作为装饰符号使用，于是有了建筑外墙上坡度不等、高低错落的青瓦披檐，既能融入江南水乡的自然环境中，又独具特色。

结　语

对江南地区运河沿岸民居建筑的装饰进行符号学的研究，能够充分挖掘其建筑装饰背后的意义，从而更加准确地对其装饰符号进行具象化、抽象化的提炼，将之运用到现代建筑设计中，保护地域建筑文脉，传承江南民居文化。国家大力推进大运河文化带建设，运河沿岸各城市都在响应国家号召，加快推动对古城、古镇、古街的保护与复兴，打造富有运河人文内涵、传承运河人文情怀的运河古镇，如无锡清名桥古运河景区、常州运河五号创意街区以及计划中的苏州"运河十景"文化地标建设等。江南地区运河沿岸民居建筑装饰的符号学研究对于运河沿岸民居建筑的修缮保护、开发利用具有实际作用，不仅能够帮助这些古城、古镇、古街延续其独特的风貌，还有助于保留江南民居建筑的文化精髓，让使用功能衰退的老旧民居建筑重放异彩，传承运河文化，为大运河的全面复兴贡献力量。

引用文献：

李泉（2008）. 中国运河文化及其特点. 聊城大学学报，4，8 – 13.

孙竞昊（2018）. 一座中国北方城市的江南认同：帝国晚期济宁城市文化的形成. 运河学研究，1，145 – 174.

孙全文，陈其澎（1985）. 建筑与记号. 台北：明文书局.

张廷玉等（1974）. 明史. 北京：中华书局.

詹克斯，查尔斯（1991）. 建筑符号. 载于 G. 罗博德彭特等（主编）. 符号·象征与建筑，59 – 61. 北京：中国建筑工业出版社.

张驭寰（2011）. 古建筑名家谈. 北京：中国建筑出版社.

祝纪楠（2014）.《营造法原》诠释. 北京：中国建筑工业出版社.

Langer, S. K.（1990）. *Philosophy in a New Key*. Massachusetts, MA：Harvard University Press.

Norberg-Schulz（1968）. *Intentions in Architecture*. Massachusetts, MA：The MIT Press .

作者简介：

薛娟，设计艺术学博士，苏州科技大学教授，研究方向为建筑环境艺术设计及建筑装饰理论。

赵梦雪，山东建筑大学艺术学院设计学硕士研究生，研究方向为建筑环境艺术设计及理论。

Author:

Xue Juan, Ph. D., professor of Suzhou University of Science and Technology. Her research fields are architectural environment art design and architectural decoration theory.

Zhao Mengxue, M. A. candidate of design, Shandong Jianzhu University. Her research fields are architectural environment design and theory.

E-mail: 15806639626@163.com

柳宗理现代设计作品的后结构叙事研究*

彭 肜 秦 瑾

摘 要: 日本现代工业设计先驱柳宗理(Sori Yanagi, 1915—2011)在西方现代设计思想与日本民艺运动的双重影响之下,形成了自己独特的设计观念与设计语言,为现代设计叙事研究提供了一个极具启发性的案例。与现代主义功能化设计叙事不同,柳宗理的设计作品体现出较强的后结构叙事特征。从"多重语义结构""身体变量"到"顿悟式意义阐释",柳宗理设计思想及其作品成功地将富含复杂性与矛盾性的后结构叙事导入日本的工业设计领域,并极大地影响了日本后现代设计的发展轨迹。把柳宗理的设计作品及其设计思想置入符号学视野中进行观照,不仅是将柳宗理与日本现代设计史的研究提升到一个新的维度,还能为艺术符号学的研究与建构积累更有说服力的经验与素材。

关键词: 现代设计,柳宗理,后结构叙事,符号学

Post-structure Narration in Sori Yanagi's Modern Design Works

Peng Rong   Qin Jin

Abstract: Sori Yanagi (1915 – 2011) was a pioneer of modern industrial design in Japan who formed his own unique concepts and language of design under the dual influences of Western modern design theory and the Japanese Mingei movement. His work provides an enlightening

* 本文系教育部人文社会科学项目"百年中国乡土美术的国家想象、乡村叙事与话语谱系"(19YJA760046)和四川大学创新火花库项目"新乡土:中国当代美术乡村叙事的生态转向"(项目编号2018hhs‑63)的前期成果。

subject for research on the evolving narrative of modern design. Unlike the narrative on modernist functional design, Sori Yanagi's design work embodies strong characteristics of a post-structural narrative. His works involving concepts such as "multiple semantic structure", "body variable" or "epiphany meaning interpretation" have successfully introduced a post-structural narrative into the field of Japanese industrial design. This approach is rich in complexity and contradiction, and has greatly influenced the development of Japanese post-modern design. Evaluating Sori Yanagi's design works and concepts from the perspective of semiotics helps to advance research on Sori Yanagi and the history of Japanese modern design. This research also helps to accumulate more substantive analyses and materials for the construction of future studies in art semiotics.

Keywords: modern design, Sori Yanagi, post-structural narration, semiotics

DOI: 10. 13760/ b. cnki. sam. 202102008

　　作为战后日本现代工业设计先驱的柳宗理（Sori Yanagi，1915—2011），其设计风格与思想的形成主要源于两个方面。其一是立足于日本民族文化特质和寻常物之美的民艺思想。由柳宗悦（1889—1961）主导的民艺运动对早期日本现代设计观念的形成产生了重要影响，柳宗理作为柳宗悦的长子，在战后的工业设计领域，继承并发展了日本民艺思想。其二是西方的现代主义设计思想。20世纪以来，西方与日本在现代设计领域的交流一直较为密切，柳宗理也一直关注西方现代设计的发展，尤其对包豪斯的设计理念非常感兴趣，并深受其影响。柳宗理设计语言、风格与思想的来源具有鲜明的多元性和开放性，这也为柳宗理巧妙转化和融合日本民艺和西方现代设计观念，并形成其特有的现代设计风格与观念提供了理论前提。

　　作为柳宗理和日本现代设计史研究的主导线索与认知框架，功能化的科学理性一直被奉为圭臬。然而，从符号学角度看，现代主义功能化设计思维并不是解读柳宗理设计风格与思想的唯一有效途径。艺术符号学理论认为："艺术是个别的，却又是文化决定的，是社会性的'展示'的结果。"（陆正兰，赵毅衡，2021，p.57）无论在设计构思、设计活动中，还是在受众需求和产品体验上，我们都无法忽视"多重语义结构""身体变量""顿悟式意义阐释"等多种文化因素在柳宗理设计作品意义生成过程中的关键性作用。因此，只有突破结构主义叙事模式，我们才能更为充分地理解与阐释柳宗理设计语言、风格与思想的后结构叙事特征。

一、多重语义结构：跳脱功能解释到文化空间

作为产品设计师的柳宗理，其设计作品的视点更多地聚焦在日常生活用品之上，其中，"蝴蝶椅"（butterfly stool）和餐具设计是柳宗理的代表作。每一件设计作品在日常生活之中都扮演着不同的角色，都在不同的使用途径上体现着自身价值。设计作品之所以能在日常生活之中被使用，是由于不同的设计产品有着一个共同的价值判断，即其功能是否满足生活的需要，同时，各产品因为具体体现的功能价值不同而拥有不同的使用地位和名称。

在此，我们把马歇尔·布劳耶（Marcel Breuer）所设计的功能主义作品与"蝴蝶椅"做对比分析。"木板椅"是布劳耶在1923年包豪斯期间设计的作品，该作品以木材作为主要材料，其造型特点（具有扶手和靠背）延续了传统椅子的功能价值。整个木板椅由笔直的木条形成结构，并且每一处木条与木条间均呈90度的直角，在椅面与椅背处用布料作为承力材料。从设计形态来看，该作品的每一个组成部分都是为满足人们坐这一动作而存在的，这在作品的细节处体现得尤为明显。"木板椅"的前椅腿比后椅腿高，椅背为两处阶梯式靠背，第一层为人体腰部的承力点，第二层为人体肩部的承力点。整体设计试图以科学的方式寻找人最合适的坐姿感受，呈现出隐喻式的表达。柳宗理设计的"蝴蝶椅"发布于1956年，整体是木质合板材质，两块合板之间以金属杆进行连接，形成承力结构。若把"蝴蝶椅"完全分解，会发现该作品由两块完全相同的木质合板、八颗螺丝钉和一根金属杆组成，其中两块木质合板可以完全重叠，在运输的过程中节省了空间。从功能主义角度来看，"木板椅"与"蝴蝶椅"在产品上都考虑了功能属性，但值得注意的是：其一，比"木板椅"晚30年发布的"蝴蝶椅"并没有选择当时更加流行的塑料，而是同样采用了木质材料，木质合板材料不像塑料材料那样轻便与价廉，在这点上，柳宗理并没有延续功能主义的设计主张；其二，"蝴蝶椅"的椅面几乎是平面，不会随人落座而下凹，也就是说，"蝴蝶椅"在使用时并不能带来很好的舒适性体验。显然，通过对比布劳耶的"木板椅"与柳宗理的"蝴蝶椅"这两款同类产品，可以发现柳宗理对设计作品的思考没有局限于单一的功能性维度。

图1　马歇尔·布劳耶"木板椅"　　图2　柳宗理"蝴蝶椅"（网络图片）
（包豪斯档案馆，2017，p. 55）

　　把柳宗理的设计作品"蝴蝶椅"放在功能层面上分析时，有一个椅子应具有的功能性元素缺失，即椅背，这就意味着该作品在具体使用时的姿势必须端正、得体，不能慵懒放松地倚靠。那么，在功能性上并不完善的柳宗理设计作品，为什么会引起人们的喜爱和关注？在此，借用汤姆·狄克森（Tom Dixon）[1]在接受访谈时曾说的喜好柳宗理所设计的"象脚椅"的原因来分析："应该是作品的立体线条的美感吧。那样微妙的完美曲线是东方人才能体会的美感，也就是所谓的'东方曲线'……"（柳宗理，2017，p. 38）在此，可以发现，狄克森对柳宗理设计作品的解读并不在符义上，换句话说，也就是狄克森对柳宗理设计作品的解读不是把该作品只当作满足人们在生活中"坐"的需要的工具，而是更多关注其符码。在文学与艺术之中，符码作为符号的附加，往往会改变其符义解读。正如赵毅衡（2018，p. 140）所说："说'附加'，并不是说'不重要''非本质'，风格很可能比文本的基本内容更加影响意义的解读，就文学和艺术而言，风格经常是文本的主导因素，是它们的主要价值所在。""东方曲线""立体线条的美感"都是柳宗理设计作品"象脚椅"中风格的重要体现，那么曲线的应用是否贯穿柳宗理其他的设计作品？把目光再聚焦回"蝴蝶椅"。其整体造型像两只摊开的手，连接处为手腕，椅子的承力点为手肘。这样的造型从正面观看时，像蝴蝶展开翅膀，而在俯视与侧视角度观看时则是呈现一个矩形式的几何外观。虽然在俯视角度与侧视角度呈现出矩形，但作品的整体造型语言依然是曲线，曲线成

---

　　① 英国著名设计师，1998 年开始担任 Habitat 设计总监一职。在经得柳宗理同意之后，其于2000 年复刻的"象脚椅"正式在欧洲问市。

为"蝴蝶椅"最主要的形态构成语言。曲线的组合使"蝴蝶椅"整体呈现出典雅、肃穆和静谧的东方之美。与西方现代设计直接追求的功能主义不同，柳宗理设计作品在追求功能性之外增加了另一层维度，即运用曲线式的造型，不再粗暴地展开对功能的追求，而是变得委婉，是对功能与审美的双重探索。

人们在使用"蝴蝶椅"时的坐姿，更会使我们联想到日本人穿着和服时那样挺直腰背的体态，这样，日本文化随着设计产品展现了出来，抑或说柳宗理的设计作品体现了日本文化。"审美方法的逻辑起点是主体的多样化感觉活动，它构成审美活动的心理基础和精神条件。联想是审美方法的必要中介和关键桥梁，它担当美感的生成和提升的功能。"（颜翔林，2020，p. 158）通过审美联想，日本文化与形式线条的东方之美相互呼应，使柳宗理设计作品增加了情感温度。这种情感是日本文化所带来的温情，是一种暖意。柳宗理设计作品的风格与体现的情感并不冲突，正是情感的融入使风格更加立体，如赵毅衡所言："……风格是全文本附加符码之集合，情感是这种附加符码之一类。"（2018，p. 140）

若把柳宗理的设计作品看作符号，"蝴蝶椅"没有椅背的设计就是对椅子作为物品的功能主义"中心"的挑战，使作品脱离功能的命名和意义，而具有了"非中心"含义。德里达（Jacques Derrida，1930—2004）在《人文科学话语中的结构、符号与游戏》一文中对"非中心"做出了肯定："……是对某种无误、无真理、无源头、向某种积极解释提供自身的符号世界的肯定。这种肯定因此规定了不同于中心之缺失的那种非中心（non-centre）。"（德里达，2001，pp. 523 - 524）。"非中心"的设计作品改变了功能性椅子的符义，对原有功能性意义层面进行了补充。例如"蝴蝶椅"不仅是由椅面、椅腿构成来满足"坐"的需要，还有符码自身所产生的美感与文化对原符义"坐"进行填充。也就是说，柳宗理的设计作品已经改变了"功能"这唯一的符义解释，符码产生的新意义与原符号自身构成了一个新的符号，进而使柳宗理的设计作品具有了多重语义。在罗兰·巴尔特（Roland Barthes，1915—1980）看来，正是多重语义形成了"神话"，"神话"系统是次生的符号学系统，在面对同一对象之时，把原有意义带到更大的解释空间中。面对神话中的能指需要有两个视角观察："它是语言学系统的终端，或是神话系统的开端。"（巴特，2009，pp. 176 - 177）以此来看柳宗理设计作品，在语言层面上，作品就是椅子，而在精神层面上，作品则扩充到了文化。

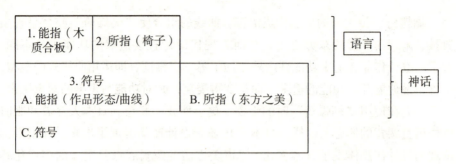

图3　以罗兰·巴尔特的神话系统分析"蝴蝶椅"

二、身体作为变量：柳宗理设计作品的编码因素分析

　　在对柳宗理设计作品多重语义的分析结构之外，还存在着编码对设计作品自身的影响。按照结构主义系统的观点，设计作品编码的形成必然受到两个因素的制约，即设计师与特定的时间因素，具体到柳宗理的设计作品，则要回溯设计史的发展对柳宗理的影响。面对技术迅猛发展的趋势，日本传统手工业与制造业在现代设计影响下逐步式微。第一，在日本明治维新时期，大量的西方商品开始在日本流通，西方的着装、生活用品和生活方式开始普及。第二，明治维新之后，手工艺人脱离了旧体制的保护，同时，市民的购买力在降低。面对这样的变化，以柳宗悦为代表的民艺理论家，在1926年展开了日本民艺运动。柳宗理作为柳宗悦之子，正是在日本民艺运动所提倡的直观寻常物之美与西方现代设计思想的冲突与矛盾中，形成了自己的设计理念，即"产业设计追求的不只是图案、意匠、图面这些外表的美，而是伴随科学工业进步所作出的设计"（柳宗理，2015，p.21）。在此历史语境下，柳宗理的设计作品的意义在于，当传统手工业面临技术发展的冲击时，设计作品调和二者之间的矛盾以因应现代化工业及设计的发展。这样得出的符义仍处于设计作品的外部，但不可否认的是，在历史语境中可以看出，柳宗理设计作品的美学意义与设计作品自身的现实意义之间仍是具有联系的。在此，笔者认为，结合上述柳宗理对于设计的看法，可以发现，结构系统中的设计作品的外部意义是设计作品自身的创作动机。

　　在《批评与真理》中，巴尔特对结构主义由学院式的传统分析转向了对语言自身的分析，并提出了"新批评"分析观点。正如格雷厄姆·艾伦（Graham Allen）在《导读巴特》中谈及"新批评"的作用所说："对语言结构的关注打破了一系列'旧批评'的原则，尤其是'真实性'原则，这种原

则认为批评应当依据传统的、既定的价值观。"（2015，p. 65）用巴尔特"新批评"分析方法来看柳宗理的设计作品，是对原有编码形式解读的进一步扩充。对语言自身的关注就是对设计作品的关注，那么，要分析柳宗理设计作品的语言编码，就需要回返设计作品的形态、造型、色彩和线条。例如，柳宗理所设计的茶壶从形态上呈现出一种笨拙感，壶口与壶体连接处的曲线并没有完全与另一面的曲线对称，而把手的粗线条更使笨拙的整体造型有了一种厚重感。茶壶的整体为白色，没有其他颜色作为辅助色，同时又以无装饰的方式与白色相呼应。按"新批评"的方式对柳宗理的设计作品进行形态分析时，其造型、色彩、线条成为其"元语言"（metalanguage）。在设计作品中，元语言是一套功能性的语言，若以符号结构系统来分析设计作品的形态，功能性元语言的组合只对应设计作品的整体功能，比如使用时的便捷等。显然，这样的分析仍是在结构系统中的简单对应。而如若把柳宗理本人的设计动机与设计作品形态的元语言相结合，其设计作品就具有了两种维度的意义，同时两种维度的意义又构成了作品自身新的元语言。由此看来，动机与形态这两种维度意义结合而成的新元语言编码是解析柳宗理设计作品符号意义的关键。

对柳宗理设计作品的编码分析，从静态结果（设计作品自身）转到动态创作的过程，其中身体是一个重要变量。柳宗理曾在对他的访谈中谈及身体作为生命实践与设计之间的关系。他在面对技术革新的设计工具变化时，仍然坚持以手创作模型，并认为用手创作模型是一种精神活动（柳宗理，2017，pp. 26 - 27）。不锈钢料理盆是柳宗理餐具设计的代表作，其外形整体呈现为倒梯形，并且没有任何装饰，该作品侧面与底面的交接处是一个平滑的曲面。在清洗此件作品时，手指对曲面产生无限顺滑的触感，这样的曲面不仅完成了产品侧面与底面的交接，更改变了身体与产品之间的沟通方式。正如日本产品设计师深泽直人（Naoto Fukasawa 1956—　）对不锈钢料理盆作品曲面的解读那样，"这就是用手创作出来的线条呀"（柳宗理，2017，p. 13）。身体在编码中把设计作品的形态功能与柳宗理的设计动机重新组合，把元语言中的各部分从"功能层"① 带到了"行为层"以解释设计作品中的叙事意义。在此很容易陷入一个误区，即柳宗理设计作品的叙事意义为柳宗

---

① 罗兰·巴尔特将叙事作品的描写分为三个层次：功能层、行为层和叙述层。功能层为最低级，叙述层为最高级。对叙事作品的结构性解读意味着去分析叙事的意义怎样通过归并的过程而产生。

理本人以身体作为编码变量，探索现代设计中技术与手工艺之间的关系，这样的叙事意义又返回了历史语境对意义的外部定义。把此误区理解为柳宗理的精神活动时，仍陷入了结构分析所带来的单一意义解释。那么，设计作品的形态是如何通过身体关联起精神活动的？手去创作模型，是身体与材料、设计作品之间沟通，是身体感官全部敞开与客体的直接联系；柳宗理以简洁、去装饰化的方式突出物的自身特性，而不是人工物的特性。柳宗理所设计的不锈钢调理盆的曲面线条，是身体与物不断交流的结果，更是柳宗理的精神活动在物品上的体现。换句话说，正是主体与客体间的紧密融合才使物品拥有了其自身独特的性格，才使人的精神性思考注入了物品之中。

图4　茶具（柳宗理，2017，p. 98）　　图5　不锈钢料理盆（柳宗理，2017，p. 13）

巴尔特曾在《符号帝国》中通过论述日本的插花艺术来解释物与身体之间的关联。他认为："我们可以移动身体，站到枝叶间隙、高低不一的透空缝隙中去看，不是为了阅读它（读出它的象征意义），而是为了追踪插好这束花的那双手所留下的痕迹：这是真实的书写成果，因为它创造出体积，为了不让我们的阅读变成一种单纯解读讯息的形式（即便它很明确隐含某些象征），干脆让我们去重复一遍书写的过程。"（2014，p. 118）身体因素在编码中的融入，勾连起了设计作品与精神活动。具体到柳宗理的设计作品上来说，由形态、色彩和线条构成的设计作品的每一个部分都不再是单一的个体，而是形成互文。这要求我们在解读柳宗理设计作品时，不再只解读单一部分在结构内部被设定的意义，而要解读每个部分在结构之外的延伸意义。此时，物品不再是设计活动中设计师与受众之间的媒介，而是与设计师和受众共同形成了一个场域，使设计师与受众不再通过设计作品去追寻原点式、中心式的意义，而是在精神层面相互碰撞。这样的沟通方式是直观的，并且没有任何文化作为中介。身体编码在柳宗理设计作品中的介入，改变了设计作品自身的构成语言，使对原中心的定义追寻转变到关注语言自身。这样的改变使柳宗理的设计像德里达在《论文字学》中讨论的"书写"（writing）。亚瑟·布雷德利（Arthur Bradley）讨论德里达的"书写"概念，"认为所有的语言——不管是说话的语言还是书写的语言——都可以说成是'书写'的：书写是语言自身的另一个名字"（2019，p. 11）。对应于柳宗理的设计作品，其作品形态语言即为"书写"，而"书写"语言在由设计师、受众、作品形成的场域中具有"调解"（mediation）作用。例如，当受众观看柳宗理的设计作品时，显然柳宗理并不在场，但因为作品拥有了自己的生命，它能够在没有没有柳宗理的情况下被阅读，抑或独立于柳宗理的意图而被阅读。此时作品的形式语言具有了生命，此时的观看是直观的观看。身体感知在柳宗理作品中的融入，使受众对设计作品产生了直接沟通的快感。正如巴尔特在1966至1968年间三次前往日本后对日本的物的认知那样，他认为："事物的微小并非出于尺寸，而是根据某种精确度，自划界限，知道该在何处停止或结束。这种精确度不甚合理，也不含道德寓意：事物在清教徒式的严整风格中（整洁、坦率，或是客观）并不明确，反而携带某种幻觉、空想性质，或是某种切断，卸除了意义的表面装饰，斩断与事物的真实存在关系，且与事物在世界上的位置再无牵连，这是一种完全的逃遁。"（2014，p. 116）

身体在柳宗理设计作品编码中成为变量，它首先改变了设计师与设计作品之间的关系，进而改变了观者对设计作品的观看方式，最终观者通过直观的方式解读设计作品的意义，跳脱了结构系统的束缚。身体因素在编码中的介入，改变了柳宗理作为作者，通过作为人工物的设计作品，将受众"读者式"的被动解读变为邀请受众主动参与。意义传播模式的变化带来设计师与受众在传播过程中身份的转化。设计师不再作为作者与叙述者对符号意义具有绝对权力，受众从被动地接受意义的承受者转变为符号意义的作者与叙述者。在符号意义上，设计师让权给受众，符号意义从单向度生产转变为无限生产。

身体作为柳宗理设计作品编码中的变量，打开了一扇重新解读符号意义的大门，身体在编码阶段是设计师与材料不断进行精神抗争的介质，它不是桥梁，而是容器。设计师通过身体去和材料抗争，同时设计作品在成型过程中的不断变化又通过身体反馈到设计师的精神领域，如此，创作过程就在身体这一容器中展开。同时，受众在设计作品直观化观看过程中，通过移动身体调整观看角度，抑或通过触摸设计作品来解读符号意义，身体同样会将信息反馈到受众的精神领域，同时受众精神活动的再组织又会重新通过身体来作用于对设计作品的观看。这种直观化的观看方式是"作者式"的。詹伟雄在《符号帝国》导读中对"作者式"观看做了解释，他认为在日本的文化生活中，受众（观者）的参与是一种"作者式"的狂喜感受①，"'作者式'文本的读者，置身于无所凭借的文本中，他必须冒险犯难，借着把自己当一个作者，逐步创造出意义来，这种创造行动的末端，则是一种'狂喜'作为酬赏"（巴特，2014，p.25）。在此，巴尔特所说的"狂喜"是一种复杂的感受，要求受众以主体与客体合为一体的方式参与理解的过程。这种参与方式打破了符号意义在结构关系中点对点的连接，形成了通过身体达到符号意义的不断折返。受众对符号意义的"作者式"解读，丰富了符号意义的维度，把符号意义带入生产的空间中。

三、"空无"与设计文本的顿悟式意义阐释

柳宗理设计作品的符号编码因为身体因素的融入而改变了对符号意义的解读方式，受众通过直观带来对意义的解释，脱离了结构系统中心式的被动接受，把对符号意义的解释带入后结构中。后结构中的符号意义并没有一个明确的中心，这与巴尔特分析日本的物与文化的关系时的解释相同。巴尔特把此类符号定义为"空符号"，认为"要卸除事物的丰富及意义的深刻，只能以施加于人造物品之上的三种特质为代价，那就是：简洁、可移、空无"（2014，p.122）。具体到柳宗理设计作品，例如上述不锈钢料理盆：简洁为设计作品的形态；可移体现为物品在空间中的移动，同时指观者在解读时思想、精神的移动；空无则是对原符号结构意义（功能）以及柳宗理的创作动机等作品做出的符义解释。三种特质的组合使符号意义脱离了原复杂结构的意义系统，"空符号"自身成为符号意义本身。那么，如何理解、感受符号中的"空无"？詹伟雄对巴尔特所提出的"空无"做出了解释："这样的'空'，非仅止于意义掏空之后的'空间之空'，它也邀请着一种'在空中思想'的生命实践，亦即'开悟'，相较西方暴力式的探究，这是一种温和且开放的求知方式。"（巴特，2014，p.42）由此可以看出：第一，"空无"不仅仅是柳宗理设计作品中的符号意义；第二，具有生命实践的身体与"空无"这一复杂、冥思式的思想有着紧密的关联。例如"蝴蝶椅"造型上的简

---

① 罗兰·巴尔特在其著作《S/Z》中区分了"作者式"与"读者式"的不同，而狂喜是"读者式"阅读后的感受，罗兰·巴尔特强调其中身体的作用，并以此解释狂喜是一种复杂的感知。

洁、无装饰形成了柳宗理设计作品风格的独特语言，其特殊的曲线使受众对作品展开多重语义解读。同时，受众身体与作品接触时，具有生命实践的身体会展开非单一性的思考活动。比如没有椅背的形式语言，让受众挺直腰背使用作品，不断展开对日本生活、文化的求知探索，其中最重要的是个人经验对于符义的解读。上述两点使空符号摆脱了"空无"对符号意义的唯一解释，并且将"空无"引向了分析"空无"的过程。把柳宗理的设计作品作为"空符号"来理解，"空无"是作品的符义，分析"空无"的过程则完成了对原结构符义的解构。解构，是对柳宗理设计作品的另一种解读方式。这种解读方式"并不在逻各斯中心主义传统的内部保持忠诚，也不假装人们能够只是移到逻各斯中心主义传统的外部"（布雷德利，2019，p. 13）。这就表明对柳宗理设计作品的解构并没有完全脱离"空无"的意义，换句话说，在分析"空无"的过程中依旧逃离不了作品的形式语言，这正体现出作品形式语言在解构中的重要性。

在理解"空无"时，罗兰·巴尔特借禅修者的方式进行思考，要对能指反复咀嚼、思辨，而思辨的过程中，巴尔特以"顿悟"得到启示。在此很容易产生对柳宗理设计作品中"空无"的错误解释，即把设计作品中的"空无"和日本禅宗思想相对应。日本国土狭长、资源匮乏，造成日本人对物本身爱惜与迷恋的情感，对物自身的思考被带入人对自身的反思中。例如，物随着时间的流逝而产生外部变化，对物品内质与外部变化的分析引向日本禅宗式的思考方式。日本人造物的形态在禅宗思想的影响下呈现出简洁的外形，尽量还原物质自身的品格。由此分析，极易产生这样的符号意义链条：简洁的形态＝"空无"＝日本禅宗思想。不可否认的是，日本禅宗思想影响了柳宗理设计作品时的编码组成，犹如柳宗悦民艺思想对柳宗理的影响。禅宗思想是柳宗理创作时的动机或编码因素，但不是柳宗理设计作品的直接意义。若把"空无"等同于日本禅宗思想，则又会陷入结构主义的分析方式。巴尔特在理解"空无"时并不是把它等同于禅宗思想，而是借助禅修式的思考，强调理解"空无"的过程。正如巴尔特所说："它只是语言突如其来、令人惶恐的中止，这道空白抹除了符码对我们的统治，这阵内在颂音破碎了，构成我们的人格。"（2014，p. 162）"空无"即为理解"空无"的过程，重点是唤醒受众的主体性认知。

在柳宗理设计作品的"空符号"中，叙事的权力被让渡给受众，受众在理解"空无"的过程中唤醒主体性并展开了对"空符号"的后结构叙事。柳宗理设计作品中的后结构叙事主要体现在三个方面：设计史、文化和经验。

在设计史方面，柳宗理设计作品在形态上体现为简洁，不是像西方现代设计那样以几何形态呈现技术的发展，形成以技术为核心的功能主义发展之路。柳宗理设计作品的简洁形态所体现出的笨拙与质朴感，使日本设计在西方现代设计功能至上与能指泛滥之外探索出另一重维度。同时，柳宗理的设计创作将身体编码作为变量，不仅延续了日本民艺运动的发展路线，还发展成了自己独特的设计风格。在文化方面，柳宗理受日本禅宗思想影响，所设计的物品蕴含禅宗对物的思考，丰富了设计作品的精神内涵，使日本设计作品在全球化设计语境中具有独特气质。在经验方面，受众直接面对柳宗理设计作品，主动参与体验，这是主体与物之间的完全融合，由此产生的"狂喜"替代了被动接受的麻木，经验在由被动变为主动时，也由单一转向了多维。

以上三个方面都是受众在直观柳宗理设计作品时主体性被唤醒的结果，主体性在唤醒之后展开了对设计作品"空无"的后结构叙事。三个方面不能各自独立，而是相互交织，由受众在身体中重新组合、排列后展开意义解释。在由受众决定的后结构叙事中，有一个关键的因素，即受众精神活动中的"重返"。"重返"不是简单的重新返回到具体的某一形态，而是追溯在历史发展中的空间关系和文化关系。这正如段义孚（2019，p. 173）所说的"恋地情结"，即"关联着特定地方的一种情感"。这种情感是人与自然世界追求和谐化的过程，在此过程中人们用身体不断感知"乡村、风景、一片真正的空间、某个时刻、一次邂逅、友谊、节日、休闲、静谧、快乐、兴奋、爱、纵欲，以及理解、谜题、未知和已知的事物、争斗、玩耍等等"（汪民安，郭晓彦，2019，p. 17）。在此过程中的复杂情感是人类的共同印迹，根植于人的意识中。由此看来，受众精神活动中的"重返"不是具体的回溯，而是强调人与自然不断交织形成的结晶，是生命经验，"重返"通过受众的生命经验唤醒受众的主体性。

柳宗理设计作品中的后结构叙事并没有一个明确的故事蓝本，只有故事的组成部分，结构主义分析出的设计作品的意义都构成了后结构叙事中的故事要素或节点。受众通过设计作品展开的叙事不是线性的追问，而是在"空无"中的顿悟。顿悟所带来的逃遁，可以是受众结合自身经验展开的"重返"叙事，例如，通过柳宗理设计的物品，受众重返曾经与长辈共坐炉火旁时的情境，抑或不小心打碎物品时长辈的责怪等，此类叙事激起受众无限的知觉或情感……也可以是在身体容器内瞬间产生的情感，如占有、欲望、快感、愉悦和思考。甚至受众产生不了任何的叙事，那么，"无"仍然可以构成后结构叙事的主体。柳宗理设计作品的后结构叙事无需寻找具体意义，而是让受众直面设计作品，再自己创造叙事。

结　语

柳宗理的设计作品在东、西方现代思想的影响下形成了自己独特的风格，既吸收了西方现代设计中对技术的肯定，同时又保持了民艺思想。柳宗理设计思想来源的复杂性促使其设计作品形成独特风格，将柳宗理设计作品作为符号分析，成为探索其意义的有效途径。一方面，对柳宗理设计作品在结构主义中由外部赋予的意义分析，使现代设计作品在传播过程中得以祛魅。另一方面，身体作为柳宗理创作时编码的变量，使受众在面对设计作品时，由被动接受转为了主动解读。对柳宗理设计作品的符号分析，引出了在设计中意义解读权的定义。在这条线索的每一个节点上，柳宗理的设计作品不断揭示现代设计活动中受众与叙事之间的关系。在技术不断推进与传播方式不断演变的语境下，现代设计作品以不断更迭的形态诱惑着受众扮演不同的消费形象。在外部意义与叙事不断裹挟受众的情况下，面对设计作品受众是否还能得出自身的叙事意义？在此问题上，柳宗理设计作品形成"空符号"并把叙事权让渡给受众，这样的设计思想为我们提供了另一维度的思考，那就是让受众的身体成为设计活动的感知场，受众无需寻找具体意义，而是直面设计作品自身。

引用文献：

艾伦，格雷厄姆（2015）．导读巴特（杨晓文，译）．重庆：重庆大学出版社．

巴特，罗兰（2009）．神话修辞术批评与真实（屠友祥，温晋仪，译）．上海：上海人民出版社．

巴特，罗兰（2014）．符号帝国（江灏，译；詹伟雄，导读）．台北：麦田，城邦文化．

包豪斯档案馆；德罗斯特，玛格达莱娜（2017）．包豪斯 1919—1933（丁梦月，胡一可，译）．南京：江苏凤凰科学技术出版社．

布雷德利，亚瑟（2019）．读德里达《论文字学》（孔锐才，译）．重庆：重庆大学出版社．

德里达，雅克（2001）．书写与差异（张宁，译）．北京：生活·读书·新知三联书店．

段义孚（2019）．恋地情结（志丞，刘苏，译）．北京：商务印书馆．

柳宗理（2015）．柳宗理随笔（叶韦利，等译）．台北：大鸿出版事业部．

柳宗理（2017）．CASA BRUTUS 特集．台北：大艺出版事业部．

陆正兰，赵毅衡（2021）．艺术符号学：必要性与可能性．当代文坛，1，49－58．

汪民安，郭晓彦（编）（2019）．建筑、空间与哲学．南京：江苏人民出版社．

颜翔林（2020）. 论审美方法. 湘潭大学学报（哲学社会科学版），1, 158－162.

赵毅衡（2018）. 冷感情？无风格？零修辞？——关于巴尔特"零度写作"的符号学特
征. 内蒙古社会科学（汉文版），1, 140－144.

作者简介：

彭肜，博士，四川大学艺术学院教授、博士生导师，主要从事视觉文化与设计理论
研究。

秦瑾，四川大学艺术学院设计史与理论研究博士研究生，主要研究设计文化与设
计史。

Author:

Peng Rong, Ph. D., professor and doctoral supervisor of Arts College at Sichuan University,
mainly engaging in the research of visual culture and design theory.

Qin Jin, Ph. D. candidate of design history and theory, at Sichuan University, mainly
engaging in design culture and design history.

E-mail: 10661602@ qq. com

艺术史书写中的符号"观相"与意义"面相"[*]

海维清

摘　要：本文以皮尔斯"符号三元说"为据，聚焦艺术史家面对艺术符号的不同意向关系，考察并梳理了西方艺术传记史、风格学、图像学、符号学主要代表人物所侧重的三类不同意义"观相"。在艺术史意义书写与建构过程中，各自迥异的艺术符号意义"面相"之所以竞相显现，正是源于各派史家所持隐含或彰明的艺术符号解释标准及其艺术符号"观相"。

关键词：艺术史，艺术符号，意义，观相，面相，书写

Semiotic Aspect and Meaning Physiognomy in the Writing of Art History

Hai Weiqing

Abstract: Based on Peircean triadic model of semiotics, this paper examines how art historians view the different relationships of intention among artistic signs. The paper identifies and analyses three aspects of meaning that are preferred by the major representatives of four disciplines: Western artist biographies, stylistics, iconography and semiotics. This analysis shows that in the process of writing and constructing the meaning of art history, different aspects of the meanings given to art signs appear successively, according to the implicit or explicit standards of interpretation and the aspects of art signs that various art historians support.

* 本文为国家社科基金艺术学西部项目"传播符号学与舞蹈'表意'研究"（19&EE203）的中期成果。

Keywords: art history, artistic sign, meaning, aspect, physiognomy, writing
DOI: 10. 13760/b. cnki. sam. 202102009

一、书写的艺术意义

"'谁'在叙述艺术史？'谁'在命名经典？"（彭彤，2010，p. 20）自乔尔乔·瓦萨里（Giorgio Vasari）循着"艺格敷词"（ekphrasis）的历史传统，于1550年出版了第一部真正意义上的西方艺术史《艺苑名人传》开始，通过文字书写这样一种符号生产和意义生成的重要途径，那些历史上经典艺术符号的诸种意义"面相"（physiognomy）便被人们以书籍的方式存照。

于是，基于各自不同的艺术符号"观相"（private perspective），那个被文字书写、镌刻继而建构的艺术史，便在其后那些名垂青史的艺术史家们的意义书写中得以显现。

这其中，最具代表性的有瓦萨里的传记史，沃尔夫林（Heinrich Wolfflin）、夏皮罗（Meyer Schapiro）的风格学，瓦尔堡（Aby Warburg）、潘诺夫斯基（Erwin Panofsky）、贡布里希（E. H. Gombrich）的图像学以及达弥施（Hubert Damisch）的符号学图像论等。

艺术具有历史性么？海德格尔（Martin Heidegger）从存在主义哲学出发，肯定艺术作为对象和宣言的历史性："艺术拥有外在意义上的历史，它在时代的变迁中与其他许多事物一起出现，同时变化、消失，给历史学提供变化多端的景象。真正说来，艺术为历史建基；艺术乃是根本性意义上的历史。"（孙周兴，1996，p. 298）艺术现象的更迭、变化造就了艺术历史的不同图景，但人在艺术活动中精神运动的另一外化产物——艺术史，也反过来通过意义机制影响艺术本身的真实版图。在历史的视野下，我们有能力将孤立、静态的对象与其整个发展历史联系在一起，从而获得对艺术的动态感知（薛富兴，2019，p. 91）。由此可见，对艺术自身而言，艺术史是艺术意义世界存在的另一种方式，它不仅非冗余，而且不可或缺。

"符号学就是意义学"（陆正兰，赵毅衡，2021，p. 49），"意义"（meaning）作为符号学的聚焦点，其内涵与外延极为丰富。在赵毅衡教授看来，意义是"意识与各种事物的关联方式"（赵毅衡，2017，p. 2）。置于艺术领域，这即是说人类在艺术符号构思、创造、传达、感知、阐释、传播、消费等诸种活动中进行的一切精神内容与行为，均包含在艺术的"意义"活动庞大、繁复的范畴之中。

任何表意活动都离不开符号，赵毅衡教授指出符号过程包含三种意义：意图意义、文本意义与解释意义，它们分别对应着发送者、符号和解释者。发送者的意图意义必须借助符号的传递，才有可能最终被接收者解码。符号现象学认为"意向获义活动的关键机制就是选择"（赵毅衡，陆正兰，2015，p. 7），因此获意选择机制也提醒我们，同一个符号的所有观相（perspective）并不能被意识同时照亮，这种选择性给了我们艺术史研究极为重要的启示。

此外，莫里斯（Charles W. Morris）提出"符号学三分法"，主张符号学中符形、符义、符用三对关系的研究，这也提示我们需关注艺术史家在面对艺术符号这类特殊研究对象时，研究者与符号之间的意义关系问题。并且艺术史书写往往立足于皮尔斯符号三分中的解释项，即在"更为发展的符号"层面掘进，因此，艺术史家采取何种意识投射来面对他的写作对象，成了厘清其书写意义的先决问题。

哲学家卡西尔（Ernst Cassirer）通过对古代神话的研究，揭示了语言与存在（being）之间的关系："语言能赋予存在以形式，使存在自身得以在语言中显现。"（沈国琴，2018，p. 3）艺术史毕竟不是关于艺术品的某个切片，它必须通过一种中介物显现，而这个中介就是语言与文字。

"语言文字自有其价值，不可能被视觉图像所取代。"（段炼，2008，p. 126）尽管艺术图景的变换常常令人目不暇接，但"当艺术不能凭传统的理由（包括美、技巧等属于'无言之言'的东西）来证明自己时，只得把判定其合法性的权力让渡于'观念－哲学－语言'"（吴永强，2020，p. 169）。故而，艺术之意义须借助文字记录与书写方能锚定。因此，书写本身就是艺术意义再生产的必由之路，而被文字书写、表征的艺术史意义，则往往以"面相"这样一种块面结构在文字中显现。

二、符号"观相"与意义"面相"

"面相"（physiognomy）一词在中西文中皆有"样貌、外貌、相面术"等含义，西汉《礼记》曾描述眼睛与人的品性之间的某种对应关系，宋、明以降，《麻衣相法全编》更以人的五官、骨相、体态及手纹等特征推测命运、祸福。在西方，苏格拉底、亚里士多德等关注人的姿态与神态，拉瓦特（Johann Caspar Lavater）著《观相术文选》（*Physiognomy Anthology*），提出"面相学"（Physiognomy），自此"面相"一词多指"关于外貌的面相术研究"。

真正将"面相"（physiognomy）引入哲学层面的是维特根斯坦（Ludwig Josef Johann Wittgenstein）。其在哲学论著《哲学研究》中首次引入该术语，一度引起学界关于"看"与"认"关系的讨论。维特根斯坦借此回归"看"的生命美学描述。

在艺术史研究领域，贡布里希在其论文集《木马沉思录》中首先使用"physiognomy"一词，并以《论面相知觉》一文借古典面相学的隐喻意味反思表现主义绘画背后隐含的形而上学意识，意在"解释作用于一幅作品的艺术心理学，并以此为据对艺术史的书写和叙述进行反思"（李雪月，2020，p. 4）。

中国学界使用"面相"一词多见于20世纪后20年的文化、艺术研究领域，现已演变为对文艺作品中某些鲜明艺术价值、特征的常用借喻。本文以"面相"（physiognomy）指称通过艺术史书写而显露的具体意义块面，一方面是承继贡布里希借"physiognomy"对艺术史进行反思之意；另一方面也以该词"面相术"这一意涵，暗喻艺术史作为显现的意义样貌通过价值书写形塑艺术的某种作用。

中文"观相"一词原指佛教密宗以冥想调候心境的一种修习功法，而西文"perspective"原指宇宙各进化阶段可观察到的形象。在莱布尼茨（Gottfried Wilhelm Leibniz）的乐观主义哲学中，"观相主义"（Perspectivism）不仅隐含着某种怀疑主义基调，而且还认为事物存在诸种并置和互不等同的概念及体系："虽然整个世界都被上帝安放在灵魂中，但每一个灵魂内能清晰地显现某一个部分的表象，因为心灵本身的有限性，它只能更清楚地认识一部分观念，而不是全部。"（李科林，2017，p. 117）"观相主义"在斯宾格勒（Oswald Arnold Gottfried Spengler）看来有另一重解读：它依赖的不是自然的定律和因果关系，而是个体对人类历史中的一切事物和现象的体验，这便是以"本质直观"——个体的精神慧眼，去把握其背后生命形态特征与命运的方式。

在此之后，"观相"与"个自观相"（perspective and private perspective）成为罗素（Bertrand Arthur William Russell）新实在主义哲学的一对术语："观相指能使人的感觉得以形成的事物形象，个自观相指个人对事物所形成的感觉形象。"（金炳华，2001，p. 477）当被人的感觉察知时，"perspective"指感觉材料，未被察知时则指未知观相。

在中文语境中，作为佛教徒的修行冥想之法，"观相"一词则不同于英文中的仅作为感觉材料（对象）与意识的"前遭遇"状态。"观相"中观什么（对象、内容）和如何观（手段）乃有其法，既有所"执"，这便意味着符号现象学意向获义活动中"选择"机制的运作。故本文以包含意向投射的"观相"一词指称那些在艺术史书写中将艺术作品作为意向性对象而生发的不同符号观看立场。同时，此"观相"也更接近罗素哲学中"个自观相"（private perspective）的意涵，其"感觉形象"作为意向活动中人与物（符号）遭遇时的特定阶段，也包含符号现象学意向活动的"非匀质"特征——意识投射与观相选择机制。

此外，本文还将"面相"与"观相"对应使用，原因在于符号"观相"（private perspective）是意向性活动中意识与艺术符号遭遇时的"选择"机制本身，而意义"面相"（physiognomy）则是意向性活动中意识与艺术符号遭遇后生成的意义显现。因此，不同符号"观相"可生成不同意义"面相"，二者具有某种对应关系。

基于以上理路，本文将"观相"与"面相"置于一种后结构、去中心的"意义三分"观看机制之下，从艺术史写作的角度，探查经典艺术作品之意义被史家以文字言说和书写而显现的不同"面相"，揭示它们在符号学这一意义之学下的各自"观相"。

三、阐释者的寻意观相

基于诸种符号观相，艺术史如何生发出哪些不同意义面相？对于艺术史家而言，他们首先作为皮尔斯"符号三元说"中的阐释者登上历史舞台，其"解释意义""解读符号的'寻意'机制"（段炼，2013，p. 60），逆向"寻意"的动机在经典图像学范式的艺术史意义书写进路中尤为鲜明。

（一）瓦萨里的意义"标榜"

瓦萨里在《艺苑名人传》中以艺术家为中心，介绍他们的出身、经历、师承关系、代表作及艺术风格，并常在文末做出总评。身为艺术实践家的瓦萨里在其文字书写中，自然会轻车熟路地按照艺术家的心理投射去赞美那些艺术技巧高超的古代画家，只是，与文艺复兴时期诸多人文主义艺术史家一样，除强调艺术术语的准确性，瓦萨里从不客观地描述一件艺术作品："在介绍艺术家生平经历与主要作品时，不时加入个人主观评判，以达到确立艺术标准、教化后人的最终目的。"（孙迎辉，2015，p. 4）可见其解释标准趋于主观化。

就其作为艺术实践家的身份而言，瓦萨里的传记史写作本应侧重于那些经典绘画符号中由画面呈现的艺术技巧，即画作的符号意义观相，但文体固有的力量不可小觑，瓦萨里所用的这种"艺格敷词"书写传统非常强调将描写对象通过华丽辞藻和工整言词，饱满而生动地置于读者面前。加之瓦萨里希望通过书写使人们铭记伟大的艺术家，继而提高艺术家的社会地位，同时树立统一的艺术准则，以便达到教化年轻学徒的目的，所以他"采用英雄化、神话化的夸张手法，以溢美之词塑造出完美的艺术家形象"（孙迎辉，2015，p. 3）。

以上考量加上文体的传统，使瓦萨里的传记史不仅失焦于作者的意图意义，也失焦于符号意义本身："在这一组三元关系中，真正起决定性作用的是解释项。解释项是符号在解释者心中所创造的相等的，或更为发展的符号。"（皮尔斯，2014，p. 43）瓦萨里更多立足于阐释者的符号观相，并通过不厌其烦地叙述画中能指细节，主观地将自己的想象注入画作，把一种居于特殊阐释立场的具有"标榜"意义的价值注入其艺术史意义书写的具体面相之中。

（二）瓦尔堡的意义"共振"

20世纪初德国艺术史学家阿比·瓦尔堡尝试在图像志（Iconography）的基础上，突破艺术研究仅局限于"鉴赏家派"（Connoisseur）那种美感鉴赏的狭小格局。他认为，分析作品不仅要涉及图像的主题和意义问题，而且还需要诠释艺术作品蕴含的世界观与人文内涵，强调艺术的社会功能与时代意义。

瓦尔堡的图像学理念集中反映在其"记忆女神图谱"（Atlas Mnemosyne）构想之中。瓦尔堡认为，15世纪意大利文艺复兴通过一种古典文化精神的传递及其在文艺复兴时代的图式变形得以呈现。作为一种延续自康德、黑格尔的西方哲学二元结构的基本设想，瓦尔堡创造了被称为"情念程式"（pathosformel）的理论模型，表述主体的精神领域与客体的表达领域，即历史与当下、激情与理智通过图像这种中介即兴穿越、摆荡，继而实现共振的复杂回路："就艺术文化而言，图像或图像的某些细节既是古代用来表达其生命冲动的载体，也是传递古代精神的媒介……而艺术史家的任务就是要透过图像的这个间隙去寻找激起共振的力量。"（吴琼，2016，p. 22）

与维也纳学派的艺术史观略有不同，瓦尔堡更偏重于在历史语境中透视图像的文化意义，但此种透视往往是一种本质直观的符号观相，成为符号意义在历史语境及当下语境的横向联系中全面展开的延宕与共振。这种意义建构的基点体现了图像学的鲜明特征，实质基于符号阐释者观相，集中于解释意义维度的艺术史意义面相。

（三）潘诺夫斯基的意义"回溯"

受康德哲学"先验范畴"思想和瓦尔堡圈子的共同影响，潘诺夫斯基通过其"知识的形式"概念得出："色彩、线条、光影、体积与平面的分布，不论在视觉上多么赏心悦目，都必须被理解为承载着多种含义。"（潘诺夫斯基，1983，p. 205）潘氏意图超越沃尔夫林的"形式自律"原则，坚定地认为风格的发展与哲学、文化发展在总体上趋向一致，同时他还主张绘画史应在思想观念、哲学风格之间建立紧密联系，其人文主义的符号观也与卡西尔在《符号形式的哲学》一书中所表达的思想有共鸣。

潘诺夫斯基在吸取索绪尔结构主义思想的基础上创立了图像学研究，并把绘画作品作为凝缩了社会史和文化史中某些环节的征兆而给予解释。其操作流程最精彩的部分不在于"前图像志"（pre-iconography）符号能指层面的形象辨析，而在于符号所指层面即"图像志"（iconography）那种依据历史、文化背景和宗教知识等展开的图像所述故事的层次，还在于画中图像的内在含义和引申含义，并通过探讨作者的创作意图来考察这一作品与其文化语境的关系，即"图像阐释学"（iconology）的层次。

从符号学来看，需要处理的这些符号文本是文艺复兴以来的经典艺术作品，它们本身就联系着极其丰厚的前文本，在特定的语境中关涉着非常庞大的解释元语言。但作为这样一类特殊的历史文本，这些作品固有的历史语境元语言已经残缺不全，无法实现有效的解码。故而，潘诺夫斯基的核心工作是要对这种遗失的历史语境元语言进行回溯与重构。

潘氏此种符号观相既带着对形式主义艺术史观的拒斥，也带着某种"文字逻各斯"历史惯性。在旁征博引的历史考据和叙述中，绘画本身作为能指优势符号的语言被悬搁，进而沦为由文字符号演绎的逻各斯游戏的某种附庸。而文字符号近乎无限衍义地追索也使"这种对意义的追寻已经超出了艺术家本身的理解，即艺术家自觉地有意表现的东西"（易英，2003，p. 94）。

总之，潘诺夫斯基认为图像学就是"对超越作品本身意义的阐释"这一解释立场，决定了其图像学的基本符号观相："前图像志"方法在面对符号的能指即再现体时，采取了一种与形式论截然相悖的认识方式，这也引起后来的艺术史学家达弥施所谓"认识论的退避"的诟病。但毋庸置疑，这恰恰促成了潘诺夫斯基从权威角度去阐释经典艺术作品意义的典型阐释者观相，其对经典图像的解读可对位斯坦利·费什（Stanley Fish）提出的"有知识的读者"（the informed reader）。潘诺夫斯基以其旁征博引的阐释才华和深厚学养，将艺术阐释的权威性在图像学这一范式下推向顶峰，也将经典绘画作品的"解释意义"面相推向某种极致。

（四）贡布里希的意图意义"重建"

贡布里希在其书写中并没有完全因循他所在的维也纳艺术史学派的传统艺术史观。作为图像学理论批判性继承的重要代表人物，贡布里希批判了那种考察艺术形式背后的艺术意志的德语史学研究传统，认为："潘诺夫斯基代表了我经常批评过的艺术史中的德语传统……这一传统宣称，一个时代的所有具体显示即它的哲学、艺术、社会结构等等都是一种本质、一种同一精神的表现。结果每一时代都给看成是包含了一切的整体。持有这种信念的艺术史家用了极渊博的知识和机智来论证这类相互联系的存在。"（范景中，2007，p. 11）

贡布里希主张一种基于事实语境的图像学探索，此立场显然受到其友人卡尔·波普尔（Karl Popper）证伪主义哲学的影响。故而，贡布里希强调"一件作品的意义就是作者想表现的意义，解释者所做的就是尽其所能确定作者的意图"（贡布里希，1990，p. 3）。贡布里希尽其所能想要确定作者的意图，从皮尔斯符号学看，似乎是他紧紧攥住了艺术符号的"意图意义"。贡布里希是否通过这样的转换切换了图像学艺术史书写中意义观相的重心？

由于实证的需要，这一解释标准极强调证据的重要性："图像学家正是靠着对这些原典的熟悉和对绘画的熟悉，从两边着手，架起一座桥梁，沟通图像和题材之间的鸿沟。这样，解释就是重建业已失传的证据。"（贡布里希，1990，p. 6）因解释需要尽可能触及艺术创作意图，贡布里希的确放弃了那种经验主义的方案，转而以一种试错的方法，将目光投向了决定作者意图意义的前文本即"方案"之中："方案将一件艺术作品的意义具体化了，方案的重建使意义的还原成为可能。在这一点上，帕诺夫斯基与贡布里希是一致的，作品的意义并不一定是作者的意图。"（易英，2003，p. 97）

文艺复兴时期，艺术赞助人制度盛行，通过赞助人制度下创作者主体性的某种让渡，意图意义之源似乎就被精准定位于绘画作品的文字前文本即"方案"之中了。但困难的是，其一，赞助人制度下，绘画家的主体性并非能够彻底且顺畅地贯彻于他所绘的作品之中，绘画作为艺术事件，往往成为替"他者"代言的行动；其二，毕竟经典作品与我们时空远隔，诸多艺术作品创作者本人的真正创作意图难以追溯。

　　自然，正是这种希望在能指与所指之间重建历史证据的"方案重建"，使贡布里希的意义观相发生了一种根本性滑动：贡布里希从作者的"意图意义"着手，在历史证据的重建中使用看似实证的策略，却依旧不经意地使其意义观相滑向了阐释者一侧，其核心问题在于："主体之间的意义缺口是如何通过共享的符号系统来部分地填平的？"（彭佳，2021，p. 47）艺术家的具体创作在多大程度上受到顾问和方案的支配？面对具体作品，哪些元素让渡于所谓的方案，哪里又是艺术家主体的自觉？

　　显然，方案重建无异于刻舟求剑，潘氏对历史语境的追溯与贡布里希对历史方案的追查，均是在符号意义的观相中各执一端：对语境的不断追索最终会指向符号的无限衍义，而在艺术符号生产的赞助人关系中，艺术家主体性的让渡使"重建方案"——寻找艺术符号前文本的种种尝试，在互文关系与主体性的质询下，不断滑向符号的解释项。结果，围绕历史方案重建而搜集的那些证据在本质上纷纷变成符号阐释的材料，其符号观相也被锚定于阐释者的价值之中，并最终使贡布里希的艺术史意义书写与他昔日批判的潘诺夫斯基殊途而同归。

四、发送者的表意观相

　　20 世纪哲学发生"语言转向"（Linguistic Turn），语言符号理论兴起。艺术史家们首先看到了基于共时性研究的结构主义理论魅力，继而也产生了艺术史领域针对研究方法的一种批判性思考和讨论。"一些重要艺术史学者……阐述各自对传统风格理论的批判思考和新的风格观念构想，表现出从传统风格史的'历时性'叙事向新的风格话语的'共时性'语境建构的转换，预示了 20 世纪中晚期艺术史发展的一些重要方向。"（张坚，2014，p. 124）

　　其后的一个重要方向，是基于语境分析的符号－图像论，其代表性学者有罗兰·巴尔特（Roland Barthes）、皮尔斯，以及在晚期曾关注艺术符号学问题的夏皮罗等。在共时性视域下的艺术史方法转换与意义建构问题上，后来的法国哲学家、符号学家、艺术史学家于贝尔·达弥施则进行了更进一步的探索。

　　"达弥施理论明显深受索绪尔语言学或符号学的影响，而图像学原本与索绪尔的符号学有着一定的内在关系。"（鲁明军，2013，p. 123）达弥施首先通过图像志与符号学的对比研究，指出图像志在后期站在风格学的对面，漠视艺术作品的形式，其符号观相实际上是选择了认识论上的退避。此外，他认为图像志研究实际上只适用于一部分经典作品的艺术史意义书写，因此应实现图像方法论的新突破："符号学艺术史的终极任务是在分析图像的同时解释图像，分析两者之间的关系，探究为何以这种方式解释这个或那个主题，并将图像固定于解释，将解释凝固于图像。"（曹意强，2005，p. 13）达弥施显然注意到符号学研究范式的有效性，他在研究中强调绘画的图示性。他通过对素描的研究，认定素描关乎数的概念和表达，是理性的产物。他还经由对意大利画家科雷乔画作中"云的理论"与"重屏"的研究，实现了其艺术理论对具体作品、材料、母题等研究的新突破。

这一系列突破使达弥施从以往图像学那种艺术作品意义观相的被动观者即阐释者角度，位移至发送者的符号观相："达弥施将绘画直接视作一种思考的形式，他认为线性透视给艺术家在绘画中提供了一种陈述，画家基于此将心中所想呈现出来，它的运行靠图像所造就的幻想进行，也依赖于观者对幻想世界的参与。"（Damisch，2005，p. 155）这同时揭示了艺术意义传播的一个完整过程，即作为思考的形式，绘画承载着作者的意图表达，并借此符号通达了符号表意的三环节：意图意义—符号意义—解释意义，从而形成一个有效的表意通道。

通过上述观察，达弥施提出了他著名的"艺术智性观"：文艺复兴以来达·芬奇等人对强调绘画智性的传统，表示绘画创作者类似福柯（Michel Foucault）语境中建构的主体，无论对创作者（发送者）还是观看者（阐释者）而言，绘画艺术都是一种主体智性的精神活动。

达弥施选择放弃历时性的艺术史书写，笃定地站在艺术家的观相，借助书写的力量，反转了笼罩艺术史几个世纪的本质主义观点——那种黑格尔式超验的、被动的反映论，并从符号发送者的智性立场，以建构性的艺术符号观相，第一次无比鲜明、有力地勾勒出艺术符号基于发送者的那充满智性的意义面相。

五、艺术符号的能指观相

在皮尔斯符号学中，符号分为像似、指示、规约三大类。"图像性首先就是一种解读模式，它建立在符号和客体之间假设的相似性基础上，这意味着我们要赋予符号一个使其具有重要意义的特征。"（鲍尔，2013，p. 123）

这说明即使绘画作品所指的客体并不存在，图像性也可使绘画成为一个表意符号，符号自有其待解的意义。

而基于符号自身观相的艺术史书写，当属沃尔夫林的风格学研究。风格学在方法论上放弃从艺术作品外部进行美的本质探寻，从唯智主义的逻辑推理转向基于观察的形式分析，其侧重点在于从瓦萨里人物传记的外部叙述转向图像内部结构的视觉考察，凸显"美得以显现的要素"。

沃尔夫林的风格学延续自温克尔曼（Johann Joachim Winckelmann）以来"单一艺术史"的概念，进一步将"艺术的自律性"研究聚焦于艺术风格问题，强调形式本身的价值，提出不做价值判断的纯形式分析。这首先表现为一种对旧价值的消解——纯形式分析本质上是对文艺复兴以来艺术"再现体制论"的某种消解和转换；其次，"'无意义'状态却孕育着意义化的无限可能性"（支宇，2013，p. 20）。这也是从根本上对"表现什么"这个命题中固有的等级观念和价值判断的一种意义消解。这种消解从根本上破除了艺术价值的一元论，转变为更具超越性的意义范畴和价值标准，并为后来意义多元的现当代艺术生发埋下伏笔。

正是源于沃尔夫林通过形式论及风格学这样细微的能指分析与符码探讨，西方艺术逐步建立起一套以艺术形式为中心的"审美体制"。而后，通过对艺术形式的不断阐发、探索，我们才得以建立起一套以"审美体制"为中心的新的艺术史。这一切，都生发自风格史，其研究基于绘画符号能指观相，继而对旧有话语生产体制和意义生成机制进行反抗，并为后来艺术图景的更迭铺垫了意义的基石。

如此看来，沃尔夫林回避意义，专注所谓"纯形式"的艺术史探讨，其结果似乎是生成了更为坚实的艺术史意义书写新面相。此面相是基于艺术符号自身作为能指优势符号的观相而显现的。

余论：符意的澄明

达弥施认为："一部艺术史之所以能够不断翻新，正是因为人们不断地提出新的问题和新的解读。"（达弥施，2002，p. 12）艺术作品是一类特殊的符号，在面对这些符号时，一代代艺术史家们基于各自不同的符号观相，提出新的艺术问题，并据此书写出迥异的艺术史意义面相。这些意义面相的显现，又反过来形塑着真实艺术世界的图景，构成"发送者—艺术符号—解释者—艺术史符号—发送者"这样循环纽结的表意螺旋。

"不追问艺术经典生与死背后复杂的支配性的话语权力与叙事力量，我们永远无法勘破经典的神话。"（彭肜，2010，p. 22）本文以皮尔斯"符号三元说"为据，聚焦艺术史家面对艺术符号时的不同意向关系，考察并梳理了西方艺术史中三类不同意义观相：阐释者的寻意观相，发送者的表意观相，艺术符号的能指观相。在艺术史意义书写与建构过程中，迥异的艺术符号意义面相之所以竞相显现，正源于各派史学家所持隐含或彰明的艺术符号观相。在艺术史的各个时期，各学派虽互有论争与批判，但无论是经验优先还是理性至上，无论是实证分析还是归纳推理，艺术史的缔造者与承继者均不约而同地从艺术符号的不同观相出发，让艺术史意义面相得以言说与书写、形构与显现，绘出交相辉映、意义隽永的画卷。

诚然，"古今中外的学人无一不是自觉或不自觉地在运用某一种'方法'来对待学问，自觉或不自觉地以某种'史观'来审视历史"（黄宗贤，1998，p. 4）。本文意义之说并不在于尝试穷尽艺术史书写的所有观相与块面，而是试图通过梳理，揭示这样一个基于人与艺术符号互动的意义关系：在艺术史的写作中，我们已经用文字形构出由艺术符号通达的那些符号意义活动的某些块面，这些块面通过不同主体对艺术符号的不同观相——基于皮尔斯符号阐释者、发送者或符号自身等多种不同视角的"凝视"，最终得以去蔽澄明，显露各自的面相。

引用文献：

鲍尔，米柯（2013）. 解读艺术的符号学方法（褚素红，段炼，译）. 美术观察，10，121 - 128.

曹意强（2005）. 图像与语言的转向：后形式主义、图像学与符号学. 新美术，3，4 - 15.

达弥施（2002）. 云的理论：为了建立一种新的绘画史（董强，译）. 台北：扬智文化.

段炼（2008）. 视觉文化研究与当代图像学. 美术观察，5，125 - 128.

段炼（2013）. 绘画图像的符号化问题——视觉文化符号学的读图实践. 美术研究，4，59 - 63.

范景中（2007）.《图像学研究》中译本序. 新美术，4，4 - 12.

贡布里希，E. H.（1990）. 象征的图像（杨思梁，范景中，编译）. 杭州：浙江摄影出版社.

黄宗贤（1998）. 美术学呼唤多元研究模式. 艺苑（美术版），4，23.

金炳华（编）（2001）. 哲学大辞典（上、下册）. 上海：上海辞书出版社.

李科林（2017）. 欲望的生产原理——德勒兹关于现代社会的批判思想. 马克思主义与现实，3，116 - 123

李雪月（2020）. 论贡布里希的面相知觉. 上海师范大学.

鲁明军（2013）. 视觉叙事与绘画史句法新探——围绕达弥施"云的理论"的讨论. 文艺研究，7，119 - 127.

陆正兰，赵毅衡（2021）. 艺术符号学：必要性与可能性. 当代文坛，1，49－58.

米歇尔，W. J. T；段炼（2020）. 图像学3.0版：我们时代的图像理论. 世界美术，4，2－10.

彭佳（2021）. 传播符号学：一个学术史的考察. 西北师大学报（社科版），1，46－56.

彭彤（2010）. 追问"艺术经典"：从"经典化"到"去经典化". 美术学报，2，20－22.

皮尔斯，C. S.（2014）. 皮尔斯：论符号（赵星植，译）. 成都：四川大学出版社.

沈国琴（2018）. 卡西尔的语言哲学探析. 外语学刊，202，1－6.

孙慧（2012）. 在现代西方哲学语言转向中重新审视卡西尔. 理论月刊，9，58－62.

孙迎辉（2015）. 文学视角下的瓦萨里《艺苑名人传》. 北京外国语大学.

孙周兴（1996）. 海德格尔选集. 上海：上海三联书店.

吴琼（2016）. 上帝住在细节中：阿比·瓦尔堡图像学的思想脉络（上）. 文艺研究，1，19－30.

吴永强（2020）. 对审美现代性的知识论考察. 社会科学研究，2，164－169.

薛富兴（2019）. 环境美学视野下的自然美育论. 福建师范大学学报（哲学社会科学版），
5，85－95＋169.

易英（2003）. 图像学的模式. 美术研究，4，94－97.

张坚（2014）. 风格：从历时到共时. 文艺理论，5，124－134.

赵亚珉（2003）. 接受反应文论中的读者概念解析. 河南师范大学学报（哲社版），5，121－123.

赵毅衡（2015）. 意义标准：探索社群与解释社群. 文化研究，2，100－115.

赵毅衡（2017）. 哲学符号学：意义世界的形成. 成都：四川大学出版社.

赵毅衡，陆正兰（2015）. 意义对象的"非匀质化". 中国人民大学学报，1，2－9.

支宇（2013）. 物解放、物探索与人的自由. 探索与争鸣，12，20－22.

朱立元（编）（2014）. 美学大辞典. 上海：上海辞书出版社.

Damisch, H. & Bann, B.（2005）. Hubert Damisch and Stephen Bann：A Conversation.
Oxford Art Journal，2，157－181.

Panofsky, E.（1983）. *Meaning in the Visual Arts*. Chicago：University of Chicago Press.

作者简介：
　海维清，博士研究生，四川大学艺术学院副教授、硕士生导师，研究方向为艺术符号学、舞蹈传播符号学、舞蹈美学。

Author:
　Hai Weiqing, Ph. D. candidate, associate professor of Arts College, Sichuan University. His research fields are semiotics of art, semiotics of dance communication and aesthetics of dance.
　E-mail: 23240918@ qq. com

传播符号学 ● ● ● ● ●

From a Mystery to a Myth: How the Panda Was Established as a Symbol of China

Peng Jia   Yuan Ting

Abstract: In recent decades, the panda has been established as a national "sign of China". However, the panda was seldom ever mentioned in the historic records from ancient to recent times. The very few possibly relevant descriptions of panda-like animals seem to portray ambiguous mythic creatures. The naming, re-naming, symbolisation and re-symbolisation of the panda has involved several stages of semiosis. An exploration of this process reveals the ways in which historical contexts and the aesthetics of popular culture have combined to reinterpret the panda from a little-known, seemingly magical creature to an animal of great symbolic importance for the nation. This detailed examination of the great panda explores how a wild creature in nature became established as a symbol with multiple cultural connotations.

Keywords: panda, naming, symbolisation, semiosis

DOI: 10. 13760/ b. cnki. sam. 202102010

Panda has become a sign that is immediately identified as China itself when the country engages with the wider world. This fact is evidenced by a business phenomenon: Since the 1970s, panda mania has been sweeping across the globe, incentivizing Chinese companies to market a whole range of products including cups, cigarettes and gold nib fountain pens under a brand of panda. This marketing strategy is such a success that in 1978, just one year alone, Yangzhou Toy Corporation exported several million panda toys to European and North American markets where consumers gave this animal-shaped gift to their children as a daily companion (Huang, 1979). The 21st century witnessed enormous enthusiasm to represent the panda in much more diversified forms. Animation movie *Kung Fu Panda* premiered in the United States in 2008, performing much better than anyone had been expecting. The film topped the box office in its opening weekend, instantly sparking a new panda mania around the world. It grossed a worldwide total of $631.7 million and broke a number of records as one of the most profitable movies (Box Office Mojo, 2021). The film's financial success has drawn people's attention to China's Sichuan province, the world's largest habitat with the most robust ecosystem for the panda. In 2006, under a joint initiative coordinated by the provincial government, these areas were included in the World Heritage List (The Sichuan Panda Sanctuaries). In the same year, for the first time the government made the implementing of "Panda Brand Strategy" as one of major strategies that help drive economic and social development. This decision ensures that the panda, as a concept-based brand in alignment with China's Scientific Outlook on Development, will be identified as an enduring mission statement of Sichuan in its efforts to protect the environment, pursue harmony, and promote openness (Jian & Wang, 2013). In 2018, Chengdu, capital city of Sichuan, launched a program to design the city into a "Capital of Panda". The idea behind such initiative is that a friendly city has two dimensions: human-friendly and animal-friendly. The organic participation between the two aspects makes sustainable development possible.

Panda is a sign of tenderness and cuteness. From the biological perspective, however, such a symbolic meaning is misleading. Chunky and meat-eating, the panda can be as dangerous as any other wild animals. In fact, it has the strongest molars among carnivores. In its early history of evolution, panda choosed meat as staple diet. These facts make us wonder how come the stark contrast between human perception and biological reality. How were biological traits obliterated during the process of symbolization? How are new features explored, symbolized and ultimately constructed into a mythology?

I. Panda and Panda Diplomacy: A Bone of Contention

Panda diplomacy can be traced back to 1941 during China's Republican Era

(1912 – 1949). After the People's Republic of China was founded, panda diplomacy has become a hallmark of how China deals with foreign countries. To be more specific, panda diplomacy has undergone three phases. The latest one is clear proof that China stands ready to forge relationships built on trust, integrity and reciprocity (Buckingham, David & Jepson, 2013). Given its unusual traits in animal world and symbolic role in the Chinese culture, the panda has become an important cultural icon and a valuable resource for China to shape its soft power (Lee & An, 2017). Deep meanings carried by this animal have been explored by scholars like Zhang Zheng and Liu Yutan who delved into reports in China's foremost newspaper *People's Daily* running for seven decades and reached a conclusion that changes in panda's media image strikingly parallel stages of Chinese growth. Such close similarity signifies a shift from a biological entity to a set of meanings and concepts, creating a productive interplay between media and society. Meanwhile, as China's national sign, the panda not only helps the country present its image as a peace-loving nation, but also promotes cooperation between China and international organizations, and coordinates efforts from all stakeholders in fields like animal protection (Wang, 2016).

Though leveraged as an effective means, panda diplomacy also invites some negative views. For example, Rosemary-Claire Collard criticized that such diplomacy shows a disregard for animal life, remarking that "[a]nimals work under capitalism for free, and are predominantly disposable workers in a manner similar to and different from the disposable women who Wright observes are fundamental to the workings of capital and labor in Mexican maquiladoras" (Collard p. 230). Lina found that when describing China-Africa relations, Western media inclined to use panda, dragon, beast and other animals as metaphors to symbolize China, while indicating Africa with baby and unsophisticated adult. The image of panda nibbling on bamboo is not a rare occurrence in reports to suggest that China has a steady source of oil supply from Africa (Benabdallah, 2015). Research done by Henry Nicholls shows a neutral tone. The scholar sees the panda as an index for China's diplomatic relations. He constructed a framework to examine how the panda was being gradually politicized in modern China (Nicholls, 2011). But as for how the animal is transformed from a mythological figure to a political sign, and then to a cultural sign that appeals to the popular taste, few scholars have explored the process of symbolization and changes in symbolic meanings from the perspective of semiotics, which is to be discussed in the following paragraphs.

II. Naming and Description of Panda in Ancient China: A Mysterious Creature

Though hailed as a national treasure in modern China, the panda was not mentioned much in historical records. A handful of accounts show a clear contrast between how the panda had been observed and referred to. Nevertheless, it has been widely acknowledged that terms like *mo* (貘) and *pixiu* (貔貅) are modern equivalents of the panda. The first mention of the panda was made in Sima Qian's masterpiece, *Records of the Grand Historian*. Among its first section "Annals", the first essay "Annals of the Five Emperors" records "Yandi (Flame emperor) wished to oppress the princes, so they turned to Xuanyuan, who practiced virtue, marshalled his men, controlled the five elements, cultivated the five kinds of grain, pacified the nations, and went over all parts of his country. Training black bears, grizzly bears, *pixiu* (貔貅), foxes, panthers, lynxes, and tigers, he, with their aid, fought with Flame Emperor in the desert of Banquan, and, after three battles, realized his wishes." It shows that as early as 4,000 years ago, tribal chiefs and emperors had tamed ferocious beasts like *pixiu* (貔貅), panthers and bears to secure victory. *Book of Historical Documents*, written in the early years of the Western Zhou dynasty (c. 1045 BC −771 BC), reads: "My brave men, be energetic! Display a martial bearing. Be like tigers and *pi* (貔), like bears and grizzly bears, in the borders of Shang." This is a pep talk delivered by King Wu before a decisive battle against imperial army of the Shang dynasty (c. 1600 BC − 1046 BC). In his speech, King Wu motivated soldiers to be as daring as the above mentioned animals. These records from the dim and distant past suggest that ancient Chinese saw the panda as fierce as panther and bear, which are all symbols of extraordinary strength and deterrence. Other texts that include observations of the panda is the *Classic of Mountains and Seas*, a compilation of mythic geography and beasts written during the Warring States Period (475 BC − 221BC). The second volume "Western Hill Classic" of the book was annotated by Guo Pu (2019, pp. 58 − 59), one of China's foremost commentators on ancient texts during the Eastern Jin period (317 − 420), who remarked "A ferocious animal resembles both panther and bear, but is smaller than the two beasts. With a light-colored and glossy coat, this animal eats snake and metal. Its natural habitat is located in central parts of Sichuan. In my opinion, it is more likely to be true that the above-mentioned panther is tiger." It can be seen that at that point, the panda was not only seen as a ferocious beast, but also be demonized, since no animal can feed on metal. In other words, those historical records tried to represent the panda in a simplistic manner and compared its physical similarity with other wild beasts, leaving readers with a vivid impression that the panda is as mighty and fierce as other forest animals. As a result, when people see characters like *mo* (貘) and *pixiu* (貔貅), they have an instant visualization of the panda, making an immediate co-reference between words and objects.

Do the images captured by the texts equate to the panda we see today? The answer is a no-brainer. Given how limited their knowledge about the world they lived in, ancient Chinese had only second-hand information about the panda whose physical features, body length, coat color and eating habits were shrouded in myths and half-truths. These distorted views explain why pictures about *mobao* (貘豹) drawn in books that were contemporary with the *Classic of Mountains and Seas* is more like the panther (see Figure 1), but clearly different from the panda we see today. Without intimate knowledge about the panda, people were inclined to compare what they imagined with what they already knew, using the same sign for different species. Thus, signifier and signified are not exactly the same thing, but represent an overlapping correlation between similar signifier group and signified group.

Figure 1 *Mobao*(貘豹) **illustrated in** *Detailed Annotations of the Classic of Mountains and Seas* **(2019, p. 58)**

If we consult the *Explaining and Analyzing Characters*, the oldest comprehensive Chinese character dictionary compiled in the Eastern Han dynasty (25 – 220), we know what the term *mo*(貘) means: A yellow-and-black animal resembles bear and lives in central parts of Sichuan. The term *pi* (貔) has a different meaning: A ferocious animal belongs to panther family, and resembles raccoon dog (Xu, 2003, p. 257). These two definitions show that ancient Chinese began to understand that *mo* (貘) and *pi* (貔) were two different animals, noticed the uniqueness in the panda and designated a clear sign for it. It is not hard to see that the definition of *mo* (貘) is more like what we know about the panda. During Emperor Qianlong's reign (1735 – 1796), accounts about panda were made in places like Hunan and Chongqing. As in Hunan, Lizhou Chorography reads, "A strong animal, *mo* (貊) is a bamboo eater, distinguished by its rough hair and yellow and black coat which can be made into a rug. When one sleeps on it, the hair will stand erect when emergency happens. This is reported in Yongding. " As in Chongqing, Youyang Chorography comments, "*Mo*(貘) eats metal. In the early years of this dynasty, someone noticed this unusual eating habit in places like Xiaoba in northern Zhili Prefecture. " (Hu, 2001, p. 4) At this point, names and physical features of the panda are more or less uniform in historical records. Ancient Chinese had developed a deeper understanding of the panda, but it was still perceived as a mysterious creature. It is also worth noting that characters like *mo*(貘), *mo*(貊) and *pi*(貔) share the same radical "豸", a symbol of beast defined by Chinese writing system, indicating the biological classification of the panda. As naming as an initial stage of semiosis indicating classification, although the panda had no precise name at that time, the vague signifier highlights its biological traits as a ferocious animal.

III. Naming of Panda in Modern China: A Taxonomy Puzzle

Western naming method of animals was invented by Carl Linnaeus. In his book *Systema Naturae* (1758), Linnaeus named animals in two parts, a capitalized genus name followed by a lowercase specific name, with both names in Latin. In fact, this binomial nomenclature was first adopted in botany. Two words are adequate to name any species, with the former indicating classification and the latter for description. Thus a standardized system is ready to maintain the order of nature. As the panda was a new specie discovered by Western scientists, it was identified and named according to the rules set by Carl Linnaeus.

In the spring of 1869, French naturalist Armand David first saw panda during his scientific expedition in Sichuan. He named it *"Ursus melanoleucus"* by following the rules for binomial nomenclature (Barua, 2020). *"Ursus"* is a Latin word for bear, and "melanoleucus" is derived from an ancient Greek compound for black and white. This naming method classifies the panda as bear, as the two animals share physical similarity. But when he reported the discovery to zoologist Alphonse Milne-Edwards who conducted orthopedic and dental identification of the specimen, Milne-Edwards pointed out that the creature shares more traits with the raccoon family. Thus another name was given: *Ailurus melanoleuca*, with *Ailurus* meaning the raccoon family (Schaller, 1985, p. 225). His insight was shared by a growing number of scholars who believed that unlike other bears, the panda has a mysterious thumb, or enlarged radial sesamoid, in its forefoot. This thumb enables the panda to climb trees and manipulate bamboo stalks with surprising dexterity (Gould, 2008, p. 3 − 5). This compelling evidence ensures the panda was removed from the *Ursidæ* (the bear family) and placed in the *Procyonidæ* (the raccoon family). Both bears and raccoons are meat eaters. But the latter are smaller, have mottled facial hair, can either live up in trees or on ground, and are more omnivorous. These features can also be found in the black-and-white panda, necessitating the renaming effort. A finer line was drawn between the panda and its relative living in the Himalayas, with the former being identified as panda or cat bear, and the latter as little panda or red panda (Hu, Liu & He, 1990, p. 6). The differentiating process indicates that Western scientists adopt a rigorous system that not only takes into account whether signs resemble and indicate things, but also aims to express natural world in a clear and logical way (Peng, 2018).

In contrast, ancient Chinese used phonetic naming method to indicate animals and plants. That is, semantic component symbolizes meaning while phonetic component suggests pronunciation. *The Compendium of Materia Medica*, a Chinese herbology volume written by Li Shizhen during the Ming dynasty (1368 − 1644), represents a step forward. In the first part, "An Analysis of the Different Names of Drugs", the author used the combination of genus and species for biological classification (Lan, 1989). This dichotomy looks like the binomial nomenclature, but a closer scrutiny reveals a marked difference. The Chinese method reflects what Chinese characters can do. For example, ancient names of the panda, including *mo* (貘), *mo*(貊) and *pi*(貔) have "豸" as radical to indicate large size and ferocity. Such descriptive method is well received in modern China. For example, the panda is commonly referred to as *baixiong* (white bear) or *huaxiong* (spotted or patterned bear), simply because the black-and-white panda looks like bear. In sum, compared to Western method which is based on the scientific classifying codes, Chinese naming practice gives more consideration to physical similarity between the signifier and signified, thus more of the characteristics of icons.

Based on Edward's reclassification, Chinese scientists abandoned popular reference in ancient times, and literally translated Western classification into Chinese to indicate new discovery in modern era. However, due to the differences in Chinese and Western nomenclature and linguistic expression, modern Chinese scholars had been divided on whether the panda is designated as *xiongmao* (bear cat) or *maoxiong* (cat bear). Zhang Hequan (2000) asserted that the difference between the two appellations cannot be reduced to the order of the two characters: *xiong* and *mao*. The difficulty arises both because the Chinese terms are ambiguous and because panda's traits fit multiple categories, creating a classification puzzle (Zhang, 2000). To name a thing in Chinese language, researchers have to use modifier morphemes to indicate traits, which is followed by morphemes to represent genus and species. This system means that *xiongmao* is bear-like cat, while *maoxiong* is cat-like bear. In other words, the two names suggest biological origin and family relationship. Difficulty in clear distinction also confused Western academics. British and American scientists maintained that the panda belongs to the raccoon family (*Procyonidæ*), while researchers on the European continent asserted that the panda is *Ursidæ*. Chinese researchers have not reached consensus on biological origin of the animal. In 1993, Huang Wanbo conducted an in-depth analysis of fossils and existing species of panda, red panda and bear by employing electron microscope scanning technology, and reached a conclusion that the panda and its ancestors were different from bears. Therefore, it is necessary to have a separate panda family. (Huang, 1993) In most cases, however, sound scientific analysis does not equate with popular sentiment. Nowadays Chinese people have perceived the panda more like cute cat rather than formidable bear.

Public sentiment has, to some extent, mirrored the lack of definitive conclusion of how to classify the panda among scholars both at home and abroad. In Chinese language, the name is *xiongmao*, literally translated as "bear cat". Similar ambivalence is also shared by Chinese dictionaries. The earliest reference is made by *Comprehensive Chinese Dictionary* which was compiled in 1915 and published in 1935. The panda was illustrated as the red panda. In *Chinese Dictionary and Encyclopedia of Words* published in 1938, the panda was described properly, leaving no room for misunderstanding. The reference change in dictionaries not only reflects the expansion of human knowledge in the taxonomy of the panda, but also affects the process of its symbolization which in turn deepens researchers' understanding of how to use a rigorous scientific methodology to classify species. In this sense, life and sign are closely intertwined. In the case of the panda, as its representation was being transitioned from a short-lived "primary nature" to a meaning-laden sign, humans have constructed a collection of type descriptors that can be identified with. Since every type descriptor is represented by a typical example, the latter is a "copy" of the former (Peirce, 2014, p. 50). Therefore, when hearing a black-and-white creature is described as being cute and adorable, or words like panda and cat bear, people will intuitively know what object it is based on pre-established rules.

Such spontaneity means that the second phase of the semiosis of panda is complete. The image of the panda is no longer a vague inference, but a clear representation. Put another way, the panda no longer lives in the imaginative realm created by historical records and paintings, but is clearly defined. This is achieved by observing physical traits and adopting general rules for taxonomy. In this way, humans interpret a sign and use it to indicate a certain object (Peirce, 2014, p. 60). The image of the panda is, therefore, arbitrarily associated with its signifier.

Ⅳ. Symbolisation of the Panda: A Political Icon

During the Western Jin dynasty (265 – 317), the bamboo-eating panda had been known as *zouyu*, serving as a symbol of peace. That means when one warring party holds high a *zouyu*-patterned banner, the other party is expected to recognize such move as overtures and stop fighting (Hu, Liu & He, 1990, p. 4). This is clear proof that an animal as gentle and lovable as the panda has long been recognized as a symbol of peace and amity. This symbol is acknowledged by China's close neighbor Japan whose *Annals of Imperial Family* records that on October 22, 685, during the reign of Empress Wu Zetian (the sole female monarch in Chinese history), China sent two live pandas and 70 panda pelts to Emperor Tenmu(Hu, Liu, & He, 1990, p. 6). This is the earliest record about state-gift pandas. It shows that this animal assumes both biological traits and a social sign, becoming a political symbol that can help both sides expand common ground.

But panda as a political icon of peace in the international arena is not recognized until 1941 when China's National Government appointed Mme. Jiang and Mme. Kong as representatives to present two pandas as "valuable state gifts that are intrinsically Chinese" to the United States to express gratitude for the United China Relief which supported China during the Second World War with medical equipment, medicine, food, cash and other much-needed supplies (Zhao & Zheng, 2017). This gifting event ushered in an era of Panda Diplomacy in modern China. The event grabbed headlines in the United States. *The New York Times* made a series of reports. One of them said: "In a fifteen-minute ceremony today Mme. Chiang Kai-shek and Mme. H. H. Kung presented two pandas, the thirteenth and fourteenth ever reported captured, one each to the United China Relief Organization in the United States and the Bronx Zoo of New York City. " (*The New York Times*, 1941, November 10) *Washington Post* noticed a "maniac" attitude shown by America's general public towards the panda which was portrayed as being one side of China: lovely but not pedantic, kind, gentle and approachable. On its issue of December 31, 1941, *The New York Times* commented: "Two lovable bundles of black and white fur were deposited at Bronx Zoo yesterday, a gift from the Chinese people to the children of America in appreciation for their gifts to the Chinese war relief. Mme. " (*The New York Times*, 1941, December 31) When it becomes the companion of the children of America, panda is fully recognized as being tender, cuddly and innocent. Accordingly, China is further perceived as being friendly and peace-loving.

From the standpoint of biology, the panda is a ferocious carnivore. This attribute can also be seen from the nomenclature. Then why did the National Government offer panda gift as a gesture of thanks? There are two reasons. First, because of its rarity, the panda is seen as a mysterious creature that arouses people's enthusiasm to learn more about the East. If such creature is chosen as a state gift and designated as a sign to forge diplomatic ties, it speaks volume about the Government's eagerness to repay the kindness of the United China Relief during the Second World War. Second, during the war, the panda had become a symbolic representation of China's nationhood. Though in fact a carnivore, the panda simply eats bamboo. The vegetarian diet and cuddly appearance inspire affection in people, and the creature is slow-moving and procreates little. Therefore, it was once identified as an endangered species. In the meantime, contemporary Chinese culture had been received by Westerners as being graceful, gentle or even vulnerable. Similarly, precarious situation was encountered by Chinese people during the Second World War when the country was plunged into the darkness of domestic turmoil and Chinese people were taken advantage of by Japanese aggressors for vulnerability. By borrowing the image of the panda as both being adorable and vulnerable, the National Government attracted attention of the international community to notice the difficult situation China was in and to show China's willingness to align with the Allied powers. As Barthes (2016, p. 139) believed that myth is a type of speech defined by its intention much more than by its literal sense, here the myth and speech about the panda provides a metaphorical framework to reframe the following narratives. Panda is gentle and lovable, and Chinese culture resonates with Westerners. Ming the panda enjoyed a life of ease at London Zoo, while China and Britain were undaunted by the German Blitz. This cohesive framework serves as an "intended interpretation" for Westerners to interpret panda sign and its symbolic meanings.

The state-gift panda is essentially a tie-sign that connects countries. China used this sign to express its willingness to engage with other countries. In other words, panda sign becomes an effective means to forge ties. This sign had been well received by Western countries where a panda mania reached such a pitch that the Chinese government sent its ambassador of peace to these countries on multiple occasions. In this way, panda had fully become a national icon to aid the country's political endeavor. Between 1957 and 1982, twenty-three pandas were offered as gifts to nine countries, namely, the Soviet Union, Korea, the United States, Japan, France, the United Kingdom, Mexico, Spain, and Germany. Later, out of the concern for species conservation, in 1982, China decided to stop panda gifting overseas for deepening political ties. The approaches of "loaning" and "cooperative research" were adopted to continue panda diplomacy. As Zhao Yiheng put it, symbolization can be achieved through "collective reuse". The accumulation of meanings creates the panda sign as political friendship (Zhao, 2011, p. 208).

In 1961, panda's rarity, tenderness and cuteness convince the World Wildlife Fund for Nature (WWF) to designate the panda as the featured animal on the logo of the organization, a symbol that can fully express oneself and overcome all linguistic barriers. WWF 's choice suggests that the panda has "nonhuman charisma" (Lorimer, 2007) which renders its biological meaning being gradually marginalized. In the meantime, the interpretant of the creature enters into semiosis as the "Ambassador of Peace", "National Icon", and other deeper political connotations. Panda's affability and gentleness is congruent with traditional Chinese philosophy that emphasizes the value of the golden mean. That is the very reason why, during panda's symbolization process, the imagination of "lovely" and "benign" is being exaggerated while the fact of carnivore and aggressiveness ignored. From this point of view, we can see that sign generation is a process of constant partialization and directional collection of related meanings (Zhao, 2011, p. 38). Throughout this process, panda as symbol of political friendship has been well received by most countries. BBC even called panda "China's cutest peacemakers". This process also produces a metonymy: By connecting panda with other signs of Chinese culture, sign constructors ensure Chinese culture reaches more foreign audiences. For example, one of five mascots for Beijing 2008 Olympic Games is Jingjing the panda (see Figure 2). This image is a creative fusion of lotus pattern in Song dynasty porcelain, Olympic rings and mountains, rivers and seas represented in Chinese art. Jingjing is a symbol of happiness and harmony, making it more approachable to foreign audiences.

This is the third phase of the construction of panda sign. In special historical context, this process represents the interaction between the shaping of panda sign and the interpreting of Chinese culture as being peace-loving and non-aggressive. When the process was complete, panda sign is increasingly being influenced by business campaigns and aesthetics of cuteness, thus becoming an important symbol for popular culture.

Figure 2   Jingjing the Panda, One of Five Mascots for Beijing 2008 Olympic Games

Ⅴ. Re-symbolization of the Panda: A Myth of Cuteness

As early as in the 1980s, the panda had become a sign that leads to instant association with all aspects of China including politics, economy, society and culture. Since September 15, 1982, the People's Bank of China has successively issued Gold Panda coins in Hong Kong and overseas (see Figure 3). The obverse is the depiction of the Hall of Prayer for Good Harvests in the Temple of Heaven, while the reverse bears a pattern of panda and green bamboo. *Jingjing and the Panda Patrol* (see Figure 4) is a 1996 animated TV series created by Beijing Golden Panda Animation Company and dubbed by Saban Entertainment (an American-Israeli television production company, with current legal name as BVS Entertainment, Inc.). The naturalistic panda on the gold coin and the anthropomorphic one in the TV series have one thing in common. Panda sign is represented by cubs on most occasions, providing a visual feast influenced by the aesthetics of cuteness which has gained enormous popularity in recent years. The definition of "cute" in *Oxford English Dictionaries* is "Used of things in same way as cunning a. 6. Now in general colloq. use, applied to people as well as things, with the sense ' attractive, pretty, charming'; also, ' attractive in a mannered way'." (Simpon & Weiner, 2009, Vol. 4, p. 179) The aesthetics of cuteness employs beautiful or likable elements that can achieve powerful visual effects to arouse recipients' positive emotions. These elements include round face, baby-like or childlike body, and simple, weak and clumsy behaviors. This concept originated from a Japanese term "kawaii", whose early manifestations include anime character Hello Kitty and game character Pokemon. Both of them are small, cute, childlike, clumsy and shy, evoking sympathy and affection in viewers. Such characters mirror the development of Japan's teenage-oriented anime industry (Gn, 2006, p. 192).

Figure 3　Gold Panda Coin　　　　　Figure 4　A Frame in *Jingjing*

There is a causal relationship between the aesthetics of cuteness and business culture. The former mass-produces characters to satisfy consumers' emotional expectations. "One of the most distinguishing features of symbolic consumption is consumers' emotional satisfaction." (Han, 2019, p. 101) Keenly aware of the aesthetics of cuteness and viewers' emotional expectations, practitioners of films, advertisements and other creative industries present the panda as a clumsy and adorable child. Since the beginning of the 21st century, this aesthetic principle has been embraced by worldwide producers who integrate panda sign into popular culture. For example, *Kung Fu Panda* series (see Figure 5), *We Bare Bears* series, and *Shirokuma Cafe*. Special mention should be made to *Kung Fu Panda* series, an unexpected combination of clumsy panda with agile Kung Fu. These two Chinese signs are integrated into a Hollywood narrative centered on the metaphor of the hero's journey. This ingenious approach incorporates two contradictory meanings, generating new signs that blend a new version of cuteness aesthetics with the mystique surrounding Chinese Kung Fu. As cuteness aesthetics fuels business success, it comes as no surprise that cultural and creative products inspired by *Kung Fu Panda* provide fresh impetus to cultural consumption (see Figure 6). Panda-inspired products have distinguished themselves from other signs, creating a niche market of cuteness and amusement.

Figure 5　*Kung Fu Panda* 3 Poster　　Figure 6　Cultural and Creative Products

Inspired by *Kung Fu Panda*

With business acumen, cultural enterprises in Sichuan blend panda sign in urban spaces, attracting worldwide panda lovers to visit. Thus the commercial value of panda is fully realized. Programs initiated by local government add a new impetus to cultural industry. "Strategy of Building Chengdu into an Idyllic Cosmopolitan" was formulated. In 2010, the initiative of "Searching Guardians Worldwide to Protect Panda" was launched in Chengdu. In October 2013, the world's first Panda Post was unveiled in the city. This post office aims to let more people know why Chengdu is steeped in culture, why panda has enduring appeal, and what postal service customers can enjoy. In other words, this space ensures visitors resonate with the city that holds unique appeal for modern tastes. By combining the image of affable panda and local cultural elements, decision makers in Chengdu enable the city to reach international audiences who become more conscious of the fact that Chengdu is the only place where one can fully appreciate the unique charm of the panda. A panda-themed urban green space was redeveloped to make the city a better place. The previous space was added with groves of bamboo, a wide variety of trees and flowers, landscapes that are both ornamental and functional, fitness facilities and open-air museums. This space is interspersed with all kinds of panda sign to ensure visitors instantly recognize Sichuan as the hometown of panda. This practice of using panda as a local cultural sign and achieving space re-sematization is clear proof that space can be created by following the logic of sign construction. Such construction can be seen and criticized as a manifestation of the capitalist business logic that was criticized by Henri Lefebvre, yet, as any cultural phenomenon could be an appropriation of the manipulating logic, a new cultural identity could be possibly established as the panda is accepted and embraced as a beloved pet by both the national and local community.

VI. Conclusion

Globalization accelerates the dissemination and exchange of cultures. The panda, as China's national symbol and manifestation of cuteness aesthetics, has built momentum for new forms of business. Through the lens of sign construction, we can see that panda symbolization is a dynamic process consisting of four phases: a mystical creature, a scientific classification, a political icon and a symbol of cuteness. During this process, panda has been transformed from a biological entity to a cultural sign. Western nomenclature is prone to partialization. That is, people tend to perceive panda as a cute cat, rather than a ferocious beast. Such favorable impression is further enhanced by a special context in which panda had become an icon of political friendship as China allied with other countries to secure victory over Japanese aggressors. Under the influence of cuteness aesthetics, panda assumes more childlike attributes which are synthesized with other elements in traditional Chinese culture. As a result, panda sign is renewed as a cultural symbol embraced by people around the world. The process of panda symbolization sheds revelatory light on how original features of a biological entity are obliterated and added with other characteristics step by step. As a sign is constantly partialized, intended interpretation exerts its influence, meanings are enhanced, and new symbolic meanings are generated out of newly superimposed words.

References:

Barthes, R. (2016). *Mythologies* (Tu, Y. X., Trans.). Shanghai: Shanghai People's Publishing House.

Barua, M. (2020). Affective Economies, Pandas, and the Atmospheric Politics of Lively Capital. *Transactions of the Institute of British Geographers*, 45, 3, 678 – 692.

Benabdallah, L. (2015). Political Representation of China-Africa: The Tale of a Playful Panda, or a Threatening Dragon?. *Africa Review*, 7, 1, 28 – 41.

Box Office Mojo (2021, Feburary 15). Kung Fu Panda. *Box Office Mojo*. Retrieved from https://www.boxofficemojo.com/release/rl3562833409/?ref_ = bo_ rl_ tab#tabs.

Buckingham, K. C., David, J. N. W., & Jepson, P. (2013). Environmental Reviews and Case Studies: Diplomats and Refugees: Panda Diplomacy, Soft "Cuddly" Power, and the New Trajectory in Panda Conservation. *Environmental Practice*, 15, 3, 262 – 270.

Collard, R. C. (2013). The Panda Politics. *The Canadian Geography*, 57, 2, 226 – 232.

Gn, J. (2016). Functional/Dysfunctional Beauty: On the Creation and Commodification of Cuteness. In Alberto Ferreira & Lucy Moyse (Eds.). *Cosmetic, Aesthetic, Prophetic: Beyond the Boundaries of Beauty*, 191 – 200. Oxford: Inter-Disciplinary Press.

Gould, S. J. (2008). *The Panda's Thumb: More Reflections in Natural History*. Hainan: Hainan Publishing House.

Guo, P. (2019). *Detailed Annotations of the Classic of Mountains and Seas*, Luan B. Q. (Ed.). Beijing: Zhonghua Book Company.

Han, H. (2019). Fashion Culture in the Late Qing Dynasty and Modern Cultural Industries in China: From the Perspective of Symbolic Consumption. *Signs & Media*, 10, 1, 169 – 184.

Hu, J. C. (2001). *Daxiongmao Yanjiu [A Study of Panda]*. Shanghai: Shanghai Scientific & Technological Education Publishing House.

Hu, J. C., Liu, T. C., & He, G. X. (1990). *Giant Pandas with Graceful Bearing* (Zan, Y. M., Trans.). Chengdu: Sichuan Publishing House of Science & Technology.

Huang, J. C. (1979, June 15) Why Can "Red Panda" Sell Well On Several Continents?. *The People's Daily*, C2.

Huang, W. B. (1993). The Skull, Mandible and Dentition of Giant Pandas (Ailuropoda): Morphological Characters and Their Evolutionary Implications. *Vertebrata Palasiatica*, 31, 3, 191 – 207.

Jian, L., & Wang, F. (2013). Explore the Way to Spread the Panda Culture and Enhance the Image of Sichuan. *Journal of Chinese Culture*, 20, 7, 176 – 180.

Lan, Y. H. (1989). The Ancient Chinese Method of Naming Plants and Animals as Found in the Shi Ming of the Ben Cao Gang Mu. *Studies in the History of Natural Sciences*, 8, 2, 166 – 170.

Lee, Y. S., & An, N. (2017). Chinese Culture Icons: Confucius and Pandas. *The Journal of Foreign Studies*, 42, 429 – 458.

Lorimer, J. (2007). Nonhuman Charisma. *Environment and Planning D: Society and Space*, 25, 5, 911 – 932.

Nicholls, H. (2011). *The Way of the Panda: The Curious History of China's Political Animal*. New York: Pegasus Books.

Peng, J. (2018). Moss as A Symbol: The Generation of an Aesthetic Tradition. *Research on Sinoforeign Literary & Arts Theories*, 10, 1, 5 – 26.

Peirce, C. S., & Liszka, J. (2014). *C. S. Peirce: On Signs* (Zhao, X. Z., Trans.). Chengdu: Sichuan University Press.

Schaller, G. B. (1985). *Giant Pandas of Wolong*. Chicago: University of Chicago Press.

Sima, Q. (2018). *Records of the Grand Historian*. Beijing: Party Building Books Publishing House.

Simpon, J., & Weiner, E. (2009). *Oxford English Dictionary*. Oxford: Oxford University Press.

The New York Times (1941, November 10). Two Pandas Are Presented to Bronx Zoo by Chinese at Ceremony in Chungking.

The New York Times (1941, December 31). Zoo Gets Pandas; Debut is Formal; Presentation of China's Gift to America's Children Made by Dr. Tsune-chi Yu.

Wang, S. C. (2016). Using "Panda Diplomacy" Actively to Enhance China's Image of Peace. *Public Diplomacy Quarterly*, 7, 2, 20 – 24, 124.

Xu, S. (2003). *Explaining and Analyzing Characters*. Shanghai: Shanghai Educational Publishing House.

Zhang, H. Q. (2000). "Xiongmao" "Maoxiong" and Others. *Journal of Liaocheng University (Social Science Edition)*, 14, 4, 106 – 107.

Zhao, L. J., & Zheng, B. W. (2017). Research on "Panda Diplomacy" From the Perspective of National Image. *Journalism Lover*, 32, 12, 15 – 19.

Zhao, Y. H. (2011). *Semiotics: Principles & Problems*. Nanjing: Nanjing University Press.

Author:

Peng Jia, professor of School of Journalism and Communication, Jinan University. Her research fields are semiotics and art criticism.

Yuan Ting, graduate student of School of Journalism and Communication, Jinan University. Her research field are semiotics and cultural studies.

作者简介：

彭佳，暨南大学新闻与传播学院教授，研究方向为符号学和艺术批评。

袁婷，暨南大学新闻与传播学院研究生，研究方向为符号学和文化研究。

E-mail: jiapeng@ jnu. edu. cn; yuanting@ stu2019. jnu. edu. cn

从胡塞尔现象学出发论表意过程与编码－解码之区别*

董明来

摘　要：本文认为，从现象学的角度来说，表意的本质乃是含义意向；而即使未曾面对任何一个具体存在的他人，主体仍然可以运用表意规则进行含义意向。表意的本质将其与编码和解码过程区分了开来：信息论和符号学中的编码－解码过程，总是涉及信息或者意义在实存的不同位置或主体之间的交流。因此，本文认为，当代符号学研究中的许多案例，实际上混淆了意义的生成与意义的交流。

关键词：编码，解码，现象学，胡塞尔

A Phenomenological Study on the Differences between the Processes of Signifying and of Encoding-Decoding

Dong Minglai

Abstract: This paper makes a phenomenological argument that the essence of the signifying process is the intentionality of meaning. The intentional act of creating meaning can happen within the mind in accordance with the rules of signifying, even if the ego is not confronted with any existing other. The essence of the signifying process differentiates it from the processes of encoding and decoding. The different models

* 本文为国家社科基金青年项目"文艺符号学的现象学基础研究"（19CWW003）、国家社科基金重大招标项目"当代艺术提出的重要美学问题研究"（20ZD049）第一子课题"符号美学的哲学基础研究"和四川大学中央高校基本科研业务费项目"王阳明工夫理论的现象学分析"（skbsh2019－51）的中期成果。

of encoding and decoding expressed in theories of semiotics and communication always involve exchanges of information or meaning, which happen among different subjects or positions. Hence, this article shows that many studies in semiotics today actually confuse the creation of meanings with the exchange of meanings.

Keywords: encoding, decoding, phenomenology, Husserl

DOI: 10. 13760/b. cnki. sam. 202102011

对于意义哲学而言，表达和意义的结合过程显然有着最为基础的重要性。关于此过程之本质的思考，在现代符号学传统中已经有了丰厚的积累。一般而言，符号学传统将表达与内容之结合过程理解为"表意"（signifying）的过程；而表意的结构，又往往被描述为编码－解码。本文的目的就在于从胡塞尔现象学的立场出发，重新审视符号学传统对表意和编码－解码的等同，以澄清当代学界关于表意结构的诸多模糊分析。当然，在这里，不妨对本文将要做出的分析先做一番简短的预告：

从其诞生开始，编码－解码模式就强烈地关注意义的交流，也就是说，这种模式假设了编码者和解码者至少是潜在的存在。符号学对交流与表达的等同，显然有其深刻的历史背景——把奥古斯丁、索绪尔、雅各布森、霍尔等思想家，甚至是香农与韦弗等科学家的理论成果都包含在内，这也是此思路在今天似乎显得自然而然的重要原因之一。然而，本文认为，表意过程与交流过程有着本质的分别：前者的运作可以脱离所有具体的甚至可能的主体间交流，而运作于意识之中，而后者的两个步骤（编码－解码）都在自身之内包含了表意过程之外的其他部分。

本文的基本假设式是：意义的交流首先不同于信息论意义上的信息传递，因为前者关心作为观念的意义，而后者可以只涉及符号之物理部分的形态转换。更重要的是，无论是意义的传达还是意义之物理载体的传输，在现象学上都后于意义与表达的结合；而后者作为绝对意识领域中的行为，并不需要依赖潜在的或者实在的交往过程。因此，对于意义现象来说，表意过程在逻辑上比两种编码－解码过程都更为基础。

由问题本身的逻辑出发，本文将首先试图描述表意过程本身的现象学结构；在此基础上，编码和解码这两个过程的本质结构也就能得到描述，从而让表意与交流过程的区分得到更为源始的刻画。

一、表意过程的基本现象学描述

作为一次意义哲学历险，本文采取了由埃德蒙德·胡塞尔提出的先验现象学策略。根据这一策略，笛卡尔意义上的"我思"意识乃现象学还原这一方法无法悬置之物，是普遍的还原所必须遗留之物（Husserl, 1950a, pp. 57 - 60）。本文的基本假设也从胡塞尔的笛卡尔主义而来：本文认为，表意过程以及编码、解码过程都是绝对意识中的行为或者行为集合；它们之间的区别，也扎根于它们不同的先验结构。当然，主体性问题并不是所有符号学家都关心的问题（张颖，2019, pp. 16 - 17）。不过即使是单纯技术性的符号学研究，也必然在某种哲学基础上展开。本文所讨论的表意过程问题，就内在于在主体哲学基础上展开的作为意义哲学的符号学。

篇幅所限，本文在此无法展开论述胡塞尔的先验立场本身。对于本文来说，更为关键的是表意过程在先验意识中的呈现形式。胡塞尔本人对此形式的描述，在其整个哲学生涯中基本保持了一致：

> 如果我们……就表达本身所包含的差异而言来考察表达……那么有两样东西似乎会保留下来：一是表达本身；二是它所表达的作为它的含义（它的意义）的东西……如果我们立足于纯粹描述的基地上，那么意义激活（sinnbelebter）的表达这个具体现象便可以一分为二：一方面是物理现象……另一方面是行为，它给予表达以含义……正是由于行为，表达才比一个单纯的语音更多。（胡塞尔，2018, pp. 43 - 44 ［A37/B₁37］①）

> 语词携带着意指意向（signitive Intentionen）；它们作为桥梁而起作用，此桥梁通向含义，通向言说者"借由"它们而意指的东西……言语之统一性对应着一种意涵（Meinung）的统一性；并且，言说的分环勾连和言语的形式都与意涵的分环勾连及其形式相对应。然而，后者并不外在于语词。相反，在进行言语时，我们持续性地进行着一种内在的意指行为（Meinen），它似乎与语词相融合，并且如此这般地激活（beseelendes）了语词。此激活的效果是，语词

---

① 本书所引《逻辑研究》所附方括号内的编码，是该书德文第一、第二版的页码，亦是当下各类版本通用的页边码。

与完整的言语在其自身之中如此这般地使一个意涵得以具身化
（verleiblichen），并且将此具身之物作为一个意义（Sinn）而携带于
它们自身之内。（Husserl, 1929, p. 20）

众所周知，对于胡塞尔来说，一个意向性必然包含一个行为和一个与之
对应的对象。而在《逻辑研究》中，含义意向（Bedeutungsintentionen）与
"赋予含义的行为"（bedeutungsverleihenden Akte）乃是同义词（胡塞尔，
2018，p. 386［A38/B₁38］）。而在第二段引文中的"意指行为"（Meinen）
显然对应着"含义意向"。从这两段文字中可以清晰地看到，胡塞尔体系中
符号所包含的两个部件，就是"表达"与"内容"：二者的结合，乃是一个
通俗意义上的符号。①在《逻辑研究》中，这两个部分又被称为"含义"与
"物理部分"。对这两个部分本身及其关系的刻画，同时也就是对表意过程本
身的分析。

胡塞尔指出，含义"绝非是某个人的个体体验或者体验因素"（2018，
p. 455［A99/B₁99］）。也就是说，它不是一个转瞬即逝的心理体验，而是一
种"'一般对象'意义上的观念"（p. 457［A101/B₁101］）。当然，这并不是
说，"桌子"这个词所表达的含义就是柏拉图意义上的"神造的完美桌子"：
胡塞尔一再强调，含义"不具有规范性的理想性的意义"（p. 457［A101/B₁
101］）。毕竟，我们可以说"这是一张做得很差劲的桌子"，甚至《理想国》
中的苏格拉底本人也会使用诸如"画家画中的桌子"这样的表达。

通过一个行为，一个单纯的语音成为一个"有着含义的特殊对象"；同
时，正如胡塞尔在"第一研究"开篇就指出的那样，含义并非一般的意义
（Sinn）——唯有被表达的意义，才是含义。因此，含义之为含义，就建立在
它的"被表达性"之中。也就是说，在一个语言符号中，含义和语音（而非
单纯的声响）互相构成了对方本质的必要条件；当然，这里的语音可以替换
成任何可资感知的媒介，比如颜色、形状、触感，或者各类气味。

而表达中所包含的"物理之物"似乎可以是一个独立的东西，甚至连胡
塞尔本人都会将印刷品上的文字形容为"自为的符号"（Zeichen fursich）（胡
塞尔，2018，p. 388［A40/B₁40］）。这似乎会导致两个结论：①表达中的物
理性部分必须实际存在；②这一物理部分可以完全独立于主体的意向性行为。
然而，胡塞尔也明确地意识到，一个符号实际上并不一定首先是一个物理实

---

① 当然，在胡塞尔本人的术语体系中，"符号"（das Zeichen）与"表达"（Ausdruck）并不是
同义词：前者主要是指"指示"，而指示并不表达意义。

存；而如果我们把视野放到整个《逻辑研究》中，那么以上两个结论，就更加显得站不住脚。在第一研究中，胡塞尔已经意识到，在主体的"孤独的内心话语"中也必然有符号功能的运作。"孤独话语"极为关键，本文后面会试图说明，"孤独话语"现象标明了表意过程与物理空间之间相互独立的关系，而编码－解码过程却总是发生于实在的物理空间之中。

胡塞尔认为，"在孤独的话语中，我们不需要有真实的词语，而只需要有表象就够了。在现象中，一个被说出的词语文字浮现在我们面前，但实际上根本不存在"（2018，p. 384 ［A36/B₁36］）。在胡塞尔的这一论述中，"表象"（Vorstellung）和"想象"（Phantasie）是作为同义词出现的，但是要真正理解这里的意义现象学，我们就必须要把这两个概念区分开来。以下的区分虽然仍然立足于胡塞尔中后期思想中的先验立场，但其思想的根源在《逻辑研究》中已然发芽。

根据《逻辑研究》第二部分中影响重大的"第五研究"，任何一个针对外部对象之意向行为均必然包含感知质料，以及统合了这些质料的各类行为形式。其中最为基础的行为形式被胡塞尔称为"纯粹表象"，此行为的功能在于将对象呈现为一个有着"纯粹自我统一"的"纯然对象"。在这个基底性的行为层次上，可以建立多种行为类型。而想象行为，则是一种"高阶行为"。也就是说，通过这一行为层次，一个"更高的对象属性"被添加在了其对象之上。要注意，一个想象行为不是独立于作为其奠基的表象行为的；事实上，想象之所以是高阶行为，正是因为它把表象作为一个非独立的奠基性构件包含在自身之内。而胡塞尔关于"孤独的内心话语"的讨论，实际上就是建立在他对表象的层级结构之理解上的。

对于一段"孤独的内心话语"而言，其物理性的部分并非"单纯地被表象"，而是被明晰地构建为一段想象出来的音声。但是我们可以有在信念的意义上"单纯地被表象"的符号：我可以"不在乎"我借以思考哲学的文本有着真实的、被油印出来的身体，抑或仅仅是我想象出来的东西；在这种情况下，对于文本之"物理部分"的信念被悬置起来。要注意，符号对象之实在性不同于指示关系的实在性：比如，在查尔斯·桑德斯·皮尔斯关于指示符号的著名例子中，风向标之所以能够作为风向这一概念/解释项的表达/再现体，是因为风向标与作为对象的风之间有物理的关系（CP 2. 286）。但是，此处物理关系的实在性只需要存在于再现体和对象之间，对于解释者以及他身处的世界而言，此实在性却可以不存在：在一格漫画中呈现的风向标，也可以作为漫画世界中"此时此刻"风向的指示符号；即使是对身处漫画世界之外的我来说，这一意指关系也完全成立，虽然对我而言二者均非实际存在的事物。

与含义结为一体之物乃是一个广义的外部含义之对象，无论其实存与否。前面已经说过，感知与含义经由含义意向形成一个对象整体，这意味着作为含义意向的表意过程与信念意向一样，是一个建立在表象之上，并且把表象包含在自身之内的高阶行为；通过这个行为中高于表象的那个层次，被构建的对象才"不单纯是一个语音"。在《逻辑研究》中，胡塞尔对此做过一个更为详细的描述：

> 如果物理词语现象构造于其中的直观表象的对象愿意作为一个表达而有效，那么这个直观表象便经历了一次现象的，本质的变异。构成这个直观表象中对象现象的东西不发生变化，而体验的意向性质却改变了。（胡塞尔，2018，p. 389 [A41/B$_1$41]）

这段引文清晰地表明，虽然把一段声音把握为一段语音的含义意向，与把这段音响把握为一段单纯的噪音的倾听是不同的"体验"，但是它们完全可以基于同一个表象的层次。用符号学的术语来说，正是表意过程造成了实用物向符号的"滑动"——这种滑动首先发生于主体行为的一侧（赵毅衡，2011，pp. 27 - 37）。这在关于规约符号的例子中可以看得很清楚：一段语音可以用极高的声音说出来。在两种情况下，声音对象的可感知品质都是一样的。

二、表意与信息论意义上的编码-解码过程

我们可以用符号学的术语来总结上一节的研究：在胡塞尔的意义理论中，含义意向乃是表意过程的本质。基于此，我们就可以进一步讨论表意过程与编码-解码过程之间的区别。从学理上来说，有两种主要的编码-解码模式：信息论的，以及符号学的。虽然后者的历史根源乃是前者，但二者的理论旨归实际上并不一致。在本节中，我首先讨论信息论过程与表意行为之间的区别。

对于表意过程来说，最基础的也是唯一必需的主体，乃解释者，正是解释者的主体能力让他能够通过含义意向构建起符号对象。解释者与符号接收者/解码者的区别首先在于，解释者只是将被表象之物和观念之物结合起来；在此结合之中，解释者并不需要将表达把握为"来自另一个主体的东西"。

而在两种编码－解码模式中，很显然都必然包含信源和信宿这两个"参与者"。在信息论模型中，信源和信宿之间进行的是符号再现体之不同感知形态之间的变化：根据香农与韦弗（Shannon and Weaver, 1949, pp. 4－5）在信息论之奠基著作中的描述，在信息传递过程中首先产生了信息（message）；信息通过转换器转变为可以被信道（channel）传输的信号（signal）。从信息到信号的转变过程就是编码的过程，而接收方通过另一个转换器将信号再度转变为信息的过程，自然就是解码。

香农与韦弗说明他们的理论所用的例子包括电报和电话。他们对这些例子的分析表明，信息作为可以被转换器接收的东西，本身必然有真实的、物理性的一面：比如说，电话系统中说话人必须动用其声带发出实际存在的声波震动；唯有这种真实的震动，才能够经由一系列机械结构而进入作为转换器的听筒。信源中的信息可以脱离信号而存在：电话话筒的缺位并不会影响说话人的发声能力，更不能让已经发出的音声消失。简单来说，信息论模型中的信息绝对不是含义。含义乃是一个完整的符号对象的理念部分，而信息要么是已然被把握为一个完整的符号，要么就是一个完整符号的感知部分，这个感知部分可以激活主体的含义意向。或者说，在进行信息论的编码之前，香农－韦弗模型中的信源必须首先以含义意向的方式把握一个物理对象，否则就不会选择将之作为信息投入转换器。

换句话说，信息论中的编码－解码过程实际上只是不同物理现象之间的转换。实现这种转换的"转换器"在许多场景下或许只能由人来充当，比如唯一掌握了某种密码的情报人员。但此情报人员的工作完全可以交由 AI 来完成；更重要的是，此情报人员在解码时的意识运作，也完全不同于含义意向。比如说，我可以认识一套密码，在其中所有英文单词都等于它之前两位字母（a 等于 y，c 等于 a）。当我解码由此密码写成的文本时，我的意识首先经历的是对一系列感知对象的视见；虽然这些视见对象乃是我所熟悉的形态，但我完全不必赋予其含义，甚至不需要将之视为表音字母：我把眼前的"a"把握为与我以前看到的"a"有着一致或者像似外形的线条，但完全不在乎它究竟是汉语拼音、英文、德文还是别的什么表音文字系统中的要素——在后者中，特定语音系统中的因素之概念乃是被赋予的含义。

三、符号学编码－解码过程与含义意向的区别

上一节讨论了意指过程与信息论的编码－解码过程之区别。但是符号学

家所构建的编码－解码体系，却并不完全等同于信息论的传输过程，因为对于这些符号学家来说，被编码的不是作为一个完整符号的信息，而只是一个意义。在信息论过程中，信源与信宿可以是单纯的机械装置；而在充当"转换器"的人类之意识中，发生的也不是含义意向。与之相反，在符号学模型中，编码者和解码者确实都解释了由编码者发出的同一个符号。比如，在斯图亚特·霍尔（Stuart Hall）的经典研究中，电视话语的发出者是根据其自身所拥有之符码（主体能力）进行编码的；而误读之所以会发生，是因为作为解码者的观众所拥有不同的符码（Hall，1973）。同样的，在当代的符号学研究中，意义的交流过程与表意行为也经常被混淆：

> 符号传达过程中，最理想的状态莫过于，信息的发出者能够将要表达的意义通过符号有效编码，形成意义的文本载体。信息接收者在文本的基础上对符号进行解码，从而能够得到信息发出者赋予符号文本的意义，并顺利达到符号发出者的意图定点。（苏智，2018，p. 116）

上述引文的论说必须假设这样的前提：意义首先独立地存在于发出者一侧；唯有当此意义需要被传递时，它才经由编码过程而与其"文本载体"，亦即其表达的可感知部分相结合。换句话说，根据这种思路，符号对象的产生与意义在不同主体之间的传递乃是同一的。

然而，意义的交流首先要求其表达处于发出者和接收者所共享的物理空间之中；这意味着符号学意义上的编码－解码过程区别于表意过程的第一点，大略类似于信息论过程与表意的区别：当鲁迅笔下的狂人寻思"今天晚上，很好的月光"时，他并未试图将这一"呓语"向身边的人传诉。同时，此处狂人意识的注意力也在月光、狗、古家的陈年流水簿子等意义之上——这些意义作为含义而呈现。显然，即使没有任何他者在侧，使这些含义成为可能的含义意向也可以进行。用胡塞尔本人的例子来讲，孤独地活在火星上的唯一人类，显然也可以继续通过含义意向的展开而思考（Husserl，1950b，p. 196）。相反，解码所面对的符号文本必然存在于物理空间中，因为他者主体所想象出来的符号被"封闭"于他本人的意识之中，而无法为我的意向行为所触及。对于编码者来说，编码必然意味着发出可以被他人把握的符号，亦是当然之理；即使编码者在编码时只面对潜在的而非具体已经实然存在的解码者（电视话语的发出者就是典型）时，情况也是一样的。①

那么，符号学上的编码和解码就相当于两个独立的、对同一个实存符号表达的含义把握吗？答案或许仍然是否定的，因为二者的现象学结构中都包含了比单纯的含义意向更多的东西，虽然在编码和解码中，"多于含义意向"的东西并不相同。

因为含义意向乃是解释，我们就先讨论符号学解码与单纯表意行为之间的现象学区别。在此，胡塞尔对"传诉"（Kundgabe）现象的分析成为关键的思想线索。胡塞尔指出：

> 交往话语中所有的表达都是作为指号（Anzeichen）在起作用。对于听者来说，这些表达是说者"思想"的符号，就是说，它们是说者的意义给予的心理体验，也就是那些包含在告知意向中的心理体验。（胡塞尔，2018，p. 381 ［A33/B₁33］）

在《逻辑研究》中，指号的基本作用是指示（Anzeige）。要注意，虽然用"指示"这个汉语词翻译"Anzeige"毫无疑问是准确的，但是胡塞尔体系中的指示明显地不同于皮尔斯符号学体系中的"指示符"（Index）。因此，要明确描述符号学解码过程，我们需要对胡塞尔语境下的"指示"概念做简单的梳理。胡塞尔将指示物描述为一种特殊的动机，此动机的基本功能，在于通过其自身的物理实存而将主体引向对被指示者之实存的信念。本文在前面已经提到过，对物理对象之实存的信念是一种不同于含义意向的行为。在胡塞尔自己的例子中，化石乃是远古动物的指示；在面对化石时，我的意识经历了一次行为的转变，亦即从对当下存在着的化石的观看转向了对过去存在着的动物之存在的信念（胡塞尔，2018，pp. 370 - 371 ［A24/B₁24 - A25/B₁25］）。而在风与寒冷的例子中，此刻被我看到的风中的树叶，乃是片刻之后我将会体验到的寒冷。因此，由指示联结起来的，也是两个独立的行为，其中充当动机的必然是对在场者的感知，而被动机激发的，则是对不在场者的信念。而在含义意向中，含义虽然不可被感知，但它毕竟也已是作为意向对象整体之一部分而在场的。

而既然传诉的功能在于作为发出者心理状态的指号，那么此心理状态就

---

① 非传诉的表达不预设两个不同的"意义容器"，而只需要一个进行着含义意向的绝对主体。但是，这并不意味着一种关于含义意向的绝对唯我论。根据胡塞尔本人的观点，基于绝对意识的先验现象学也不会导致唯我论——恰恰相反，它是交互主体性的基础。当然，本文显然无法展开意义现象的交互主体性这个巨大的问题。

不是作为含义被解码者把握的。对含义的理解和对发出者意向行为的信念，在时间上也分为两个步骤。在我听到天气预报说"今日将有雨"时，我首先将这段文本把握为表达－含义的双联体；唯有在我以含义意向的方式理解了文本之后，我的意识才会彻底地转向对发出者关于今日天气之理解的信念。正如胡塞尔指出的那样，当文本的内容并非像"我感到疲倦"一样直接关涉发出者的内在状态时，传诉的指示标的和其作为文本的含义从结构到内容都是分离的：后者有关世界的事态，而前者则关于另一个主体对事态的信念（2018，pp. 431－432［A78/B₁78－ A79/B₁79］）。实际上，即使当我说"我感到疲倦"时，我作为发出者的传诉意图和文本的含义也可以有内容上的分离，因为我可以是一个说谎者。

事实上，谎言现象明确地标明了解码与理解之间的区别：我之所以能够发现某人在说谎，正是因为我发现了其意识状态和文本含义之间的矛盾。赵毅衡（2018）亦提出，各类反讽、暗语、含沙射影等对语言的运用行为进一步说明，解释者对文本的解码需要各类伴随文本或者"附加符码"的帮助。然而，在这些情况下，语言文本的"字面意义"保持不变。当然，文本含义也可以因为语境的变化而变化，但是在这里，解释者可以不考虑发出者是否意识到了这种变化：某人可以无意地说出在某个文化中隐含着不敬含义的言语，在此，言语的含义因为文化场域而发生了改变；而解释出了这个冒犯含义的解释者，可以同时通过说话人的表情、姿态等伴随文本解码出"无意冒犯"的心理状态。

既然解码包含了对文本的含义意向和通过传诉对发出者意识状态的把握，那么解码者的解码过程，也显然在含义行为之外包含了与"给出指号"相关的意识部分。首先，在编码时，编码者显然必须理解他将要发出的符号。这涉及符号学的编码－解码模式与现象学之意义理论之间的又一个分歧：根据前者，被编码之前的意义可以独立地存在于主体内部。这一思路显然受到信息论的影响：即使我的话语未被电话转换器编码，它也可以对立地作为信息有其物理实存。然而，根据胡塞尔，意义行为总是以含义意向的形式呈现（Husserl，1929，pp. 19－20）。这就意味着，在编码之前，发出者的意识也必须进行着含义意向。显而易见，此含义意向的对象只能是被想象的表达，因为物理的表达是编码的结果，不能出现在编码之前。但是此被想象的表达并不单纯地"存在于想象空间之中"，而是呈现为一个"未来的对象"。也就是说，在编码过程中，编码者的意识中首先必须有一个对未来对象的期待式含义意向。

除了其将要发出之符号的期待式理解，编码者的意识中另一个关键的部分则是一个"想要进行传诉"的意愿（Will）。根据胡塞尔 1914 年的伦理学讲稿，意志乃是一种特殊的意向性期待；它构建起的对象包含这样一个"属性"，那就是它可以被意识主体自身之身体性努力充实。胡塞尔举例说，去巴黎旅游不意味着"因为我一定能去成巴黎，所以我有去巴黎旅游的意志"，而是说"因为我想要去巴黎，所以这趟旅程应该成功"（Husserl, 1988, pp. 105 - 107；Melle）。要充实我去巴黎的意志意向，我需要进行诸如订票和打包行李一类的行动，这些行动显然卷入了我的身体。相应的，编码过程也不但包含了意识行为，还包含了充实此行为的身体的行动，无论这个行动是言说、书写，还是别的什么。

既然编码之中包含了意志以及试图充实此意志的行动，那么编码失败的可能性就随之而来。我去巴黎的行动尝试可以因为天气等无法控制的原因而失败。类似的，我的发音器官的运作总是受制于物理和生物规律，我们甚至不需要考虑失语症等复杂例子，而只需要考虑较为日常的可能性：在得了感冒之后，我发出的鼻音就可能失真，此时我对将要编码的未来符号的理解完全与我未得感冒时一样，但是不同的身体状态却造成了两种不同的编码行动。

结　论

根据前面的研究，表意现象的本质是基于表象的含义意向，这一意向行为构建起包含了表达及其含义的完整符号对象。表意过程不同于符号学－传播学意义上的编码和解码：编码过程在对未来的、作为编码结果之实在符号的含义意向之外，还包含了充实此未来意向的身体行动；而解码过程，则还把符号当作发出者之意识状态的指示。显然，含义意向对二者来说都是基础性的：即使是说谎者，也必须要对他将要发出的符号进行理解；实际上，这种理解还需要和其潜在欺骗对象的可能理解相同或者类似，否则被编码出的符号就不能起作用。

这就涉及当代研究中的第一个常见混淆：许多运用了编码－解码模式的研究者想当然地认为意义与表达的结合有着传达的目的；然而正如胡塞尔指出的那样，对于含义意向来说，这种目的并非必要。因此，当我们把表意等同于编码时，我们就混淆了表达的生成和把表达交流出去的意图。当然，如果把解码与理解相等同，那么对诚意与事实等交流现象的解读就会陷入更深层次的纠缠，甚至连对艺术形式及其意图的分析也会引发不必要的争论。当然，对这些进一步问题的展开，不是本文的任务。

与符号学－传播学中的解码与编码过程相比，作为这一模式之历史来源的信息论过程，显然与表意过程有着更远的距离。如果说符号学的编码和解码还把将表意过程包含在自身之内作为自身的基础，那么信息论过程就可以完全不涉及对对象的含义意向：在电话、电报以及当代网络传输中，显然只有物理对象；即使当意识主体被卷入时，此主体也可以完全不理解其解码出的符号。我可以单纯地写下我破译的密码，却不试图理解作为破译结果的文本，在这种情况下，我只是单纯地完成了信息论意义上的解码；但是如果我不试图理解他人发出的文本，那么符号学意义上的解码就未曾发生。因此，对于信息论过程来说，含义意向不是必要的。

最后，本文的研究也可以顺道澄清对信息论过程和交流过程的常见误解，此误解体现在对"噪音"这个概念的使用上。在信息论中，噪音完全是物理的，它造成的首先是物理意义上的信息流逝，而不是交流意义上的误解。在噪音的干扰下，信宿和信源中的物理对象实际上有不同的感知品质。然而交流意义上的误解，则是指对同一个，或者至少是极为类似的物理感知的不同含义意向。

简单来说，表意是单纯的意向行为，而编码和解码则起码是包含了表意意向的多个意向行为以及身体行动的结合体。

引用文献：

胡塞尔（2018）．逻辑研究（倪梁康，译）．北京：商务印书馆．

苏智（2018）．符码特征与《周易》取象的意义建构．载于曹顺庆、赵毅衡（主编）．符号与传媒，17．成都：四川大学出版社．

赵毅衡（2011）．符号学：原理与推演．南京：南京大学出版社．

赵毅衡（2018）．风格是文本的附加符码．中国语言文学研究，12，2，1－8．

Hall, S. (1973). Encoding and Decoding in the Television Discourse. *The Council of Europe Colloquy on "Training in the Critical Heading of Televisual Language"*.

Husserl, E. (1929). *Formale und transzendentale Logik*, Halle (Saale)：Max Niemeyer Verlag.

—. (1950a). *Ideen zu einer reinen Phänomenologie und phänomenologischen Philosophie*, *Erstes Buch*, *Allgemeine Einführung in die reine Phänomenologie*. The Hague：Martinus Nijhoff.

—. (1950b). *Ideen zu einer reinen Phänomenologie und phänomenologischen Philosophie*, *Zweites Buch*：*Phänomenologische Untersuchungen zur Konstitution*. The Hague：Martinus Nijhoff.

—. (1966a). *Zur Phänomenologie des inneren Zeitbewusstsein*. The Hague：Martinus Nijhoff.

—. (1966b). *Analysen zur Passiven Synthesis*. The Hague：Martinus Nijhoff.

—. (1984). *Logische Untersuchungen: Zweiter Band Untersuchungen zur Phanomenologie und Theorie der Erkenntis, Erster Tei*. The Hague：Matinus Nijhoff.

—. (1988). *Vorlesungen über Ethik und Wertlehre*, Husserliana 28. Dordrecht：Kluwer Academic Publishers.

Melle, U. (1996). Husserl's Phenomenology of Willing. In John J. Drummond and James G. Hart (Eds.). *The Truthful and the Good*. Dordrecht：Kluwer Academic Publishers.

Peirce, C. S. (1931—1958). *Collected Papers of Charles Sanders Peirce*, 8 Volumes. Charles Hartshorne, Paul Weiss and Arthur W. Burks (Eds.). Boston：Harvard University Press, 1931 - 1958. (CP)

Shannon, C. E. and Weaver, W. (1949). *The Mathematical Theory of Communication*. Champaign：University of Illinois Press.

作者简介：

董明来，四川大学文学与新闻学院副教授，四川大学符号学－传媒学研究所成员，研究方向为胡塞尔现象学、理论符号学、形式主义文学理论、宋明理学。

Author:

Dong Minglai, Ph. D., associate professor at the College of Literature and Journalism, Sichuan University, and a member of the ISMS. His research interests include Husserlian phenomenology, semiotics, formalistic theory of literature, and Neo-Confucianism.

E-mail: dongminglai@ outlook. com

面传心授：中西"面子"符号的分野与对话*

王 婷

摘 要： 数字技术时代"人脸识别"的广泛应用令人瞩目，受此推动，重新回顾中西"面子"符号的相关讨论，有利于反观现实问题，对未来美好憧憬进行理性思考。"人脸"在中国传统文化中是人情关系的社会文化心理基础，是崇尚人伦道德的宗法礼教表征，是"和而不同"的共生交往观的外化。西方文化把"人脸"当作剧场表演中的"假面"符号，当作个人主义的自我意识张扬的个性符号，当作人际交往的符号互动的"刺激－反应"过程，背后有丰富的语言符号和非语言符号意义。中西"面子"符号的分野呈现出厚重的社会历史文化差异性，尽管如此，人类命运共同体中的成员，就此问题展开对话并非不可能。基于此，笔者展开了关于"面子"符号的新思考。

关键词： 面子，人情社会，宗法礼教，精神交往，符号互动

Mianchuan Xinshou: Differences and Dialogues between Chinese and Western "Face" Signs

Wang Ting

Abstract: The widespread application of facial recognition systems in the era of digital technology has attracted a great deal of attention, which has prompted people to review the relevant discussions of face symbols in

* 本文为国家社科基金项目"华夏文明传播的观念基础、理论体系与当代实践研究"（19BXW056）阶段性成果。

China and the West. This discussion is conducive to reviewing real problems and to thinking rationally about the bright future. In Chinese culture, the human face serves as a basis for the social and cultural psychology of human relations. The notion of "face" also serves as a representation of Chinese patriarchal clan ethics and as an externalisation of the symbiotic concept of "harmony without uniformity". In Western culture, the human face is often regarded as a mask, as is symbolised in theatre performances. The face is also regarded as a unique personal symbol that expresses individualism and self-consciousness. The Western face is viewed as a medium to express stimulus-response and symbol interaction in the process of interpersonal communication. Facial images provide a rich source of meanings for both language symbols and non-language symbols. The differences between Chinese and Western face symbols show profound contrasts in society, history and culture. Nevertheless, as humankind increasingly becomes a single community with a shared future, it becomes both possible and necessary to open a dialogue on the signs and meanings we give to the human face. This paper therefore launches a new approach to thinking about face symbols.

Keywords: face, relationship society, patriarchal system and Confucianist education, spiritual communication, symbolic interaction

DOI: 10. 13760/ b. cnki. sam. 202102012

引　言

在工业化、信息化和现代化交互进行的 21 世纪，"人工智能"成为交叉学科联合攻关的典型产物，自从 1956 年达特茅斯会议上第一次提出"人工智能"这一设想以来，"人工智能"已经由观念蓝图发展为对社会生活产生重大影响的科技变革。"人脸识别"建立在人脸数据采集与数据库建设的基础上。人们对于"刷脸"技术应用的发展前景可谓憧憬与担忧并存，近年来人们一方面感叹于"人脸识别"在破获疑难案件过程中所发挥的奇效；另一方面，又对刷脸支付和人脸识别中可能存在的个人信息、隐私泄露风险表示担忧。"人脸识别"这一新型技术的出现正在悄然改变人与人之间的关系，由"人脸"而延伸出的各类问题也日渐增多。受这一系列现实问题的推动，追溯"人脸"在人类历史中的社会化形态"面子",回顾中西方"面子"符号的代表性观点,或许有助于今人从传播和符号的角度辩证审视"人脸识别"技术及其带来的社会改变中的"面子"元素,为丰富和完善关于"人脸识别"的哲学社会科学相关理论提供借鉴。

中国人日常生活中呈现的脸面问题,在"三千年未遇之奇变"的中西跨文化碰撞中浮现。中国社会近代化以来,在古今中西大碰撞的历史背景下,在近代中国思想启蒙话语中,脸面问题始终被认为是"认识老中国"和"阐旧邦"的一个重要面向。鲁迅、林语堂、罗素这些有着不同西学背景的近现代思想家在谈到中国问题以及中国国民性问题的时候,一再把关注点落到中国人的脸面问题上。

华夏文明传播中的脸面符号,仿佛鱼之于水,空气之于人,具有"百姓日用而不知"的特点。质而言之,华夏文明传播中的体面取向十分鲜明,只不过,中国人关于"面子"问题长期可谓"不识庐山真面目,只缘身在此山中"。120 多年前借助美国传教士明恩溥(Arthur Henderson Smith)的他者视域,通过来自欧美异质文明的比较观察,华夏文明传播中"面子"的世俗性特点被揭示出来。明恩溥在《中国人的气质》中共谈到中国人的 26 种特性,"面子"就是其中之一。在该书的定本中,作者最终将"面子""体面"提到全书首章,可见脸面问题具有较能总括中国人特点,也较能区别于他者的文化面向。在清末民初由日译本转译的《中国人的气质》中写道:

> 面(Face),人皆有之,今也执人人共有之面而为中国人气质之一,人孰不笑之?然中国人所谓面(Face)者,体面也,不但谓其头之前面而已也,其意味颇广,不说明之读者不知也,故此特设一章。
>
> 不明中国人所谓体面(Face)之意,请言中国人有演剧之天性。于中国之演剧,可称为中国第一之游戏。中国人之嗜之者,无异英人之嗜角力,西班牙人之嗜斗牛。辄常取法非优,振身谴色,俯伏顿首。在西人视之,不但以为不必,且极以为可笑。又有所谓弹词,于二三人前,滔滔辩论,无异在众人之前,常大声疾呼。正声色,巧于此等事者,则谓之有体面(Face);不知此事,或拙于此事者,谓之失体面(Face)。是故苟能一明体面(Face)之语,则中国人紧要之气质,思过半矣。(明恩溥,2006,pp. 1-2)

即使用今天文化多样性的包容眼光来看,明恩溥书中描述的许多方面都有失偏颇，甚至流露出19世纪末20世纪初叶西方文明挟工业文明席卷全球之势对中华文明的傲慢和偏见心态。特别是当明恩溥抱持西方基督教思想来解读当时的中国人时，其批评明显有失公允。对此，民国怪才辜鸿铭多次公开批驳，并且为了回应这种贬低中华文化的嘲弄和轻蔑，毅然奋笔用英文写下《春秋大义》（*The Spirit of the Chinese People*）这一在英文世界和中文世界都享有盛名的著作，驳斥当时如明恩溥等西方传教士骨子里的西方中心主义，以及试图否定中华文明的国际舆论。不论明恩溥当时总结出的对中国人的看法是否准确，至少在辜鸿铭看来，出于最基本的民族自尊心对此提笔回击，就是挽回民族脸面的义举。可见无论个人还是集体，维护脸面、体面对中国人来讲的确是一件重要的事。

一、中国"面子"符号文化探源

早期来华传教士开始着手中国人特性之研究后，中国诸多学者也纷纷将目光投在"中国民族性或国民性"上，如梁启超、鲁迅、林语堂、傅斯年、潘光旦等。到20个世纪80年代人们开始热衷批判和反思传统思想文化，并试图响应20世纪初梁启超等人士鼓吹的民族性改造等议题。进入90年代情况发生了一些变化，随着社会开放的扩大，中西文化交流进一步加深，中国人逐渐具备了接受外国人言论的自信心。近十年来，对于中国人特性如"面子"等议题的讨论也逐步从西方理论阐释的角度转向以本土化中国经验进行诠释。正确理解中国人的面子观无疑需要扎根中华大地的特色性阐释，不必囿于旧式"西学中体"下嫁接式的研究思路，而应采取一种"本土性契合"（杨国枢，2004，p.27）的研究思路。

面子或脸面，究竟只是早期社会心理学家提出的一种社会学想象，还是一种道德隐喻？在笔者看来，"面子"是承载文化心理的社会性符号，是身心之间产生意义互动和交换的物质性中介符号。我国著名符号学学者赵毅衡先生讲："任何感知，只要能被当做意义的载体，就成了符号。"（2016，p.47）面子首先是身体－心智能被感知的人格认识，同时也是反映文化传统的意义载体。其次，"面子"是自我传播转向外部世界的起点。自我传播是众多传播类型的起点与根本，"内向传播虽然以内向性为主要特征，但它依然具有一切传播所共有的社会性与互动性"（谢清果，2011）。讲面子是人格自我完善的符号载体，是人们希图经过整饬呈现给他者的对外传播符号，让"面对面"成为人类传播的基本类型，继而扩大到其他传播类型。但值得强调的是，"面子"的互动或交换存在内心与外在的沟通张力，具有面传心授、人内传播与人外传播交织进行、身体－心灵文化心理互动的特征。推而广之，"面子"交往呈现出众多的符号意义，是意义丛的多元一体的表征。

（一）人情关系："面子"的社会文化心理基础

中国"面子"文化的生存土壤首先离不开中国式"人情关系"这一文化心理基础。这方面的阐释正如费孝通先生在 1947 年的《乡土中国》里描述的中国"差序格局"社会特点，即以个人为中心向外扩散，覆盖了家、家族、圈子，最终形成一个同心圆结构的熟人社会。连接此社会关系的必要因素就是人情。李泽厚先生曾说过"人情关系"作为中国文化心理的必要产物，其第一层纽带就是血缘和地缘关系。换言之，脸面文化只有在人情关系，特别是具有血缘和地缘的人情关系之中，才更能彰显其独特的价值（杜鹏，2017）。这份人情表现在外部环境是"面子"，但人们实则需要通过内在意义把握并体悟蕴藏其中的中国式人情。例如，在《史记·项羽本纪》中，楚霸王项羽率军攻入咸阳，杀掉末世秦王子婴，胜利的喜悦让这位力拔山兮气盖世的英雄也不免开始幻想衣锦还乡的场景。司马迁运用"史家悬鹄"来呈现项羽特定社会关系下的"脸面"价值观，即"富贵不归故乡，如衣绣夜行，谁知之者！"（2014，p. 402）什么是可以"长面子"的荣誉？项羽体会得很准确，就是"荣归故里""荣耀乡里"。所以，"讲面子"还需回到熟人社会，其价值和意义才能凸显，不然，即使再有成就，若身处异乡，也"如衣绣夜行，谁知之者"。可惜有"不识趣"的人，没有领会楚霸王对荣耀的珍重，更没有和霸王产生情感的共鸣，反而讽刺项羽衣锦还乡不过是猴子穿衣服，"沐猴而冠"。这人折损了楚霸王的面子，最后被赐死，这是历史的告诫：王者的"面子"如"逆鳞"（《韩非子·说难》），不可轻易碰触。

"人情"和"面子"研究中较有代表性的是黄光国的《人情与面子：中国人的权力游戏》。在黄光国看来"情感性的关系通常是一种长久而稳定的社会关系"（2010，p. 7），并且人情之于中国文化具有三个含义：①人情是指个人遭遇到各种不同的生活情境时，可能产生的情绪反应（即同理心）；②人情是指人与人进行社会交易时，可以用来馈赠对方的一种资源；③人情是指中国社会中人与人应该如何相处的社会规范。（pp. 13 － 14）"做面子"本身就是人情社会的一种具体人际交往行为，是在人情法则下处理人际冲突、把握人际关系的权力游戏。辩证地看，"面子"虽然在人情的体制下运作，但人情本身不必在场①，完全可以经由"面子"符号进行互动，在共有的社会文化中激发情感共鸣，上演一场中国人情式交往。

（二）宗法礼教："面子"崇尚人伦道德的现实制度

自周秦以来，以血缘关系为纽带的宗法制在中国建立，其遗风余绪长期影响后世，以至于今。中国传统思想的主流——儒家学派采取一种积极入世的态度，希图建立一个"父为子隐，子为父隐"的家国一体的社会，通过"制礼作乐""三纲五常"等礼法制度来实现理想中的大同世界。中国人由是特别重视人伦关系、人际关系，重视人本身。在这种关系框架下，中国文化并不突出个人的主体性，而是肯定个人对家庭、国家的义务和贡献。因此，将"面子"符号置于传统社会宗法礼教的背景下去考察，会发现"面子"符号不仅仅关乎个体脸面和形象管理，还与中国人"周全他人""顾全大局"等深层次礼乐传统息息相关。学者金耀基将"面子"在中国文化中的这两个特性概括为"社会性的面"和"道德性的面"（2006）。

宗法礼教是传统中国社会的制度支点。"礼教"亦称"名教"，《诗经·小雅·正月》讲"维号斯言，有伦有迹"；孔子讲"正名"（《论语·子路》）；董仲舒讲"深察名号""名生于真，非其真，无以为名。名也，圣人之所以真物也，名之为言真也"（张世亮，钟肇鹏，周桂钿，2012，p. 374）。"面子"的符号化由是而来，其文脉中流淌着礼法的血液。

先秦儒家集大成者荀子高扬"礼"的重要性，在体察人性时洞见人性中"恶"的部分，因而希望人们通过后天的学习去"伪善"，以改造先天之不足。之后荀子将其发展为"隆礼"思想并展开实践，在《论礼》篇中说道："人生而有欲，欲而不得，则不能无求……争则乱，乱则穷。先王恶其乱也，故制礼义以分之……是礼之所起也。"人生来皆有欲，这包括基本的生理需求，也包括非生存性的私欲。人的各种欲望假如不加以克制就会导致人际关系沦为倾轧对抗，社会混乱无序，最后走向"乱而穷"。在荀子看来，人从野蛮走向文明，是"礼"的必然发展，"礼"，可以发挥"去恶存善"功能，反过来制约人性之恶。儒家圣人承认人性中"善"与"恶"这个一体两面的客观存有，就是从"礼"的实践精神中发掘能合情合理地阐释人如何去认识自己的感性经验与原始本能，但同时又获得理性并追求至善的论述。

---

① 赵毅衡先生认为"意义不在场，才需要符号"（2016，p. 45）。中国人在讲面子时，人情关系是不必现身的，因而才有"谁的面子大""谁的脸面足"等符号隐喻。

儒家推崇"性本善"，但认为在人情发动时会出现"有善有恶"的现象，曰："无善无恶心之体，有善有恶意之动"（王阳明，2011，p. 133）。所以"争面子""摆排场"是人性私欲的表现，儒家礼乐文明并不提倡。如阳明先生说言"知善知恶是良知"，中国真正的"面子功夫"顺应良知，呼应天道，对应于孔子倡导的礼乐文明。个体从良知出发为保全个人体面而压制"恶"，同时从群己关系出发为顾全他者面子而彰显"善"，实践中表现为遵从礼教制度且恰如其分地维系礼法关系。这是华夏文明体系中一项具有现实意义的社会设计，也是华夏人际传播中一条特色突出的交往法则。质言之，在中国社会中，"讲面子"就是"讲礼法"。

《礼记·祭义》阐释古代各种祭祀活动和仪式传播的普遍意义，重点论述了祭祀礼仪具有让人们谦和孝顺、持敬庄重的特殊功能。中国人在具体的礼仪活动中通过情感互动实现礼乐精神："致礼以治躬则庄敬，庄敬则严威。心中斯须不和不乐，而鄙诈之心入之矣。外貌斯须不庄不敬，而慢易之心入之矣。"（王文锦，2016，p. 620）如何实现礼的精神？首先就是要身体力行，反映在祭祀活动中就是在祭祀中实现人格与威严的树立，最终实现人与人交往的庄敬。如果心中没有和，没有喜悦，鄙诈的念头就乘虚而入；如果外貌展现不出庄重与尊敬，怠慢之心就趁机侵入。由此不难发现，"讲面子"首先要做到外貌的恭敬庄重，这是礼乐倡导的具体对外功夫。

其次，"讲面子"可使个体收敛身心，内化理想人格，即朱熹讲的求得天道、认得性命的渐进过程："日用之间，随时随处，提撕此心，勿令放逸。而于其中，随事观理，讲求思索，沉潜反复，庶于圣贤之教，渐有默相契处，则自然见得天道性命，真不外乎此身。"（张伯行，1994，p. 116）

最后，"面子"符号充当了人格主体的内与外、身与心的转化中介，礼法精神则通过这个中介外化为可见的交往行为，如《乐记》云："故乐也者，动于内者也。礼也者，动于外者也。乐极和，礼极顺，内和而外顺，则民瞻其颜色而弗与争也，望其容貌而民不生易慢焉。"（王文锦，2016，p. 499）礼乐文化外显于行为上，激发和谐共生的人际交往志趣；内化于心灵，协助个体走向精神世界的虚静空明。如此内外相合的结果，如湛若水所言："正其心，平其气，如以镜照物而镜不动，常炯炯地。"（湛若水，2014，p. 207）身心一致才能在待人接物时做到意识清醒的敬，"惺惺，乃心不昏昧之谓，只此便是敬"；整齐严肃就是"惺惺"的状态，"敬者，常惺惺法也"。（朱熹，2018，p. 279）从外表的庄重守敬，到内在的和于天道，做到内外相符，虚灵不昧，化为空明之境。

"讲面子"就是"讲礼法"，实质上是一个追求"敬"的过程，讲求"居敬""主敬""持敬"的实践理性工夫，目的是实现人与人关系的和谐，最终实现人与自己、与他人、与家国、与天地万物的和谐，达到宋儒所讲"民胞物与"的境界。孔子曰："君子有三畏：畏天命，畏大人，畏圣人之言。"大人的"面子"君子要给，在于"敬"；圣人的"面子"君子要给，在于"尊"；而天命的"面子"君子更要给，在于对生命的敬畏。"讲面子"在中国社会的各类场景中是多维度的复杂圆通功夫，运用之妙，存乎一心，而最要紧的就是一个"敬"字。如果只停留在浅层次上，如西方所谓"中国人好面子"，则只看到如同演戏一般的虚伪。殊不知没有敬畏之心地"讲面子"，只能表现为"狎大人，侮圣人之言"，探其缘故，则是"小人不知天命而不畏也"。

宋代著名典故"程门立雪"中，杨时立雪就是对程颐的"敬"，对程颐的"敬"就是对程颐"讲面子""讲礼法"，展现了程朱理学的持敬思想，是宋明理学对中华民族人格修养影响极其深远的典型。如果只从表面来看待这个典故，或许只会误以为夫子摆架子，学生拍马屁，误入西方理论"演戏""表演"等剧场假说歧途，看不到一以贯之的中华礼乐文明之真精神。

（三）和而不同："面子"高扬和谐共处的交往观

中国作为礼仪之邦，以和为贵，待人接物追求和谐共处，这是中国人习焉不察的社会表现，"贵和谐，尚宽容"表达了对"礼"文化的尊崇。儒家传统文化中有自觉地遵从"礼"以维系"和"的实际需要，《论语·学而》曰："礼之用，和为贵。先王之道斯为美，小大由之。"就是辩证地将"礼"与"和"联系来看待。用"礼"过甚，人情分离，需要"和"作为黏合剂，方为可"贵"，故朱夫子言："凡礼之体主于敬，而其用则以和为贵。敬者，礼之所以立也；和者，乐之所由生也……和而节，此理之自然，礼之全体也。"（朱熹，1933，p. 52）中国人的礼教表现并不是刻板生硬地有意为之，而是融于生命行为的自然展现，并且"长久以来，（中国人）强调社会和谐性及人际关系的合理安排一直被认为是中国文化最显著的特性之一"（黄光国，2010，p. 1）。"中国的'礼'并不仅仅是举止中节的礼貌，更是生活中的理智与秩序。"（胡河宁，等，2006）

陈国明教授说：中国人视"和谐"为传播的目的而非手段，因此"实现人类关系之和谐状态的能力"也就是评价中国人传播能力的主要标准之一，"和谐是中国文化的核心价值，指导着中国人的传播行为"。（2010，p. 22）

关于"面子"与"和谐"的关系，陈教授提出了一种传播原理："在中国人传播活动中，'面子'的增长可以带来'和谐'的发展进步。"（Chen，2011）所以"面子"是促进人际交往顺利，维系人际关系和谐的一个关键因素，是中国传统文化的基本元素之一。虽然中国人在应然交往中向往和谐、避免冲突，但在实然的世界里，冲突和矛盾并不能完全避免。所以出于"贵和"观，中国人在处理冲突、解决危机时总愿意尝试采取一个更合情合理、顾全大局的办法。例如，《论语·子路》里讲："君子和而不同，小人同而不和。"就是说有道德教养的人在意见不同时保持和谐，无德无教养的人意见相同但彼此不和谐。"和"与"同"是区分君子与小人的标准之一，"重和去同的价值取向……重和去同的思想，肯定事物是多样性的统一，反对片面求同，主张以兼容天下的胸襟、海纳百川的气概，容纳不同事物"（俞祖华、赵慧峰，2005，p. 42）。"和"作为一项重要的观念，表现为一种"共生交往"，是与他者、社会、自然以及自我的共处原则——"中国的'和'观念具有自己鲜明的特色：'和'是一种整体性的世界观；'和'是东方对终极本身的诠释；'和'是一种生存方式；'和'观念注重的是社会和集体；'和'观念强调关系；'和'突出精神信仰，具有宗教的情怀。"（谢清果，2019）因此，"讲脸面""顾及体面"等具体的交往方式表明中国人自觉地以"和"为目的进行人际互动，"和而不同"就是"讲面子"的最高层次的传播效果。

从西方社会心理学研究来看，"面子"是人的社会尊严和个体道德的体现；从中国重人情关系角度来看，"面子"则与人情、关系紧密相连，是人情社会中的必要元素。显然，中西"面子"观的侧重是不完全一样的。《中庸》中说："喜怒哀乐之未发，谓之中；发而皆中节，谓之和；中也者，天下之大本也；和也者，天下之达道也。致中和，天地位焉，万物育焉。"在具体的交往情境中，面子就是一种情之已发状态，其无所谓能不能讲，而在于如何讲。朱子在《中庸章句》中就解释了"讲面子"的一套法则："发皆中节，情之正也，无所乖戾，故谓之和。"中庸之道首先体现为一种关系融洽的交往之道，以增进"和"为目的，是一套"修身克己"的内在功夫。所以，在素有"礼仪之邦"称号的中国，"尊礼仪""爱脸面""讲体面"等日常行为准则都成为一种基本的社会观念。"不给人以面子，是不可宽恕的无礼，犹似欧美人的向人挑斗"（林语堂，2009，p. 199），如是，则和谐与和平难以实现。

二、西方"面子"符号文化的理论表述

"面子"理论并非华夏独有，在西方，社会心理学早已窥见其重要的文化意义与社会价值。与东方文明相似的是：西方面子研究也同样首先将面子视为一种人际交往、社会文化互动的符号。

（一）欧文·戈夫曼：剧场理论

在众多西方"面子"研究中，较受关注的是加拿大社会学家欧文·戈夫曼（Erving Goffman）的理论。他在《日常生活中的自我呈现》中引入了"前区"（front region，又译前台）和"后区"（back region，又译后台）的概念（1959，pp. 13–15），旨在阐释人际交往过程是一种类似于剧场表演的行为。当有一个特定的表演背景时，人们会在前台相应扮演出剧中人应有的角色形象，即呈现出"面子"，但在后台则有不为人知的一些行为和心理活动（又是另外一张脸），这样做是为了做好"演出"或"表演"；心理活动是看不见的，属于后台，后台是不许他人窥视的。戈夫曼将这种人际交往模式称为"剧场隐喻"（the dramaturgical metaphor）。"剧场理论"其来有自，深植于西方文明土壤中，与柏拉图《理想国》之"洞喻"，伊拉斯谟《愚人颂》所谓"整个人生无非就是一场戏……演员各自戴着不同的面具，各演各的角色"（2011，p. 34），弗兰西斯·培根的"剧场假象"等学说一脉相承。此后戈夫曼在《面子功夫：社会互动中的礼节元素分析》（2003）中开始使用"面子"（face）一词，他认为人们在前台表演时需要呈现"面子"（即符号）以展示一种自我形象，所以"面子"更多是一种关于个体如何对外展示的"面子功夫"（face-work）。文章还提到诸多关于许多事件（incident）可能造成的交际中的尴尬（embarrass），人们维系外显的面子在于社会的某种要求或实践者的文化基础，但是这些外显出来的面子及一些交往准则未必是自然人性的表现。戈夫曼从心理学分析入手，把"面子"视作一种表达自我的符号，而其所传递的"信息是被用来建构、保持和恢复互动的主旨体系的，这种体系可以使参与者执行自己的身份，或进行他们的表演"（梅茨，库帕克，2010，p. 272）。

除了戈夫曼，还有如霍金斯、李布斯金德和斯瓦茨等在研究"面子"受损的问题上发现："比起对待熟人，冒犯者对待朋友会给出更长时间的、更保全面子的解释，而且比起地位低的人来，他们会给地位高的人更保全面子的解释。"（梅茨，库帕克，2010，p. 274）"面子"虽然在物理层面不会受到

任何损害，但在精神世界，其符号意义会折损。这一点似乎和中国的情境有相同之处，因为中西双方的交往者都需要借由"脸面"这个中介物产生心灵的互动，达成社会关系的合意与协作，不然都会遭受符号意义上的折损。

尽管不少脸面相关研究将戈夫曼的"剧场理论"奉为圭臬，但仅从"剧场理论"来理解个体的社会心理似乎过于机械。真实的社会行为表现未必真会如此泾渭分明地分有"前台"与"后台"，两者之间的界限或许从根本上就是模糊的。戈夫曼的观点暗含着主客二分之观念，而在这种情况下，就不容易解释中国的许多实际经验，比如黄光国先生曾提出的"报"的观念（黄光国，2010，pp. 15 - 17）。做人情、给面子有时候是为了"报"（报答）别人之前给予的"恩"（恩惠、恩情），这里面有中国情境下的情感互动，关于孔子"仁"的核心范畴，因而"面子功夫"未必能被简单地理解为一种前台的表演。

（二）个人主义与集体主义："面子"符号的跨文化理解

斯特拉·汀 - 图梅（Stella Ting-Toomey）的"面子协商"理论也是西方较有代表的相关研究成果。她从心理学出发，认为个人主义 - 集体主义（individualism-collectivism）的维度可以作为一个概念框架来解释为什么"自我"和"面子"的含义会因文化而异。在个人主义文化中，"我的尊严"（I-identity）优先出现，辩护和解释常常是维护个人脸面的策略；在集体主义文化中，优先出现的是"我们的尊严"（We-identity），谦虚低调是维护脸面的策略。（1998）

对于个人主义与集体主义，黄梓航等曾有解释："文化一般指的是社会成员间共享的价值、规范、思维方式、行为以及文化产品。Hofstede（1980）在 20 世纪 80 年代提出了文化价值的四个维度，包括个人主义/集体主义（Individualism/Collectivism）、权力距离（Power Distance）、不确定性规避（Uncertainty Avoidance）以及刚柔性（Masculinity/Feminity）。"（黄梓航，等，2018）美国心理学家哈里·特兰狄斯（Harry C. Triandis）在《个人主义和集体主义》一书中分别阐释了这两种文化的定义及其区别：集体主义下个人的利益和集体的利益是一致的，并且集体的意志高于个人的意志，个人不应逾越集体；个人主义则不然，个人的利益并非一定要和集体保持一致，即使个人的利益和集体的利益发生冲突，个人放弃集体利益而捍卫个人利益是合情合理的（natural）。（1995，pp. 10 - 11）

从文化心理学对个人主义和集体主义的概念划分来看，中国文化偏向于集体主义——集体高于个体是自然表现。上文提到中国社会中最基本的单位是基于地缘和血缘的初级群体，而初级群体聚合了众多个体，最后汇聚成广阔的社会，体现出共享的文化精神和价值取向。从这一维度出发或许能够解释本文开头提到的，在外国人撰文痛刺中国国民性时，作为个体的辜鸿铭先生为什么即使身处国弱政衰的时代，仍毫不犹豫地挺身而出，斥责污名制造者，为中国人集体找回"面子"。当然，辜先生的行为还不能仅用集体主义来概括，他的举措中或许还有爱国主义精神，属于中华民族对"耻"的反应。虽然"耻"文化不专属于中国人，但"中国文化把人的这一特点泛化，用以表示更为复杂的价值、心理和行为"，"其根源出自'德'与'礼'"。（翟学伟，2016，p. 97）由此可见，在具体情境下，特别是与"耻"相连时，中国语境中的"面子"内涵更为复杂。

集体主义的概念虽然可以呈现出中国人"面子"的一部分特征与规律，但仅用集体主义还不能完全说清中国人的"面子"经验，也就是不能细化出初级群体中人情关系、个体利益、族群利益和权力交换等更为复杂的现实状况，不能表达出中国人和谐共生的终极交往意愿。集体主义的概括很多时候反而泛化、模糊了中国文化，甚至整个东方文明。

（三）"面子"协商：符号互动理论的理解视角

人情关系、宗法礼教是中国"面子"观的前提。"面子"首先起到润滑各种关系的作用；其次，作为一种人际交往的符号，在无形而又真实的社会结构中发挥媒介作用。吴予敏教授在《无形的网络》一书中说："社会组织的形成，有赖于承担不同角色的人之间的符号传播……使人类社会生活成为可能，必须通过人际之间的符号传播"，在"一定的社会组织，都制定出一套特殊的符号交换的方式，用它来沟通各个成员。成员也往往借着这种沟通方式，扩大自我意识中的社会文化的部分，使自己真正成为角色化的人"。（1988，pp. 32－34）但是，对于这套特殊的社会符号，吴教授在文中没有做进一步的解释，只是扼要地提及这一观念来自西方现代社会符号交换理论，是一种"刺激—反应"的反馈机制。

当我们回到西方语境，就会发现，"面子"之所以能起到连接的作用，或许不仅因为"刺激—反应"的反馈机制，还取决于符号背后的意义关系。对此，美国符号互动理论领域学者米德（George Herbert Mead）是这样界定的：

> 当我们使用符号时我们就指涉事物的意义。符号代表那些具有

意义的事物或对象的意义；它们是经验中的已知部分，在它们之中任何一部分这样出现（或被直接经验到）的时间和场合，它们指示、象征、代表着经验中没有直接出现或被直接经验到的其他部分。因而符号不只是单纯的替代刺激——不只是引起条件反应或反射的刺激。（2008，p.109）

米德的观点或许能帮助我们解释两个问题①：第一，符号的沟通意义并不是简单的"刺激—反应"过程，而是帮助人们"区别出该情境的特征，致使对它们的反应能够出现在个体的体验之中"（米德，2008，p.108）；第二，人们在社会活动中的传播行为无非是意义的符号交换。在米德看来，能使意义得以交流的是语言这套符号，语言符号又协助"面子"的塑造在人际交往中得以完成。汀－图梅等也认为"面子"即人们希望看到的公众形象，而做"面子功夫"（face-work）是"为了维护面子，弥补面子损失"，是"支持和赞扬面子的特定语言或非语言信息"的呈现。（Ting-Toomey & Kurogi，1998）国内许多研究也都不约而同地认识到语言称谓系统可以体现出中国"面子"特性的一个方面。如翟学伟教授认为中国的称谓名称就是对真实社会关系的再现，体现了长幼有序、尊卑有别的社会等级内涵（2016，pp.42－47）。在中国文化中，如何称呼人其实就直接涉及"面子"问题，称呼用语不当首先就有可能折损面子。关于"面子"中西文化都有一套专门的词汇系统，这些专门的词汇系统构成了不同文化特有的礼仪习俗。所以，语言作为一种象征符号和"面子"作为一种心理符号，共筑起不同社会文化下别具一格的社会结构。

不难看出中西文化都将"面子"视作人们精神交往中的一种心理符号，"人同此心，心同此理"，这是中西"面子"文化对话的同理心基础。借用结构主义②观念来考察，"面子"作为意义之网的物质承载基础，是无形社会结构的组成部分。社会结构虽然是无形的，但经由"面子"符号互动后人们的交往行为是具象的，等级秩序与交往意义由此显现。以各类社会关系聚合为前提，个体与个体、群体与个体之间的互动行为由"面子"作为媒介产生联

---

① 有学者认为符号互动理论并不能解释"面子"问题，而用格尔茨的"符号象征"来解释或更贴切（谈娟，2002）。但遗憾的是研究者没有给出符号互动理论不可以解释"面子"问题的理由，因此没有得到有效回应。在笔者看来，基于符号与意义的关系，符号互动理论不仅仅是符号间的意义互动，或许还包括符号的互动过程，强调符号的中介作用，通过媒介生产出意义的互换。前者是 A 到 B 的意义互动，后者是 A 与 B 产生 C（关系）带来的意义互通。

② 结构主义"基本上是关于世界的一种思维方式……结构主义者的最终目标是永恒的结构；个人的行为、感觉和姿态都纳入其中，并由此得到它们最终的本质"（霍克斯，1987，pp.8－9）。

结，通过共享的符号－意义空间完成社会交往的循环。

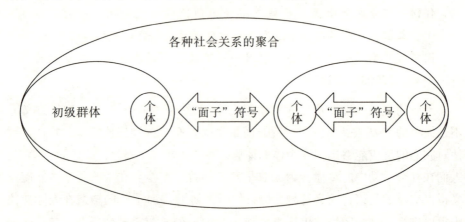

共享的符号–意义空间

图1　以"面子"符号为媒介的社会交往循环

需要强调的是，在社会结构及其结构下符号与意义的关联方面，中西方基于相似的符号理论可以进行对话，但符号的深层次意义又有本质上的分野，具体表现在文化的取向性和历史的传统性上。关于文化所表征的不同社会逻辑，布尔迪厄在批判理论与实践相分离时认为："根本不能指望社会理论孤注一掷地不从以具体经验研究的实践作为基础的'理论逻辑'出发。"（2015，p. 33）对中西双方，都能以"面子"为符号媒介进行文化考察，但还须放置在特定的文化语境即共享的意义空间中来具体分析和看待。图1中连接个人与群体共享的符号－意义空间如果不存在，则任何关系下的符号交流都将缺乏必要的解读前提。西方社会也有"面子"文化，但西方人未必能领悟中国人特有的"面子"观，如据胡先缙女士考察，美国人有"面子"但不能理解"脸"（Hu，1944），这是因为不同文化间缺乏必要的共有意义解读空间。本文所讨论并强调的这一共同意义空间正是由上文所提到的人情关系社会和宗法礼教制度共同构筑的华夏文明传播生态。

结语："面子"符号研究的再思考

上述理论是当前国内较多研究者提出的西方"面子"研究成果和范式（王轶楠，杨中芳，2005；张晶，吴继霞等，2013；杜风鹏，2018），目前尚未出现在人际传播中基于关系传播理论展开"面子"的研究。在构建人类命运共同体和"百年未有之大变局"这一时代背景下，重新思索和梳理中西关系，在中外新型合作关系中传播华夏文明中重视人情交往、人伦关系等的"面子"符号理论，对于实现"亲仁睦邻"，祛除西方自古希腊以来的剧场理论幻象中视"讲面子"为"演戏""表演"之理论鬼魅，建构基于关系的新型交流理论，具有重大意义。

关系传播理论可以追溯到贝特森的"传播新秩序"概念中，其强调这样一种研究观念："突出模式化关系的重要性，而不是单个事件的重要性；突出互相关联的重要性，而不是单一原因的重要性。"（罗杰斯，2010，p. 441）这要求研究者将多元关系、多层结构及系统的综合考察应用于循环内部关系。米德在解释心灵与符号的现象时这样说道："必须把个体的主观经验放在与大脑的自然的、社会生物学的活动的关系之中，才能对心灵提出一种可能被接受的说明；而只有认识到心灵的社会本性才能做到这一点……因此，我们必须承认，心灵是在社会过程中、在社会相互作用这个经验母体中产生出来的。"（米德，2008，pp. 119－120）联结人们关系并且继续发展新的社会关系的枢纽就是这个"经验母体"。如此，我们就有了一个新的思考方向：在人际传播中，关系通过交流产生，关系或许是理解一切社会意义的前提。

喻国明教授在《论作为关系表达的传播内容范式》一文中说道："在传播学中，人与人的传播不仅是两人之间的讯息传递，而且是人们通过人与人的传播来商定意义、身份和关系的方式。"（2020）简言之，关系立场的不同导致关系表述的不同，而在不同中西叙事中，"面子"符号所对应的关系内涵的意义甚至价值取向自然就千差万别了。王怡红教授也曾说过："在人际交流研究的众多问题中，关系的重要性无可比拟。传播过程中的讯息和意义则是围绕关系而确立的，且都显现于人对关系的意识与表现当中。"（2006）正是在"关系－交流"中，"面子"符号的作用才愈加凸显，人际交往以"脸面"为中介，不仅发挥关系建立的作用，还具有媒介转化能力，转化为社会生活中可交换的人情资源（翟学伟，2004），与社会结构性权力关系产生耦合联动。

总而言之，中西"面子"观念都可以视作以"面子"符号为媒介的意义互动，这是中西双方可以进行对话的前提。同时，中西"面子"差异则源于符号背后文化意义与历史情境的差异，源于中西文明各自积淀的文化成果：中国重视礼乐内核精神之上的人情世故，西方则重视社交印象与社会情境下的心理互动。但进一步思考，二者的符号观念都可以放在更为基础的关系法则下去考察，"面子"符号的广泛意义在关系秩序中或许可以走向大同：在人类命运共同体中，"面子"或其他能反映人类共有文化特质的符号都可以在关系结构之中进行意义的协商与共建。

引用文献：

布尔迪厄，华康德（2015）. 反思社会学导论（李猛，李康，译）. 北京：商务印书馆.

陈国明（2010）. 有助于跨文化理解的中国传播和谐理论. 载于赵晶晶（编译）. 和实生物——当前国际论坛中的华夏传播理念，22. 杭州：浙江大学出版社.

杜鹏（2017）. "面子"：熟人社会秩序再生产机制探究. 华中农业大学学报（社会科学版），4，63－72＋147－148.

胡河宁，孟海华，饶睿（2006）. 中国古代人际传播思想中的关系假设. 安徽史学，3，5－10.

黄光国（2010）. 人情与面子：中国人的权力游戏. 载于黄光国，胡先缙，等（主编）. 人情与面子：中国人的权力游戏，1－17. 北京：中国人民大学出版社.

黄梓航，等（2018）. 个人主义上升，集体主义式微？——全球文化变迁与民众心理变化. 心理科学进展，11，2068－2080.

霍克斯，特伦斯（1987）. 结构主义和符号学（瞿铁鹏，译）. 上海：上海译文出版社.

金耀基（2006）. "面""耻"与中国人行为之分析. 中国社会心理学评论，1，48－64.

林语堂（2009）. 吾国与吾民. 南京：江苏文艺出版社.

罗杰斯，L. 埃德娜（2010）. 关系传播理论——人际关系的一种系统－互动路径. 载于巴克斯特，布雷思韦特（编）. 人际传播：多元视角之下（殷晓蓉，等译）. 上海：上海译文出版社.

梅茨，库帕克（2010）. 面子理论——戈夫曼的人际传播剧场方法. 载于莱巴克斯特，布雷思韦特（编）. 人际传播：多元视角之下（殷晓蓉，等译）. 上海：上海译文出版社.

米德（2008）. 心灵、自我与社会（赵月瑟，译）. 上海：上海译文出版社.

明恩溥（2006）. 中国人的气质（作新社藏版）（佚名，译；黄兴涛，校注）. 北京：中华书局.

司马迁（2014）. 史记. 北京：中华书局.

谈娟（2002）. 论中国人"脸面"的社会功能——"脸"与"面子"的含义. 社会心理科学，4，3－4.

吴光，等（2011）. 王阳明全集（三卷本）. 上海：上海古籍出版社.

王文锦（2016）. 礼记译解. 北京：中华书局.

王怡红（2006）. 关系传播理论的逻辑解释——兼论人际交流研究的主要对象问题. 新闻与传播研究，2，21－26＋94－95.

王轶楠，杨中芳（2005）. 中西方面子研究综述. 心理科学，2，398－401.

吴予敏（1988）. 无形的网络. 北京：国际文化出版公司.

谢清果（2011）. 内向传播的视阈下老子的自我观探析. 国际新闻界，6，58－63＋89.

谢清果（2019）. 共生交往观的阐扬——作为传播观念的"中国". 西北师大学报（社会科

学版），2，5 - 13.

谢清果，米湘月（2019）. 说服的艺术：华夏"察言观色"论的意蕴、技巧与伦理. 现代传播（中国传媒大学学报），10，98 - 104.

杨国枢（2004）. 中国人的心理与行为：本土化研究. 北京：中国人民大学出版社.

喻国明，张珂嘉（2020）. 论作为关系表达的传播内容范式. 武汉大学学报（哲学社会科学版），4，66 - 73.

伊拉斯谟（2011）. 愚人颂（许崇信，译）. 南京：译林出版社.

俞祖华，赵慧峰（2005）. 中华民族精神新论. 济南：山东大学出版社.

翟学伟（2004）. 人情、面子与权力的再生产——情理社会中的社会交换方式. 社会学研究，5，48 - 57.

翟学伟（2016）. 中国人的日常呈现——面子与人情的社会研究. 南京：南京大学出版社.

湛若水（2014）. 湛甘泉先生文集. 桂林：广西师范大学出版社.

张伯行（1994）. 续近思录. 上海：上海古籍出版社.

张世亮、钟肇鹏、周桂钿（2012）. 春秋繁露. 北京：中华书局.

赵毅衡（2016）. 符号学：原理与推演（修订本）. 南京：南京大学出版社.

朱熹（1933）. 四书章句集注. 上海：中华书局.

朱熹（2018）. 朱子语类（第二册）（黎清德，编）. 武汉：崇文书局.

Chen, G. M. (2011). An Introduction to Key Concepts in Understanding the Chinese：Harmony as the Foundation of Chinese Communication. *China Media Research*, 4, 1 - 12.

Goffman, E. (1959). *The Presentation of Self in Everyday Life*. New York：Doubleday and Compa, Inc.

Goffman, E. (2003). On Face-Work：An Analysis of Ritual Elements in Social Interaction. *Reflections*, 3, 18, 213.

Hu, H. C. (1944). The Chinese Concepts of "Face", *American Anthropologist*, 46, 1, 45 - 64.

Ting-Toomey, S. & Kurogi, A. (1998). Facework Competence in Intercultural Conflict：An Updated Face Negotiation Theory. *International Journal of Intercultural Relations*, 22, 192.

Triandis, H. C. (1995). *Individualism & Collectivism*. Boulder：Westview Press, CO.

作者简介：

王婷，贵州师范大学国际教育学院讲师，厦门大学新闻传播学院博士研究生，研究方向为华夏隐喻传播。

Author:

Wang Ting, lecturer of School of International Education, Guizhou Normal University, Ph. D. candidate in School of Journalism and Communication at Xiamen University. Her research field is Huaxia Metaphorical Communication.

E-mail: 656496487@ qq. com

体育明星代言广告的表意机制与价值生成*

莫思梅

摘　要： 本文主要探讨体育明星代言如何为广告赋能，以及明星代言在广告文本中的意义迁移问题。在消费社会的背景下，广告不仅为品牌或产品做宣传，其本身也是重要的消费对象，而体育明星代言由于"体育＋明星"的双重意蕴，成为"代言"这一符号表征活动的重要力量，连绵不断的世锦赛、世界杯和奥运会更为其推波助澜。体育明星代言广告符合麦克夸肯的明星代言意义迁移模型，但后者在代言主体与对象的契合度、代言表征范围以及代言的广告赋能和表意机制等方面缺乏必要的理论表述。本文以体育明星代言广告为研究对象，从符号学的角度丰富和延展了这一理论模型。

关键词： 体育明星代言，代言广告，意义迁移模型，表意机制，转义生成

The Signifying Mechanism and Value Generation of Sport Stars' Endorsements in Advertising

Mo Simei

Abstract: This paper discusses how sports star endorsement empowers advertising, and examines the meaning transfers of words in advertising texts. In the mass consumption society, advertising is done not only for the sake of brand or product promotion, but also

　＊ 本文系重庆市社科规划青年项目"英语学界的中国广告研究（1911—2011）"（2017QNCB22）阶段性成果。

because advertising is an important object of consumption in itself. Due to the dual effects of "sports + star" messages, sports star endorsements have played an important role in changing the meaning of "endorsement". The major periodic international sports events such as the World Championships, World Cups and Olympic Games have reinforced this pattern. Advertising through sports star endorsements is an example of McCraken's model of the meaning transfer of star endorsements. However, this model fails to provide the necessary theoretical interpretation for the congruity between endorsement subjects and objects, the scope of representation involved in an endorsement, the role of endorsements in advertising, or the signifying mechanisms in such advertisement. Therefore, this paper investigates the signifying mechanisms involved in advertisement through sports star endorsement and serves to enrich McCraken's theoretical model from the perspective of semiotics.

Keywords: sports star endorsement, endorsed advertising, meaning transfer model, signifying mechanism, generation of transferred meaning

DOI: 10. 13760/b. cnki. sam. 202102013

随着中国男篮、女排、跨栏、体操、跳水、乒乓球等项目在国际赛场上频繁斩获佳绩，一颗颗闪亮的体育明星在普通民众的这片天空中变得异常惹人瞩目，体育明星作为广告代言人也同样在屏幕、展览、墙体、商业街等各种广告位上熠熠生辉，几乎与演艺明星平分秋色。体育明星之所以频频亮相广告领域，除了一般意义上的"明星效应"，还与体育专业自身的特殊性有关，"现代体育涉及面广，传播速度快，震撼力强，具有其他社会现象难以抗拒的魅力……特别是体育与传媒的密切结合，极大增强了竞技体育的观赏价值和体育明星的榜样力量"（陈彩香，张立，2001）。可以说，源于古希腊神话的现代竞技体育，在高度发达的电子传媒的助推下，不啻为体育迷日常生活世界的另一种神话，而赛场和屏幕上各展其才的体育明星们，无异于一个个神话里的英雄，这在热衷于以各种"光环"和符号作为消费对象的当代社会，无疑是不可替代的广告资源。但问题是，神话般的体育明星们究竟是如何为广告赋能的？或者说其所携带的意义能量如何迁移到广告文本中？如何实现体育明星代言主体和对象的高度契合？代言过程可能存在哪些危机和风险？如何规避风险？诸如此类的问题，当前学界还没有给予足够的关注和探讨。对于这些体育文化研究领域不容回避的问题，本文将进行系统深入的分析。

一、体育营销与消费社会的体育明星代言广告

从理论上来说，体育明星代言属于体育营销的一部分，后者意指一种通过体育赛事、体育场地以及高知名度的参与者（比如运动员、教练及其团队等）来营销商品的市场策略，其营销内容包括体育用品、运动机械、运动装备、保健品、功能性饮料等在内的体育产品链，也可以跳出体育范畴，延伸到房地产、化妆品、食品、酒精饮品乃至公益活动、政策推广等领域，因此体育营销蕴含着巨大的市场能量和社会价值；反过来，规模浩大的体育赛事之所以能够轮番举办，也正是因其与体育营销构建了良好的互动关系。从传统的市场营销学角度来看，广告只是其诸多构成要素（4P，即产品[Product]、价格[Price]、渠道[Place]、促销[Promotion]）中的一个必要组成部分（属于促销手段之一种），但在体育营销中，广告却占据了相当突出的位置，尤其在国内市场，自2007年姚明和刘翔"双星系统"一举超越其他明星成为"亚洲品牌十大最具价值代言人"（分别位居第一和第二）以来，以体育明星作为代言人的广告迸射出了异常强大的市场活力，在此起彼伏的世界杯、世锦赛和奥运会前后更是高潮迭起。

当然，稍稍留意一下今天的经济社会环境就会发现，广告的地位在系统性的营销活动中变得日益凸显并非仅止于体育营销领域。据调查，当前城市居民每天接触的显性和隐性广告数量高达4000—10000条之多，广告成为一个重要日常信息来源。有些研究者认为当代社会已经进入一个"泛广告时代"，即广告"从文本形式上突破广告尾题形式、大众媒介等限制，向其他意义活动渗透"（饶广祥，2019），使其或多或少地被广告化和展演化了，正如霍克海姆和阿多诺在20世纪40年代就已经指明的，"一切没有贴上广告标签的东西，都会在经济上受到人们的质疑"（霍克海姆，阿多诺，2006，p. 147）。从理论上来说，广告之所以会铺天盖地大肆传播，不仅在于广告、信息技术和传播手段提供了必要的物质性条件，主体维度上消费方式的革命性变化及其背后深层次的政治经济学动因也起到了极为关键的作用。诚如法国理论家波德里亚（Jean Baudrillard）的经典论断所示："为了成为消费对

象，物必须变成符号。"（Baudrillard，1988，p. 22）如今人们消费的不再是物（object）或商品自身，而是由其所附带或衍生的表意符号，或者说并非实体消费，而是符号消费、象征消费——马克思所揭示的"商品拜物"教已变成"能指拜物教"。对于导致这种转变的根本原因，波德里亚认为是当代社会已经彻底告别延续两千多年的物质短缺状态，进入了加尔布雷斯（John Kenneth Galbraith）所谓的"丰盛社会"，随处可见"物的惊人的过剩堆积"，乃至出现"物对人的包围"（波德里亚，2004，p. 1）。为了维持市场机制的运转以及资本的持续增殖，消费活动不得不"避实就虚"，遁入符号、艺术、影像、美学和精神的自由领地。这样一来，消费活动似乎已经蜕变为某种意义上的审美和艺术活动，而作为"物体系"（object system）之组成要素的商品包装、设计、品牌、趣味等则成了消费实践的实际对象。古老的广告宣传正是在这样的语境下被重新激活的：它越过商品本身，直接变成人们的消费目标。在每一次消费实践中，广告的虚幻本质都被对象化和实体化了，其本身才是真正意义上的商品，广告中的商品反而变成了广告的附属品。

回到体育明星代言广告的问题上，体育明星为特定的商品代言看起来是殊有必要的，因为人们所消费的不仅是商品，而是体育明星身上所携带的"体育＋明星"的双重"符号场"及其象征价值，这里显然存在一个通过代言实现意义迁移的过程。对于这一过程，美国学者麦克夸肯（Grant McCraken）立足于名人广告绘制出一个宏观的模型（周俊辉，等，2014）：

图 1　麦克夸肯的意义迁移模型

不难看出，包括体育明星在内的名人或明星的意义来源显然并非止于他们自身，而是由其所在的社会文化环境所提供的。明星的力量之源在于对社会环境的汲取，只有受社会认可的成就才有可能转变为明星的社会地位和象征价值。而且，这一过程并非同质化、均一化的，因为明星个人不同的能力、形象、个性、禀赋、所从事的职业以及不同的社会文化环境，都可能赋予其不同的象征资本，正是这些差异为不同品牌和产品提供了战略性的选择机遇：理想的广告代言明星总是与品牌高度契合的。在麦克夸肯的模型中，广告过程是实现意义迁移的核心环节，这一过程需要对明星在原有形象的基础上进行精心筹划和再包装，从而将其所携带的象征资本有效转移到具体的产品或服务上，然后才能到达消费者的感知范围。

麦克夸肯的意义迁移模型很好地解释了包括体育明星在内的明星代言如何实现从明星到产品的价值转化，或者说代言广告是如何为产品赋能的。但这个模型似乎还存在一些不足或模糊之处，其中一点就是，广告信息的接收过程止于消费者，而消费者本身却没有进一步的规定，俨然成了脱离社会环境的抽象存在。事实上，消费者与信息的发出者即明星一样，也是处于特定社会历史情境下的"这一个"（亚里士多德语）存在者，而且，他们的消费方式、态度和行动直接决定了广告以及其所代理的产品或品牌的成败，并对社会环境本身具有积极影响。在这个意义上，意义迁移模型中的每一个要素都会对其前后诸环节有影响，因此它就不应该是单向、线性的，而是双向且闭环的，这一点在"广告过程"环节尤其重要：形象良好的明星在各种屏幕上频频出现的身影其实是对（明星）粉丝数量和产品销量的双重提升，尤其是那些高科技、公益性或体现人性关怀的广告，能够充分展现明星的才艺和温情。比如阿迪达斯广告充满了科技感，佳得乐广告则展现了拼搏向上的精神，这些代言既是为品牌做广告，同时也是明星形象的自我强化和演绎。

二、体育明星的代言表意及其在广告文本中的转义生成

麦克夸肯意义迁移模型的另外一个问题是作为"总系统"过于宏观和笼统，没有对明星代言究竟如何实现意义迁移这一附着其上的"子系统"做出足够清晰的交代说明，而后者借助符号学的理论可以得到较为深刻的洞察，这不仅是因为代言行为本身属于典型的符号学现象，而且，正如朱迪思·威廉森（Judith Williamson）在《解码广告》一书中所说，"广告讯息意义建构的方式之一，就是将一个符号的意义转移到另一个符号"（蒋诗萍，周诗诗，2020），广告作为一种意义建构和传递的方式符合符号学作为"表意学"（赵毅衡，2012，p. 3）的理论主旨。反过来，从符号学路径考察广告的意义迁移问题，也必然首先从如何表达广告意义说起。

广告意义的表达即广告表意从宏观上可以分为两种类型，其一为直言表意，即广告信息的叙述者为经过象征性和人格化设计的品牌或产品本身[①]；其二为代言表意，以经过严格筛选的代言人作为广告叙述者。对于后者，诚

---

① 赵毅衡认为，"叙述中的'人物'，必须是'有灵之物'"，事物自身不会叙述，除非将其拟人化，"例如广告中的牙膏，为某种伦理目的（例如保护人类的牙齿），'甘愿'做某事（例如改变自己的成分），这类广告就有叙述"，因此广告中的叙述者必然是人格化的。（赵毅衡，2013，p. 8）

如麦克夸肯所说，其意义的表达并不来自产品或品牌自身，而是经由异己的、他者的嫁接或迁移而来，因此，代言人与品牌之间并非像直言表意（"为自己代言"）那样直接合二为一，而是存在一个二元关系以及由此带来的契合度的问题。事实表明，契合度是广告代言表意行为的首要问题。这里不仅包括被代言的"物"与作为代言者的"人"（包括卡通形象等虚拟人物）之间的契合，也有二者所在的类别或范畴及其精神气质之间的契合。在体育明星代言中，明星本人的专业成就、形象气质、人气口碑是可被广告过程迁移的表意资源，不同的体育专业领域以及该领域在具体赛事中所体现出来的相对稳定的形象气质和专业精神同样也是表意系统的组成部分。

由此就不难发现，在代言广告的操作实践中，摆在广告商和广告主面前的其实是一个符号学的双轴理论问题：如何在系谱轴上隐喻性地选择最适当的"词语"并将其投射或转义到连接轴上，从而形成明白无误的组合 - 广告文本？以郎平代言郎酒广告为例，之所以选中郎平这一象征符号，至少基于几个因素的考量。首先，称谓上的近似性，"郎酒"和"郎平"，一字之差，容易让受众产生近似联想，匹配度极高。其次，以郎平为代表的"女排精神"与郎酒的企业精神高度契合。在郎平的带领下，中国女排历经十多年的低迷期后连续 13 次夺冠，成为誉满全球的"王者之师"，中国女排是中国体育界的骄傲、民族精神的体现，象征着勤学苦练、顽强拼搏、团结奋斗、勇攀高峰等一系列积极有为的价值内涵，这与郎酒公司"务实专注、精耕细作、追求极致的工匠精神和品质保障"有共通之处，就连郎平本人也说"大家是走在一个道上的人"（张继，2016 - 09 - 02）。再者，郎平具体代言的"红花郎"产品与中国女排在形象设计上高度一致。活跃在屏幕上的中国女排的队服以及其他标识符以象征国家和爱国主义精神的"中国红"为主色调，可以说不让须眉的女排队员们个个都是"红花郎"，二者实现了完美契合。最后，郎平本人的形象气质、专业成就、传奇经历、个人号召力以及近千万的微博粉丝数量，也是促成"二郎"合作的另一个不容或缺的契合点。总之，郎酒选择了体育明星郎平，而不是知识精英郎咸平或者其他人，其所遵循的正是带有几乎是唯一性的选择机制和聚合操作，对于代言表意广告来说，这种契合近乎完美，它提供了聚拢表意势能进而促成意义迁移的最可靠保障。

当然，在广告营销学的视域下，代言主体的选择仅仅是初始层面的一度问题，接下来便面临着更深层次的二度问题，即如何赋予被选代言主体以不同的意义范围，从而将其塑造成可被媒介再现的意义主体。这就牵涉广告叙述者（代言主体）的言说身份问题。一般而言，代言主体的身份一是基于覆盖区域，分为全球代言和地区代言两种①；二是基于代言对象，分为全线代言、产品线代言、系列代言和产品代言四种。不同的代言意味着不同的言说/意义范围和权力。郎平代言郎酒集团的"红花郎"产品属于一种产品代言。

除了代言人，能够作为广告叙事者的还有品牌大使、品牌挚友、品牌体验官等，他们都可以为品牌言说。相对而言，代言人的等级最高，不仅意味着品牌形象宣传，还涉及与广告主的商务合作；品牌大使次之，重在明星人气和粉丝群体的消费能力与代言品牌的匹配；而品牌挚友和体验官主要针对正在成长或粉丝群体未定性的明星，体验官也可以选用意见领袖甚至普通人。② 言说主体的梯度化和可选择性解放了明星身份，赋予一个明星代言多种品牌的可能性，尤其当该明星能够不断自我超越，其代言范围就变得非常宽泛。在体育广告代言领域，号称"移动长城"的姚明曾经代言可口可乐、苹果电脑、麦当劳、维萨卡、中国联通 CDMA、中国人寿、瑞士豪雅表、任我游导航系统、球星卡制造商 upper-deck、燕京啤酒、中国建设银行 VISA 明卡、汤臣倍健、奥利奥等品牌；而郎平的代言范围则包括康师傅饮用水、光明钙奶、有道精品课、妈妈壹选、片仔癀珍珠膏、莎普爱思眼药水、善元堂中老年健步棉鞋、国肽生物、恒大人寿、工行 world 奋斗卡、360 手机等，涉及饮品、洗化、医药、保险、金融、电子产品等多个行业。

在代言主体经过契合度评估而被选定并被赋予不同层级的意义范围之后，经过广告过程将代言主体所携带的意义能量迁移到品牌和产品上，从而生成广告价值，是广告代言逻辑链条上的一个极其重要的环节，同时也是麦克夸肯意义迁移理论的重心所在和另一个阐释盲区。

在广告界，奥美广告公司（Ogilvy）的创始人、被誉为"广告教皇"的大卫·奥格威（David MacKenzie Ogilvy）曾经提出著名的"品牌形象法"，该方法是广告创意的重要理论方法，其核心理念为："任何产品都可以通过广告树立起品牌形象，但品牌形象并不是产品本身固有的，而是消费者联系产品的质量、价格、历史等，在外在因素的诱导、辅助下生成的。"（周俊杰，康瑾，2013，p. 264）品牌形象与产品无关，而是消费者的一种想象，这样的洞见可谓得现代广告学之精髓。在代言广告中，可以说消费者的想象本身就是一种消费对象，而其之所以产生，最主要的刺激因素无疑是代言主体

---

① "代言"是一个多义词，既可以是一种广告宣传活动，即言代行为，也可以是行为者，即代言人或代言主体。

② 品牌体验官比较强调通过切身的个人体验来传达品牌感知，具有公众影响力的意见领袖可以胜任，而普通人体验更能带代表一般消费者的真情实感，近年来比较受业内推崇。

自身所携带和展现的符号价值。当然,在具体的广告文本中,代言人可能位于视觉上的中心甚至重心位置,但绝不是唯一要素,除了必不可少的广告对象,一般的文本要素还包括文字和/或声音,以及一些背景设定等。这些要素都是经由聚合－选择程序高度凝练的产物,它们构成了彼此关联的组合－符号场,共同搭建起消费者的想象平台。在郎平代言的郎酒电视广告中,郎平和赛场上奋力拼搏的女排队员们构成了人物形象(意义主体)符号,包装精美的"红花郎"是广告对象,人物衣着和酒瓶的"中国红"被设定为背景符号,浑厚有力的配音及其字幕进一步加固了广告的表意主旨。15秒的电视广告呈现的是战斗力饱满的人物形象、令人振奋的红色、激昂的文字,还有与之水乳交融的红花郎酒。

但是,细究起来,这些组合连贯的符号要素并不在一个表意平面上。画面中出现频率最高和时间最多的是人物和色彩两个能指符号,其中人物塑造包括女排队员和郎平教练两组,前者为里约奥运会上胜利在望的经典赛场实景,后者为在场外密切观战并指导比赛的身形剪影,两者将中国女排一丝不苟、拼搏向上、永不言败的精神展露无遗。整个广告文本中从头至尾渲染力极强的大片"中国红"明白无误地指向了爱国主义内涵。同时,这两组表意符号的所指意涵经过字幕和浑厚的男声旁白得到进一步固化:"你欢呼的每一分,背后都有一百分的努力。红花郎,打胜仗;铁榔头,扬国威!"这里作为代言对象的产品"红花郎"只在声音和文字中出现,而没有画面影像,直到整个广告的最后两秒,"红花郎"才终于徐徐呈现在整个画面左侧的三分之一处。显然,广告文本为"红花郎"这一最终能指的出场做了精心预设的两重准备,其目的就是要将女排精神和爱国主义的所指内涵灌注其中。在这个意义上,意义充实的"红花郎"实际上完美吸纳了前两种(一级)符号铺设,构成了跃居其上的二级符号。这一点在"红花郎"影像出现之前的男声旁白和郎平的声音中得到了进一步证实:"喝郎酒,打胜仗,神采飞扬中国郎。"随后,这几个大字出现在整个广告的定格画面中。经过这样的意义设计,女排胜利的喜悦和神采飞扬的中国这两种意指最终都被迁移进了通体以"中国红"为瓶身的"红花郎"酒。

这样看来,"红花郎"酒电视广告的意义表达和迁移过程颇有罗兰·巴尔特(Roland Barthes)意义上"神话"(mythology)的意味。这并不奇怪,正如本文开头所言，最初源自古希腊神话的奥林匹亚运动会①发展到数字媒体时代，依然不失其神话色彩，而体育明星则无异于神话中的神或英雄。事实上，"代言"一词从词源学上来说本就是"神圣的表征"。据考证，该词最早出现于《尚书·说命上》，其中记载，殷王武丁告诫臣子们说，他"梦帝赉予良弼，其代予言"，意为天子赐予我贤臣良将，托梦以代我发言。这显然带有"君权神授"之意。"代言"因此自古就是一桩神圣而严肃的事情，代言人受某一群体托付，责任重大。对这一点，郎平和她的"女儿郎"们做出了最好的诠释。

总之，从代言主体的选择到意义主体的身份赋予，再到广告过程中两个意指系统的迁移，萦绕在体育明星身上的神话光环终究变成了广告产品和品牌自身的神话，广告的价值就在这样的逻辑中逐步成形。经过一步步充实，体育明星代言广告最终成了一种与现代体育并行的"神话"，正如罗兰·巴尔特所说："以前由神和史诗来做的文化工作——教会公民他们的社会价值观，提供共同语言——现在成了……广告人的工作。"（李智，2020，p. 132）

当然，这里所说的广告价值的实现过程是一个理想的逻辑过程，在具体的广告实践中，这一过程还要面临诸多外在因素的制约。首先是社会环境，尤其是伦理和法规因素的制约，它是任何广告活动的规范基础。比如刘翔代言的白沙香烟广告在创意上将"飞翔""飞人"的个人形象与烟雾缭绕的意境完美结合，很好地实现了体育明星向品牌的意义迁移，但该广告与相关广告规定有所抵牾，最终不得不黯然收场。其次，体育明星的代言机制还要受到体育专业领域自身的制约。在灿烂星空中，任何明星都不是"恒星"，而只是"流星"，体育专业领域由于其竞技性、周期性、强代际性和不稳定性，尤其如此。此外，明星自身的绯闻等负面新闻也会折损其个人形象。在这个意义上，体育明星的代言机制总是伴随着风险和危机，因此明星与品牌的契合度总是流动的、相对的，意义迁移过程总离不开特定的时间维度。基于这些变量要素，在充分考虑明星和广告主双方利益前提下，慎重选择代言头衔，科学评估代言时间，明确双方权利和义务，并灵活制定合约条款，成了规避代言风险从而顺利实现意义迁移的一个重要保证。

---

① 奥林匹亚运动会最早为古希腊人为纪念其神话中诸神的休战日而举办，第一届运动会开始于公元前 776 年。

三、结语

本文基于消费社会语境下消费范式的深刻变迁，系统考察了体育明星代言广告的意义迁移、表意机制以及广告价值的生成问题，并对麦克夸肯的理论模型做了适当的修正和补充。囿于篇幅和论题，本文未能对体育明星代言主体的意义生成语境以及消费者的广告文本接受等问题做出比较细致的论证说明。对于代言广告来说，这些问题因牵涉目标受众及其所在的社会环境而显得殊为重要，期待这样的问题在后续的研究中得到进一步展开。

引用文献：

波德里亚，让（2004）．消费社会（刘成富，等 译）．南京：南京大学出版社.

陈彩香，张立（2001）．体育明星广告市场探析．天津体育学院学报，2，38−41.

丁俊杰，康瑾（2013）．现代广告通论．北京：中国传媒大学出版社.

霍克海默，阿道尔诺（2006）．启蒙辩证法——哲学断片（渠敬东，曹卫东，译）．上海：上海人民出版社.

蒋诗萍，周诗诗（2020）．论"国潮"品牌跨界的符号双轴关系．载于赵毅衡（主编）．符号与传媒，21．成都：四川大学出版社.

李智（2020）．国际传播．北京：中国人民大学出版社.

饶广祥（2019）．论"泛广告化"传播的符号学机制．四川大学学报（哲学社会科学版），3，126−133.

张继（20160−9−02）．郎平谈代言郎酒，大家都是走在一个道上的人．检索于 https://www.sohu.com/a/113371911_179154.

赵毅衡（2012）．符号学．南京：南京大学出版社.

赵毅衡（2013）．广义叙述学．成都：四川大学出版社.

周俊辉等（2014）．体育明星广告说服机制与影响效果的关联性研究．天津体育学院学报，6，546−549.

Poster, M.（Ed.）(1988). *Jean Baudrillard: Selected Writings*. Stanford：Stanford University Press.

作者简介：

莫思梅，成都信息工程大学体育学院教师，主要研究体育文化传播和体育教育学。

Author:

Mo Simei, lecturer of Physical Education College at Chengdu University of Information Engineering. She mainly studies communication of sports culture and physical education.

E-mail: 306377430@qq.com

广义叙述学 ● ● ● ● ●

"易性乔装" 叙事的符号学探讨*

程丽蓉

摘　要：符号文本的意义结构层级和符号表意参与者的身份都会影响符号表意述真与否，这是为学界所忽视的。"易性乔装"叙事最能凸显出述真问题的复杂性和丰富性，符号接收者/解码者对于符号文本意义结构层级的理解，其与符号发送者/编码者是否达成一致，以及符号表意参与者的性别身份都会极大影响表意效果。本文以莎士比亚、伍尔夫和安吉拉·卡特的代表作为例，揭示"易性乔装"叙事述真之复杂与丰富。

关键词：易性乔装，叙事，述真，符号学

A Semiotic Analysis of the "Transsexual Disguise" Narrative

Cheng Lirong

Abstract: Academics have commonly overlooked the ways in which the meaning structures of sign-texts and the identities of participants in studies of semiosis may influence the veridiction of signification. The narrative of "transsexual disguise" highlights the complexity and richness of signification as a means of truth-telling. At least three factors

* 本文为国家社科基金项目"女性主义叙事阐释方法研究"（17BWW003）的阶段成果。

significantly influence the ideographic effects: how the receiver/decoder decodes the levels of meaning in the symbolic text involved, whether the receiver/decoder and the sender/coder agree on their understandings of the signification levels, and which gender identities the participants take during the process of signification. By examining the examples of William Shakespeare, Virginia Woolf and Angela Carter, this paper demonstrates how complicated veridiction can be concerning the narrative of "transsexual disguise".

Keywords: transsexual disguise, narrative, veridiction, semiotics

DOI: 10. 13760/b. cnki. sam. 202102014

一、"述真"问题与"易性乔装"叙事

符号表意的真实性问题，即"述真"（veridiction）问题被认为是符号学中最困难的问题之一（赵毅衡，2011，p. 260）。赵毅衡先生曾梳理学界各领域有关该问题的研究成果，如伦理哲学家罗斯（W. D. Ross）的人际交流"诚信原则"（principle of fidelity），语言学家格赖斯（H. P. Grice）提出的"合作原则"（cooperative principle），罗宾·拉可夫（Robin Lacoff）、利奇（Leech）、列文森（Levinson）等人提出的"礼貌原则"（politeness principle），艾柯的"符号撒谎论"，戈夫曼的"社会行为表演论"以及朱迪斯·巴特勒的"性别操演论"，等等，并以专章详细分析讨论此问题，修正格雷马斯的述真四分模式，提出真实性问题必须贯穿符号表意的三个环节，即发送者的意图意义、文本携带的文本意义以及接收者的解释意义来考虑，认为"诚信/作伪"取决于发送者态度，"恰当/不恰当"取决于文本品质，"愿接受/不愿接受"取决于接收者态度，进而得出八种可能的模式。（赵毅衡，2011，pp. 260 – 277）

然而，即便如此缜密地分析符号表意的述真问题，当我们面对古今中外文学中都存在的"易性乔装"（cross-dressing）叙事时会发现，这些模式还是存在很大的漏洞和缺陷。尽管赵先生事先声明，伦理学、法学、政治学、语言学等领域的符号表意诚信原则还比较好分析，"一旦用到复杂的，有许多虚构的传达场合，例如美学，叙述学，游戏学，应用'诚信原则'，就很困难"（赵毅衡，2011，p. 263），但显然他的分析还是限制在了符号表意三环节（要素）之中。事实上，正如赵先生该书一再表明的，符号表意的述真问

题绝不是在一个细读（close reading）状态下发生的问题，不是一个仅涉及发送者、文本和接收者三个环节的问题，还必然包括其他重要因素：符号的使用场景与语境，文本所处的意义结构层级，发送者（编码者）的表达意图与表达能力相符程度及其与他人的符号关联，接收者（解码者）的解读意图与解读能力相符程度及其与他人的符号关联，等等。① 尤其为符号学家们所忽略的是，符号表意参与者的身份本身也会对符号表意的述真问题造成很大干扰，性别、性向、种族、阶级阶层、健康状况等都可能牵涉其中，各种因素交织在一起。

"易性乔装"叙事最能凸显出性别身份影响下的符号表意的述真问题是何其复杂而又意涵丰富。

"易性乔装"即通过装扮变化性别，误导人将其视作另一性别。"乔装"这个概念最原初和基本的含义是指通过对物质身体外表的服饰妆容的乔装打扮，有意误导人对其生理性别的判断，后来又更多延伸及言语行为甚至心理思维。在文学中，"易性乔装"叙事既涉及故事层面，也涉及话语层面，还涉及作者与读者层面以及创作行为的文化隐喻层面。身体观和性别观在人类文明进程不同历史时期、不同文化语境中发生了丰富多元的演变，身体包含了肉体、躯体、身份、身体空间、身体实践、符号身体、文本身体等不同层面（张金凤，2019；汪民安，2014），性别也包含了生理性别、社会性别、符号性别、性别实践（操演）等复杂意义。身体和性别紧密相关，在人类文明演进中又被披上了形形色色的隐喻外衣，这就使得"易性乔装"这一概念可以在其基本含义上延伸出繁复的关于身体、性别和乔装的文化隐喻。

"易性乔装"关涉身体与性别、身体与服饰文化、身份与符号、述真与虚实等文化隐喻问题，内涵异常丰富，自带强烈的戏剧张力，因而颇受古今中外文学之青睐。莎翁《皆大欢喜》曾言："整个世界是一座舞台，所有的男男女女不过是演员罢了（All the world's a stage，/And all the men and women merely players）。"越是中西文化身体和性别观发生剧烈转变的时期，"易性乔装"叙事越是发生频繁：在西方，"易性乔装"叙事可远溯至古希腊神话、圣经以及民间故事，如宙斯乔装成公牛、雄鹰引诱劫掠，提瑞西阿斯（Tiresias）男女两性变换，赫马佛洛狄忒斯（Hermaphroditus）雌雄同体。柏拉图《会饮篇》还以这些神话为基础提出关于爱情和两性和谐共生的哲学命

---

① 譬如赵毅衡先生讨论体裁问题时引用卡勒的话，"同样的语句，在不同的体裁中，可产生不同的意义"，以及他对傻子叙述者叙事的不可靠叙事分析。

题（布里松，2005）。莎士比亚时代、18 世纪小说兴起时期①、弗吉利亚·伍尔夫时代以及 20 世纪六七十年代安吉拉·卡特时期，"易性乔装"叙事都极为活跃。在中国，"易性乔装"可以追溯到远古的巫术，在明中后期、清中后期、民国时期的小说戏剧中频繁出现（唐昱，2005；黎黎，2010）。随着身份、性别观念及文化语境的变化，在大众传媒助推之下，当代中西方均产生了媒介形态更为多样的"易性乔装"叙事，电影、电视、动漫、游戏、网剧、舞台剧、改编电影等，为符号学研究提供了前所未有的丰富资源。

二、从"反讽"到"易性乔装"叙事：意义结构层级与符号表意

应该注意到，关于符号表意问题，无论是格雷马斯的符号表意矩阵，哈贝马斯的"语言棋局"，巴恩斯的"语言扑克游戏"，还是赵毅衡先生提出的八种可能模式，都是把符号表意当作一个平面文本，作为一个文本层级来讨论的。这在日常生活场景或非文学艺术场景中，理论上讲是逻辑周密的，也为多层级符号文本的符号表意剖析打下了坚实基础。然而，不可忽视的是，很多符号表意并不是发生在一个平面维度上，直接诉诸交流言语或身体语言，在符号发送者与接收者之间直接进行交流的，尤其是文学艺术的符号表意往往被镶嵌在多层级的符号文本之中，大大增加了符号表意的复杂性。在叙事文学中，经过隐含作者、叙述者、叙述角度、叙述声音、叙述节奏、受述者、理想读者等各种叙事要素的过滤和负载，符号表意在每个文本意义结构层级上都可能发生变化，甚至会发生跨层级的交互影响，使得整个符号文本变得歧义丛生，甚而面目全非。此时，文本述真问题也就变得非常复杂，无法简单判断。赵先生对于反讽的讨论实际上已经在一定程度上揭示了这一点。

赵先生指出："反讽的修辞学定义，是一个符号表意表达的非但不是直接指义，而是正好相反的意思，这样的符号文本就有两层相反的意思：字面义/实际义；表达面/意图面；外延义/内涵义，两者对立而并存，其中之一是主要义，另一义是衬托义。但是究竟这两者是如何安排的，却依解释而变化，

---

① 玛德琳·卡恩的《叙事异装癖：十八世纪英国小说的修辞与性别》就因为运用这一新学术视角，发现"第一部规范的英语小说是由男人以女人的身份写成的"，包括笛福的《摩尔·弗兰德斯》《罗克萨娜》（Roxana）和理查森的《帕美拉》《克拉丽莎》等早期经典小说，都是由男性以女性第一人称叙述方式创作的。由此现象出发，卡恩追问性别叙事修辞问题，结合精神分析和叙事学，提出"叙事性变装癖"这个概念并揭示其修辞意义，为性别叙事提供了一种新颖的分析模式。

没有一定之规。""反讽是'口是心非'，冲突的意义发生于不同层次：文本说是，实用意义说非。"（赵毅衡，2011，p. 209）"反讽与悖论最大的共同点，是都需要解释者的'矫正解释'，矫正的主要工具是情景语境和伴随文本语境。"（p. 211）"双关语反讽，也依靠发出者与接收者的文化背景相通，产生效果。"（p. 212）一方面，反讽乃是将符号文本的字面表达放置于某种语境之上（也即意义结构之中），形成不同表意层级之间的反差，不论是情景反讽、历史反讽、戏剧反讽，还是以不可靠叙述为极致的修辞反讽以及大局面反讽均是如此；另一方面，反讽在元符号层面造成了两层相反的意义，这是利用语言的能指与所指的任意性形成的双层符号表意。这种双层符号文本表意的达成与否并非由文本所携带的意义决定，而是特别依赖于符号发送者和接收者就符号文本的相反双层意义达成一致理解；如不能达成一致，则反讽无效或失效。对于大局面反讽而言，则还需要接收者能够更好地理解发送者埋置在符号文本各个层级之间意义的相反相成，才能达成真正有效的表意。比如赵先生论反讽时以岑参的名句"忽如一夜春风来，千树万树梨花开"作为"夸大陈述"（overstatement）类型的反讽和反讽、悖论难辨的例子（pp. 212 - 213）。笔者进一步要讨论的是，一般符号接收者如果不知道岑参《白雪歌送武判官归京》全诗及其意义结构，就不懂得此句与全诗酷冷凝冰的世界形成的反差，也不懂此句与最后一句"山回路转不见君，雪上空留马行处"形成的繁闹与空寂之间的反差。而接收者如果把这个名句抽离出来，读成一般的比喻句（梨花喻雪花），不能注意到这个句子制造了一个低于整首诗符号文本的意义结构层级，那么，这句"夸大陈述"类型的反讽表意就是失效的。张爱玲《倾城之恋》中的反讽也有类于此。

可见，符号表意的效果如何，特别是述真与否，必然涉及符号文本的意义结构层级，符号接收者/解码者对于意义结构层级的理解，以及此理解是否与符号发送者/编码者一致。

由于还涉及符号表意参与者的性别身份及其乔装问题，"易性乔装"叙事中符号表意述真与否的复杂性更甚于反讽。"易性乔装"叙事往往建构不同意义结构层级的符号文本，性别及其变化更增加了意义结构层级之间的交织变幻，述真与否也就更难以辨识。莎士比亚的《威尼斯商人》、弗吉尼亚·伍尔夫的《奥兰多：一部传记》和安吉拉·卡特的《魔幻玩具铺》《马戏团之夜》作为戏剧和小说"易性乔装"叙事的典型案例，在叙事修辞、叙事结构、文化隐喻各层面实践"易性乔装"叙事探险，特别适用于探讨符号表意述真问题。

三、莎士比亚式"易性乔装"叙事

莎士比亚是在戏剧中最多运用"伪装"(disguise)和"易性乔装"叙事的作家，其悲剧和喜剧遍布伪装，而喜剧则更多用"易性乔装"(女扮男装)(曾绛，2014；Mcdonald，2014)，如《威尼斯商人》《第十二夜》《维洛那二绅士》《皆大欢喜》《仲夏夜之梦》《驯悍记》等。莎士比亚利用"女扮男装"推进故事情节，塑造人物形象和角色人格，借性别置换与错位以表达对爱情、婚姻以及性别和性别关系的观点，还传递出当时的社会文化信息。从表面看，莎剧通过"女扮男装"成功地展现了女性人物的聪明才智，使她们赢得了与男性同样的社会身份和社会地位，然而这恰恰反映出女性在所处时代所受到的极大束缚：她们只有通过这种途径，才有可能较自由地表达自我和展现聪明才智。女性人物聪明才智的展现构成了莎剧叙事多层级设计的基础。

《威尼斯商人》第五幕后半段鲍西亚和尼莉莎戏弄丈夫这个场景最能凸显"易性乔装"叙事的符号文本结构层级，且以此为例。剧中，当审判结束，鲍西亚回到家中恢复女装，巴萨尼奥等人随后来到，鲍西亚和女仆事先商议要教训她们的丈夫，因为他们把结婚指环送了别人（尽管是伪装成律师的）。这时，剧中有这样的对白：

> 巴萨尼奥：鲍西娅，饶恕我这一次出于不得已的错误，当着这许多朋友们的面前，我向您发誓，凭着您这一双美丽的眼睛，在它们里面我可以看见我自己。
>
> 鲍西亚：你们听他的话！我的左眼里也有一个他，我的右眼里也有一个他；您用您的两重人格发誓，我还能够相信您吗？

这组对白作为一个符号文本，表意极为丰富，详析如下：

鲍西娅，饶恕我这一次出于不得已的错误（符号发送对象为鲍西娅；承认错误，请求饶恕）

当着这许多朋友们的面前（符号发送对象为鲍西娅和在场所有人；拉誓言的担保人和见证人）

我向您发誓（符号发送对象为鲍西娅和在场所有人包括他自己；这里的发誓既具有外在言语动作性，又具有心理动作性，表明巴萨尼奥极其真诚）

凭着您这一双美丽的眼睛，在它们里面我可以看见我自己（符号发送对象为鲍西娅和他自己；"您这一双美丽的眼睛"明确指向的是鲍西娅的眼睛；表白真情，袒露真心，"看见我自己忠贞不贰的真心"，无双关意）

你们听他的话！（符号发送对象为除鲍西娅自己外所有在场者）

我的左眼里也有一个他，我的右眼里也有一个他（符号发送对象表面上是除鲍西娅和巴萨尼奥外的所有在场者，而实际对象却是巴萨尼奥；双关语，把"一双眼睛"拆解成"左眼"和"右眼"，两个他既是指视觉感知的两个形象，又将巴萨尼奥分离成之前"转送别人指环"［不忠贞专一］和现在发誓表真心［忠贞专一］的两个不同的人，假意不接受丈夫的真心和真情表白，含讥诮意味）。

您用您的两重人格发誓，我还能够相信您吗？（符号发送对象为巴萨尼奥，挑明他前后言行不一致、人格不一致，假意怀疑其真心，半含讥诮半认真）

当把前述对白看作一个单独的符号文本时，是卸下了"易性乔装"的修饰的，即便如此，我们已经可以体会到语言符号表意的丰富与多层次。而当将这个符号文本放置在更大的文本意义结构中时，"易性乔装"带来的更为丰富复杂的表意层级就进一步显露出来：

第一层级：鲍西娅与巴萨尼奥之间的对白。男人被蒙蔽，身份完整统一，即男人、丈夫、商人；女人了解真相，掌控局面，有双重身份：男/女、律师/妻子，她的身份因男人的无知而分裂地存在。

第二层级：剧中在场众人听到、看到的对白和场景。不知鲍西娅主仆"易性乔装"的男人们和知道此事的女仆尼莉莎造成后面不同人物的不同心理反应和动作语言；男人们的认知割裂了鲍西娅作为男性律师和作为女性妻子这两面，而唯有在女性仆人的认知中鲍西娅才是一个统一的人。

第三层级：处于整个剧作中的对白场景。巴萨尼奥所说的"您的一双美丽的眼睛"指向的是剧中每个人物的视觉感知，他们有眼睛，可以看到，但看到的并非真相，就像男人们看到的男人并不一定就是男人（生理性别），他们所认同的男人也并不一定是男人（气质特征和社会性别）；同时，每个人物又都相互提供镜像，认知是人际互动的，"在它们里面我可以看见我自己"，但这种认知是否准确和正确却是可疑的，用鲍西娅的话说就是"我的左眼里也有一个他，我的右眼里也有一个他；您用您的双重人格发誓，我还能够相信您吗？"就像巴萨尼奥以为他忠于妻子，却经不起友谊的诱惑而背叛爱情（为了安东尼奥而愿意献出生命，为了安东尼奥的提议而把指环送给律师）——以忠贞为傲却成背叛者；安东尼奥自以为自己可以用财富为朋友担保，却不知风云莫测、自身难保——以财富为傲却成负债者；夏洛克自以为稳操胜券却最终惨败收场——以智慧为傲却成愚蠢者……一切皆非眼睛所见，一切皆非心里所期，表相与本质之间总是充满悖谬与张力。

不仅如此，鲍西娅明知自己乔装打扮骗了丈夫和众人，这样的胜利和优势是依靠乔装成男人获得的，这是暂时的、没有保障的，她一旦恢复女儿身，就会再度受到当时社会风习和文化制度对女性的束缚，重新处于女性的弱势地位。因此，她和女仆要利用这枚指环来将计就计，使男人们进一步做出忠贞和顺从的承诺，继续巩固乔装成男人才得到的优势和主导地位：这时她的生理性别是女性，心理和社会性别却是男性的。因此，鲍西娅清醒地知道自己才是那个有两重人格的人。"我的左眼里也有一个他，我的右眼里也有一个他；您用您的双重人格发誓，我还能够相信您吗？"放在全剧中来看，这句话符号表意的又一重指向才明晰起来：这句话的符号接收者也同时是她自己，当她清晰地知道自己的双重性时，她自问哪个才是真实的自己，哪个自己才是可以相信的。自我认知也是困难的。

第四层级：剧本读者阅读观看的对白场景。这一层级又可分为两种情况，一种是对象化地阅读观看，自身不卷入其中，这种情况下，读者是男性或女性不那么重要；另一种是共情式地阅读观看，这种情况下，读者在生理或心理上是男性、女性或超越性别者，对这个符号文本的解读会有较大影响。这里面情形会变得异常复杂，读者的性别、教育背景、阅读环境（外部的、心理的）等都会对这个符号文本的解读有所影响。即便撇开复杂的性别因素，读者至少也可以发现，巴萨尼奥和鲍西娅的话延伸到读者自己身上，就会产生对真相认知问题的极大质疑和无数遐思。于是，巴萨尼奥那句"凭着您这一双美丽的眼睛，在它们里面我可以看见我自己"的符号发送者几乎就是剧作者莎士比亚，而符号发送对象转移为每个读者（观众）和莎士比亚自己；鲍西娅的那句"我的左眼里也有一个他，我的右眼里也有一个他；您用您的双重人格发誓，我还能够相信您吗？"的符号发送者和对象也会同样悄然转移。莎士比亚通过人物间的对白进行自我对话与诘问，兼任了符号文本发送者与接收者。与此同时，奇妙的共情也促成了莎士比亚与读者（观者）之间跨越时空的符号对话，以及读者（观者）的自我对话与诘问。

仅仅从两句看似带着双关意义的对白的符号表意分析，我们就已经看到，由于"易性乔装"叙事的巧妙设置，随着符号文本表意结构层级的扩大，这两句对白被不断涵纳进更为深刻而博大的意义格局之中，产生出比语言符号表层深远得多的表意空间。"易性乔装"的述真状态也随着表意层级的变化而变化，并不存在绝对的真与伪，性别和"易性"也因"乔装"而变成富有深意的文化隐喻。莎剧的这种"易性乔装"叙事虽然并无叙述者介入，却因台词、人物关系、动作语言构成摇曳多姿的叙事情节以及多层级意义结构，成为戏剧"易性乔装"符号表意的典范。

四、伍尔夫式"易性乔装"叙事

戏剧的"易性乔装"叙事是无叙述者介入的，而小说的"易性乔装"叙事则有叙述者介入，与叙述者相关的叙述视角、叙述声音、叙述态度等也就相应介入进来。

莎剧的"易性乔装"尚且停留于外表（衣饰面貌）改变带来性别角色、社会地位的变化以及由此造成的复杂符号表意，其符号表意的述真与否几乎很难断定，甚至可以说，剧中的符号表意恰恰并非以述真为鹄的。四百年后，弗吉利亚·伍尔夫的"易性乔装"小说代表作《奥兰多：一部传记》（简称《奥兰多》）以瑰丽奇异的想象书写了奥兰多从肉体、衣饰到心理、精神由男性贵族转变为女性诗人发生的种种故事，有真正的易性，也有易性转变过程中的乔装。有趣的是，伍尔夫恰恰也让她的主人公穿越了从莎士比亚所处的伊丽莎白时期到伍尔夫生活的 20 世纪初之间的整整四百年时间，而小说最后奥兰多的年龄与作者创作时年龄相同（36 岁）。在《奥兰多》中，奥兰多看到情人萨沙跟水手调情后，回到泰晤士河边，那里正上演着《奥赛罗》（莎士比亚的环球剧场就在泰晤士河畔），剧中奥赛罗被挑唆认为妻子背叛他时的狂暴、愤怒和强烈的受伤感正好投射出奥兰多此刻的心情。不仅如此，小说还多处致敬又调侃莎士比亚，伍尔夫《自己的房间》里还写了著名的"莎士比亚的妹妹"的故事，以至于我们很难不想到，《奥兰多》的"易性乔装"叙事跟莎剧的"易性乔装"叙事之间存在奇妙的关联。不过，小说《奥兰多》的"易性乔装"叙事因为叙述者及其相关要素的介入而跟莎剧模式差异巨大。

"他，这自然就表明了他的性别，虽说其时的风气对此有所掩饰，正朝梁上悬下的一颗摩尔人的头颅劈刺过去。"（伍尔夫，2003，p. 1）小说一开篇就以一个简单句中间加入插入语的方式，形象又直接地呈现出了强烈的叙述者介入和控制感，同时也直截了当地凸显出"他"的性别，并以极富于性别象征意义的"劈刺"强化男性所代表的征服、杀戮、战争、权力、勇气等含义。插入语就仿佛"刺点"（punctum），破坏了原本简单句"他正朝梁上悬下的一颗摩尔人的头颅劈刺过去"的统一性，使得简单句这个故事层被插入语这个凸显话语层的标志操控、改变和破坏，故事层的那种逼真感遭到刻意破坏。不要忘了小说的副标题——"一部传记"，故事层确乎是一部传记，不过前半部是男子奥兰多的生平故事，后半部则是女子奥兰多的生平故事，因而它绝不是普通人的普通传记，而是"被叙述塑造出来的"男人和女人的"被叙述出来的"传记，既是"his-story"又是"her-story"；操控这"叙述"的作者不再是莎士比亚之类的男性作家，或者传统传记的男性作者，而是一个与四百年前的莎翁同样生活在伦敦的 36 岁女作家——这正是插入语对简单句的操控和破坏所喻示的意义，它确立起了女作家作为叙述代理人对于这部传记的叙述权威性，而这正是对男作家主宰传统传记的叙述权威的僭越与颠覆。罗兰·巴尔特在《明室》中说："不管如何突如其来，'PUNCTUM'（刺点）总是或多或少地潜藏着扩展的力量。这种扩展的力量往往是隐喻式的"；"刺点在作为'细节'存在的同时，又不合常情地把整张照片占满"（2003，p. 73）。小说开篇那句布满性别和时代暗示的插入语凸显出"叙述"和"易性乔装"叙事的意义，恰如"刺点"，既是细节，又掌控全局。

对奥兰多家族辉煌历史的交代看似合乎传统传记的溯源写法，其血腥的征服杀戮史在男性传记作家那里往往是最着力处，以彰显"his-story"的特质。但叙述者极其简短地略过了这段光荣历史，快速聚焦到家族盾徽和盾徽反射出的三色光中奥兰多的美丽躯体以及"在窗子敞开的一刹那，他的面庞是沐浴在阳光中的惟一部位"（伍尔夫，2003，p. 1）。叙述焦点随奥兰多的动作及光线的变化而移动，然后聚集到他的面庞，凝视、品评，彻底把奥兰多对象化、客体化，叙述声音充满权威性而又富有调侃和反讽意味——"而为他的一生做传的人更应欣喜，因为不必求助小说家或诗人的手段。他将不断建功立业，不断博取荣耀，不断扶摇直上，也有人等着为他树碑立传，直到这一切达至欲望的顶峰"（p. 1）——传统传记所叙述的传主生平事迹可如此高度概括，但奥兰多 30 岁之后的人生却因性别变化而发生转折，从对外的欲望扩张转变为对内的自我完善。由此，此段引文作为符号文本所表达之意是否述真就很难确定。①字面意义上看，奥兰多的身世、长相自然具有诗歌或小说般的抒情性和故事性，可以预示他的人生轨迹；读者若直接接受这层意义，则会因后文传主人生的大转折而惊奇，惊叹叙事造就人生的力量。②潜在的与字面相反的意义：小说与诗歌岂不是虚构（假）的？奥兰多的人生就是虚构（假）的，真实的人生不会这样一路向上。读者若接收到此层意义，则会把这个符号当作后文的伏笔。③与字面意义接近的意义："更为欣喜"与"更应欣喜"接近，传记不是写奥兰多作为一个母亲的儿子的故事，而是写一个男人建功立业的成功故事。传记作者关注的是后者，但读者如果沿着这层意义的指示读下去，就会大失所望，这不是一部励志小说。④与字面意义并列的意义。当奥兰多功名显赫时"也有人等着为他树碑立传"，与这部传记写他尚未扬名立万以及最终不是获得了男人意义上的成功，而是超越性别的成功，这两种情形是并列而又不同的。读者要读到小说结束时才会真正明白这个传记的性别意义。此外，这个符号文本被叙述者（符号发送者）以权威而又调侃的语言传达出来，更增加了这个文本表意的不确定性，更何况它背后还关涉传记史、性别史以及时代的印记。

小说第四章写到奥兰多身体变成女性后，乘船从伊斯坦布尔经意大利回英格兰，在船上她第一次换上女装，才意识到自己的性别问题，从自己对衣饰的注意、船长和水手的反应以及反思与萨沙的恋爱往事当中，领悟到性别对于人的意义，感受到"易性乔装"带来的生理、心理乃至精神层面的悄然变化。这一部分中，叙述者时而疏离奥兰多，观察她的衣着举止和心理，与之保持一定距离，以外部第三人称客观视角平视奥兰多；时而贴近她，直曝其微妙感受，以第一人称内在视角探入其内心；时而又嘲弄和调侃奥兰多过去与现在的巨大落差，以全知全能的权威叙述俯视人物，通览其人生。不仅仅奥兰多这个人物的心理忽而为男性，忽而超越男女两性，忽而又为女性，叙述者的叙述声音和态度也变得忽而烦躁狂野，忽而冷静理性，忽而细腻温柔，摇荡不定。恰如巴特勒所言："性别是在时间的过程中建立的脆弱的身份，通过身体的风格/程式化的重复动作在一个表面的空间里建制的。"（2009，p. 184）

跟随小说进程，我们恍然发现，叙述者一方面佯装传统传记叙述的权威与真实，另一方面又采用多种方式增加符号表意的不确定性和摇曳感，完全解构传统传记的那种线性时间的、因果逻辑的宏大叙事方式。描摹细节场景的符号文本被放置进富于性别戏谑意义的叙事修辞文本中，并进一步被置于对传统传记的解构叙事文本中，其表意效果就不断发生戏剧性的变化，述真问题一再被搁置甚或被嘲弄。这种大格局的"易性乔装"叙事倒是莎剧所未涉足的。

《奥兰多》这种从细节场景、叙事修辞到叙事思维全方位的"易性乔装"叙事极大地延展了"易性乔装"的文化意义。这种"易性乔装"叙事符号文本的表意机制似乎极好地彰显了德里达的"延异"论——意义不是静止的存在物，不具有中心和整体性结构，它是一种"散布"和"播散"，一个无始无终进行着追加和替补的过程；意义不是固定在某个符号中，而是播散在一连串的能指中。意义不是确定的实体，而是延异的效果，语言就是延异的游戏，在这个游戏中意义通过联系而不断生成。（冯俊，2003，pp. 318 - 330）现代主义文学之后，以安吉拉·卡特为代表的众多女性主义作家更是以多种方式把"易性乔装"发挥到极致，使性别和"易性乔装"成为对人类历史社会文化意涵丰富的隐喻。

五、安吉拉·卡特式"易性乔装"叙事

当代认知语言学经典《我们赖以生存的隐喻》论证表明，隐喻不仅是语言中词汇的问题，还是人类思维的重要手段，它直接参与人类的认知过程，是人类生存的基本方式，其中重要原因正在于隐喻是感官体验与具身认知之间的桥梁（莱考夫，2015）。性和性别问题作为人类最为贴己的感官体验，通过隐喻对人类语言和文化展开极为丰富的具身认知，可谓宇宙之大、纤尘之微均投射着性别隐喻。在男权社会，文化的性别隐喻最普遍的莫过于由男/女而衍生的各种二元对立：强/弱、主/次、尊/卑、中心/边缘……随着女权运动和女性主义思潮的发展及其影响以及西方解构主义哲学的兴起，20 世纪六七十年代以来，大批女性作家从伍尔夫的"自己的房间"翻窗越门而出，撒欢于写作之野，以各种写作方式重构带有强烈性别隐喻的符号文本，颠覆传统男权文化隐喻，重构新的性别隐喻话语秩序。她们再也不必像勃朗特姐妹和乔治·桑那样"易性乔装"去出版作品，也不必像伍尔夫那样承受性取向和性心理分裂扭曲的痛苦。长期的性别不平等造成的性别身份焦虑和性别经验的压抑却在显性和隐性的"易性乔装"叙事中得到释放和疗愈，使得叙事文学大量出现性别化的经典重写（挑战和颠覆男性文学传统权力）和狂欢化的叙事方式（通过戏谑性模仿否定和颠覆正统）。前者是创作行为的"易性乔装"，而后者则将"易性乔装"的创作行为与动机及其对于文化语境的反抗与抗争蕴含在了叙事方式之中。安吉拉·卡特的创作突出地代表了这种故意张扬的"易性乔装"叙事。

安吉拉·卡特挑战和颠覆男性文学传统权力的创作首先是对经典童话的性别化重写（《〈血室〉及其他故事》）以及对关于性和性别的民间故事的仿写（《安吉拉·卡特的精怪故事集》）。不仅如此，卡特进一步发挥伍尔夫《奥兰多》"易性乔装"叙事的瑰丽想象和对男性传统的调侃戏谑，戏仿男权文化制造的各种性别神话及其性别话语，就像《魔幻玩具铺》的开篇——

"这年夏天，十五岁的梅拉尼发现了自己的血肉之躯。哦，我的美利坚，我的新大陆"（2019，p.1）。她从叙事话语层面重新塑造性别身体和符号身体，又以来自基于身体的感官体验的具身认知颠覆和重塑被男权掌控的性与性别话语，甚至以人物的变性来消解身体与性别之间固定的能指与所指关系，重新唤醒基于感觉经验之上的身体物质属性（《新夏娃的激情》）。（程毅，2017，pp.106－114）实际上，卡特笔下的女性往往身体形态、性别年龄、存在空间皆不受限。她可以是羔羊或者老虎，男人或是女人（《新夏娃的激情》）；她可以是妓女或者处女，胎生或者卵生（《马戏团之夜》）；她可以言之凿凿继而又对自己的陈述全盘否定（《魔幻玩具铺》）；她可以是鸟或者人，以飞翔实现地理和身体空间的双重超越（《马戏团之夜》）。这些人物作为符号的表意完全是延异、解域的（姜晓渤，2015），迥异于传统男权叙事的线性逻辑与界限分明。不仅如此，卡特还通过使用超故事异故事叙述者、主人公叙述者、次要人物叙述者、固定式内聚焦、转换式内聚焦、第一人称主人公叙述"我"的内聚焦、零聚焦以及叙事声音与叙事聚焦的重合或分离等叙事技巧，将不同年龄、性别、社会地位、背景的人物聚集于狂欢化的时空世界，完全打破了男权文化在性、性别、阶级与阶层、正统与异端等方面的逻各斯中心主义规范与规约（《明智的孩子》《马戏团之夜》）。（厉婉露，2014；秦艺沔，2013）

在女性主义思潮激进发展的20世纪70年代，安吉拉·卡特近似破坏狂的"易性乔装"狂欢叙事反映出的是作家对当下文化语境和自我身份剧烈变化带来的不确定性的体验与焦虑。桑德拉·吉尔伯特与苏珊·古芭《阁楼上的疯女人》曾指出，女作家通过塑造与女主人公"双生"的疯女人这种"替身（double）策略"表达对性别歧视的愤怒和身份焦虑。事实上，女作家同时也因为"写作"这种对男性书写权力的篡夺行为而不得不经受"易性乔装"的"第二性文化身份焦虑"（anxiety of authorship as second sex）（吉尔伯特，古芭，2015），卡特的狂欢化"易性乔装"叙事不过显得更为狂野而已。隐含着如此复杂的个人情感情绪、性别创伤体验和文化历史印迹的"易性乔装"叙事，文化隐喻极其丰富，实难以一般的符号表意分析去判断其述真性。

结 论

在《论中国人的戏剧》中，布莱希特观察梅兰芳的京剧演出："他（梅兰芳）身穿黑色礼服，示范某些女性动作。很明显有两个形象。一个在展示，另一个被展示"，在舞台上他同时以三种身份出现，一个是展示者，两个是被展示者，即不仅展示人物的举止，而且展示演员的举止，"他表现出来他知道在被观察"，同时"艺术家观察自身"，观众不像在西方戏剧中只看到人物，而是同时可以看到演员自身。（布莱希特，1990，pp. 203 – 207）布莱希特的观察与思考催生了他著名的"间离"和"陌生化"理论，而这同样启迪我们从符号表意角度去思考"易性乔装"叙事问题——把"梅兰芳的京剧演出"作为一个叙事符号文本，就可以更加清晰地看到"易性乔装"叙事既包含多重身份转换的问题，还包含多重叙事层级的问题（波兰斯基导演的电影《穿裘皮的维纳斯》几乎将之运用到极致）。在这种多重身份与层级交叉的充满不确定性的符号表意中，述真与否变得异常难以判断。不仅如此，毋宁说，不论莎剧式的、伍尔夫式的还是卡特式的"易性乔装"叙事，都在最内层级（文本内）的符号表意之外套上了性别的、身份的、身体的、文化的一层层符号文本。这样"蓄意的"隐藏与显露，所谓"假作真时真亦假""不疯魔不成活"，才是文学叙事魅力本质之所在。确如萨拉·米尔斯所说："文学文本与'真实'（truth）和'价值'（value）有着复杂关系，一方面被看作提供了人类状况之'真'，另一方面这又是通过虚构的因而也是'非真'的形式来实现的。"（Mills，1997，p. 23）至于中国文学中明、清、民国盛行的"易性乔装"叙事，以及今天流行的舞台剧和影视剧中的"易性乔装"叙事，则并不似西方这般狂野和女性主义化，又当另文专论。

引用文献：

巴特，罗兰（2003）. 明室（赵克非，译）. 北京：文化艺术出版社.

巴特勒，朱迪斯（2009）. 性别麻烦：女性主义与身份的颠覆（宋素凤，译）. 上海：上海三联书店.

布莱希特（1990）. 布莱希特论戏剧（丁扬忠，等译）. 北京：中国戏剧出版社.

布里松，吕克（2005）. 古希腊罗马时期不确定的性别（侯雪梅，译）. 桂林：广西师范大学出版社.

程毅（2017）.《新夏娃的激情》中的物质身体政治. 北京社会科学，10，106 – 114.

冯俊，等（2003）. 后现代主义哲学演讲录（陈喜贵，译）. 北京：商务印书馆.

姜晓渤（2015）. 安吉拉·卡特小说的空间与主体性研究. 北京外国语大学博士学位论文.

吉尔伯特，桑德拉；古芭，苏珊（2015）. 阁楼上的疯女人（杨莉馨，译）. 上海：上海人民出版社.

卡特，安吉拉（2019）. 魔幻玩具铺（严韵，译）. 南京：南京大学出版社.

莱考夫，乔治；约翰逊，马克（2015）．我们赖以生存的隐喻（何文忠，译）．杭州：浙江大学出版社．

厉婉露（2014）．女性意识的独特讲述——安吉拉·卡特《马戏团之夜》叙事学解读．浙江工商大学硕士学位论文．

黎黎（2010）．易性乔装与话本小说的女性观．明清小说研究，2，164–173．

秦艺溁（2013）．论安吉拉·卡特《明智的孩子》中的狂欢化特征．南京师范大学硕士学位论文．

唐昱（2005）．明清"易性乔装"剧之研究．武汉大学硕士学位论文．

汪民安（2004）．身体的文化政治学．开封：河南大学出版社．

伍尔夫，弗吉尼亚（2003）．奥兰多（林燕，译）．北京：人民文学出版社．

曾绛（2014）．伪装：叙事、身份与人格的易变——以莎士比亚戏剧为例．外语教学，35（05），89–92．

张金凤（2019）．身体．北京：外语教学与研究出版社．

赵毅衡（2011）．符号学：原理与推演．南京：南京大学出版社．

Mcdonald, H.（2014）. *The Use of Disguise in Shakespeare's Plays*. Dissertations & Theses, Gradworks.

Millsra, S.（1997）. *Discourse*. London, UK：Routledge.

作者简介：

程丽蓉，博士，浙江工商大学人文与传播学院教授，硕士生导师，主要研究领域为中西小说与叙事理论，文艺与传媒、性别与传媒跨学科研究。

Author:

Cheng Lirong, Ph. D., professor, School of Humanities and Communication, Zhejiang Gongshang University. Her main research interests include Chinese and Western novel and narrative theory, interdisciplinary studies on literature, art and media, as well as gender and media.

E-mail: clr116@163.com

本·奥克瑞"阿比库三部曲"中的空间叙事

王少婷

摘　要： 尼日利亚作家本·奥克瑞的代表作品"阿比库三部曲"，打破
了时间的线性构架以及叙事的因果逻辑，展现出尼日利亚的多
层空间面貌。小说通过弱化时间叙事、空间转换、空间并置与
杂糅呈现表现出空间化的叙事策略。这既是受非洲口述故事传
统以及非洲传统观念影响的结果，也是为了展现不同于西方现
代性传统且在当今世界仍处于边缘地位的非洲文化传统，赋予
非洲空间新的价值。西方现代主义传统注重理性、科学、人对
自然的征服等观念，人与自然构成主客对立的关系，而非洲传
统则倡导人与自然万物和谐统一的关系，重视信仰的力量、现
实的多维性以及万物的关联性。

关键词： 本·奥克瑞，"阿比库三部曲"，空间叙事，幽灵空间，非洲
传统

The Spatial Narrative in Ben Okri's "Abiku Trilogy"

Wang Shaoting

Abstract: The "Abiku Trilogy", written by Nigerian novelist Ben Okri,
portrays the multi-layered spatial features of Nigerian society by
breaking the linear time framework and the causal logic of narrative.
This disruption of the time narrative and the transformation,
juxtaposition and hybridisation of spaces represent strategies for the
spatialisation of the narrative. These strategies are affected by both
African oral storytelling traditions and traditional modes of thinking.
The writing aims to show how African cultural traditions differ from

those of Western modernity and how these traditions are marginalised in the present world. The approach used serves to bestow new values on African spaces. Western modernity emphasises rationality, science and humanity's conquest of nature. In this context, human society and nature constitute a binary opposition between subject and object. In contrast, African traditions advocate harmonious coexistence between human and nature. Okri's narrative stresses the power of faith, the multiple dimensions of reality and the relatedness of different beings.

Keywords: Ben Okri, "Abiku Trilogy", space narrative, spirit space, African traditions

DOI: 10. 13760/ b. cnki. sam. 202102015

尼日利亚当代作家本·奥克瑞（Ben Okri, 1959— ）被认为是非洲后现代和后殖民文学的代表性作家，也被看作继沃莱·索因卡（Wole Soyinka, 1934— ）和钦努阿·阿契贝（Chinua Achebe, 1930— ）之后的尼日利亚新兴一代作家的代表，其代表作品《饥饿的路》（*The Famished Road*, 1991）于 1991 年荣获布克文学奖。《饥饿的路》及其续作《迷魂之歌》（*Songs of Enchantment*, 1993）和《无限的财富》（*Infinite Riches*, 1999）以阿扎罗为主人公，被统称为"阿比库三部曲"。在三部小说中，奥克瑞通过打破时间的线性构架以及叙事的因果逻辑，凸显了文本的空间性，展现了尼日利亚的多层空间面貌。

现代小说家创作的一个显著趋势是运用时空交叉和时空并置的叙事手法，打破传统小说中单一的时间顺序及因果顺序，追求空间化的效果。因此，"在结构上，现代小说总是呈现出某种空间形式"（龙迪勇，2006，p. 69）。1945 年，美国批评家约瑟夫·弗兰克（Joseph Frank）在《现代小说中的空间形式》（Spatial Form in Modern Literature）一文中借用莱辛的"空间"理论，首次提出"空间形式"的概念，被学术界公认为空间叙事学的开端。弗兰克在文中指出，现代小说具有打破时间顺序与因果顺序的空间特征。本文试图阐释奥克瑞"阿比库三部曲"中的空间叙事策略，即作家在处理空间与时间、空间的表现形式和空间转换关系时所采取的叙事策略。在"阿比库三部曲"中，叙事时间不仅是线性向前发展的，也是并置重叠甚至静止的，时间的凝滞使得故事的发展依赖于人物的意识和感知，而多重叙事的手法使得叙述结构呈现出空间化倾向。作家通过对时间的弱化与空间的凸显、空间转换、空间并置，表现出空间化的叙事策略。奥克瑞对小说叙事空间的重视与非洲口述故事传统以及非洲传统观念有密切的关系。也正是通过对独特的非洲空间的书写，奥克瑞充分彰显了不同于西方现代性传统且在当今世界仍处于边缘地位的非洲文化传统。非洲人拥有丰富多样的文化，包括阿比库传统、神灵崇拜以及万物有灵信仰等。非洲传统重视直觉、信仰、现实的多维性以及万物的关联性，倡导人与自然万物和谐共存的理念。奥克瑞的写作也是对西方现代性思想的再审视，他希望曾经被西方现代性传统忽视和误读的非洲得到重新发现，从而赋予非洲空间新的价值，以利于世界其他地区的人们破除偏见，以公正的态度来看待非洲。这也是很多非洲作家致力于非洲空间书写的目的所在。因此，"阿比库三部曲"中的空间叙事非常值得讨论。

一、时间的弱化与空间的凸显

在"阿比库三部曲"中，奥克瑞有意打破了时间的线性特质和叙事的因果关系，在弱化文本时间性的同时凸显了其空间特质，通过叙述时间的延缓、线性时间的解构以及人物性格的凝滞突出了小说的空间性。通过阅读小说可以发现，作家对空间的重视和书写远远超过时间。三部曲中真实事件的情节非常简单：主人公阿扎罗及其父母一家人在贫民窟的生活，他们所居住的贫民窟中其他民众的苦难生活，当地政治活动的开展对贫民窟产生的影响以及寇朵大婶权势的上升和消亡过程。然而，小说中串联这些真实事件的时间线索却是无比模糊的，作家还经常拆毁线性叙事，使得小说的情节往一个个枝蔓上发展，进入超现实空间。

具体而言，"大选的日子已经临近"这句话第一次出现在《饥饿的路》第296页，几乎位于小说的中间位置。但是直到《无限的财富》的结尾，选举大会依然没有举行，它总是被延期，时间被无限延宕，反而使空间得以彰显。寇朵大婶的怀孕发生在《饥饿的路》中，三部曲中多次提到她快要生产①，但是直到《无限的财富》结尾她死去的时候，她还是处于怀孕状态，没有生产。与时间的凝滞相反，三部曲中经常描写阿扎罗跨越多层空间的意识和感知。他在不同空间漫游时，经常跨越当下的时间（也就是故事的主要

---

① 第一次出现在《饥饿的路》第478页；此外，《无限的财富》中也曾写道"她的怀孕正进入成熟期的最后阶段"（第175页）；第180页又讲寇朵大婶对阿扎罗说她快要生产了。

叙述时间——尼日利亚 1960 年独立前不久的某一年），回到过去或者去往未来：在《饥饿的路》中，阿扎罗曾凝视着将要被用来献祭的潜水羚羊的眼睛，进入它的意识中，实现了时空穿越，目睹了过去白人殖民者对他们的侵略；在《迷魂之歌》中，阿扎罗曾看到发生于未来的事件——国家独立后的军事政变。奥克瑞在谈到《饥饿的路》中的时间问题时说，他反对两种对时间的看法，即历史上的线性时间和神话中的循环时间；他赞同的是第三种时间，也就是阿扎罗的时间——它既不是循环的，也不是线性的，而是垂直的（Guignery & Miquel，2013，p. 26）。阿扎罗这个阿比库（Abiku）① 在自己的意识中能够将过去、现在和未来的时间融合在一起，而不是将它们孤立开来，笔者认为这就是作家所说的垂直时间，它其实代表了一种空间化的时间，因为它解构了时间的线性特质。还需注意的是，主人公阿扎罗在三部小说中，从头至尾似乎并未发生任何明显的变化，他总是在漫游，或主动或被动，但他的性格从始至终几乎并未发生改变。正如张介明所言，这种"人物性格不发展"实际上是呈现小说空间感的一种方式："小说中人物的性格的发展是有赖于时间和因果链条上的各个事件来实现的。假如小说中的人物性格自始至终是不变的，那么客观上给读者的就是一幅静止的人物肖像。"（张介明，2001，p. 92）由此可见，小说中的叙事时间不仅是线性向前发展的，也是并置重叠甚至是静止的，故事情节总是向一个个枝蔓上发展，时间的凝滞使得故事的发展依赖于人物的意识和感知。可以说，三部曲中的时间进展非常缓慢，阿扎罗几乎一直在多维空间中漫游，讲述自己对不同空间的感知，性格却没有发生明显变化，客观上造成了空间的凸显。

还需注意的是，"阿比库三部曲"中没有非常明确的时间线索来指明阿扎罗具体在外面漫游了多久，作者所用的形容时间的词语都是比较模糊的，例如：那一夜、第二天上午、几天、第二天夜晚、那天夜里、那天早晨、第二天凌晨。读者无法据以准确判断阿扎罗到底在外面漫游了多久，但是对他漫游的各个具体空间却非常清楚。叙述时间的间隔可能是短暂的，也可能是漫长的，甚至超越了物理时间的限制（如叙述者的梦境）。故事发生的具体时间并未被明确标注，读者只能从故事的细节进行推断。评论家莫里斯·奥康纳也认为："寇朵大婶的怀孕标志着阿扎罗三部曲的总体时间跨度，但很少有其他时间标记可以显示故事时间的进展。读者在阅读三部曲时所得到的

---

① "阿比库"又叫鬼孩，在尼日利亚约鲁巴文化传统中，那些未成年就夭折的婴孩们会变为阿比库。本文第二部分会详细阐述阿比库视角的特殊性。

一般印象是，他/她一直生活在一个没有任何过去或未来的社会的永恒存在之中。"（O'Connor，2005，p. 259）由此可见，作家有意采用了空间化的叙述策略，弱化时间线索，以至于小说的结构十分松散。

英国小说家埃德温·缪尔（Edwin Muir）在《小说结构》（The Structure of the Novel，1928）一书中将小说划分为"行动小说""人物小说"与"戏剧小说"。他提出，戏剧小说依靠时间的线性发展构成，人物小说则围绕空间建构；前者侧重人物个人的发展，而后者则倾向于描绘社会状况（Muir，1929，pp. 62 - 63）。"注重空间发展的情节在结构上显得松散，注重时间的情节则呈现出因果逻辑"（Muir，1929，p. 64），根据这种观点，"阿比库三部曲"属于典型的人物小说，结构较为松散，文本主要在空间中展开，人物行为也主要在空间中发展。

权威的《劳特利奇叙事理论百科全书》（Routledge Encyclopedia of Narrative Theory）写道："空间形式的文本试图通过并列、碎片化、蒙太奇和多重情节来淡化或模糊时间性，或者干脆省略时间线索。更普遍地说，事件和情节被淡化，取而代之的是一个共时的'场域'、全景画（尤其是意识的表现）或百科全书式的详细描述。"（Herman et al.，2005，p. 555）笔者认为，"阿比库三部曲"就属于这种空间形式的小说，文本中多次运用共时场域、并列的方式来构建小说的空间感。如《迷魂之歌》中，阿扎罗进入瞎老头的梦，发现那里是一个暴力横行的世界，士兵屠杀平民，饿殍遍野，有权有势的人狂欢宴饮无度，政变频发（奥克瑞，2011，pp. 93 - 95）。阿扎罗还曾梦到过豺狗头面具让寇朵大婶怀孕，后来，寇朵大婶在她自己的梦里产下了三个婴儿面具，它们拼命闹分家，彼此为敌，淫邪乱伦，贪婪成性。对现实空间与梦中空间的共时性描述由此实现，突出了小说的空间感。正如赵毅衡所说："人类的梦就有很强烈的叙述性，梦中的事件在大部分情况下不是孤立地出现，而是组成一定的时间、空间或因果的序列。"（赵毅衡，2013，p. 1）"阿比库三部曲"中的梦境就构成特定的空间序列，奥克瑞以人物的梦中空间来揭示尼日利亚的社会状况：军事政变频发，统治者腐败堕落，贫民深陷饥饿和苦难，暴力横行，部族分裂，等等。可见，"阿比库三部曲"中的叙事时间是模糊的，而且并非一直线性地向前发展，而是并置重叠甚至静止的。与之相对，作家通过阿扎罗跨越多层空间的意识和感知揭示出尼日利亚的社会状况，弱化了时间性，凸显了空间性。

二、空间转换

"阿比库三部曲"的空间性还体现在多重空间之间的转换上。对于奥克瑞而言，采取灵活的策略在不同空间中转换成为推动情节发展的关键。作家运用漫游小说模式、插入故事、人物的意识流动等方式来实现不同空间的转换。

"阿比库三部曲"主要采用了漫游小说的模式，以阿扎罗在尼日利亚前首都拉各斯这一现实空间以及其他超现实空间主动或被动的漫游为核心。他的多次旅行都是主动或被动离家然后又归家的过程，而他的家园其实包含两个层面：一是现实层面的家，即他和父母所居住的位于拉各斯贫民窟的家；二是他在幽灵空间的家，即小说中所描绘的那个住着很多阿比库的幽灵王国。具体而言，《饥饿的路》中阿扎罗曾在暴乱中与母亲失散，不幸被三个女巫掳走，她们带着阿扎罗穿过暴乱现场和森林。途中，她们还带走另一个在骚乱中受伤的女人。之后，一行人来到一座岛上，这里有一个怀孕待产的女神，阿扎罗洗过澡后，被带到一间置有神龛的屋里。后来，一只会说话的猫出现并提醒阿扎罗危险的存在：他可能被岛上的女巫用作祭品，以确保女神生产顺利。意识到危险之后，阿扎罗就劝说那个受伤的女人带他一起逃跑。之后二人乘船踏上逃亡之旅，阿扎罗成功逃脱，受伤的女人却因重伤死去。离开小岛之后，迷路的阿扎罗又在一个陌生城市的大街上漫游，走到一个集市上，他看见幽魂在闲逛。不久之后，阿扎罗又陷入他的幽灵伙伴们为他设置的陷阱中，它们试图通过歌声将他诱回美好的幽灵世界。阿扎罗艰难地逃出陷阱，晕倒在大街上，然后被带到警察局。因为尚未找到其父母，一位警官将他带到自己家里照顾。在警察的家里，阿扎罗目睹了警官和其他警察密谋分赃的场景，他还看到警官的房子里有很多幽灵，它们聚集在这里是因为警官对它们的死亡负有责任。再一次感受到危险临近的阿扎罗把母亲的幽灵唤到眼前，恳求母亲来救他。最后，母亲过来找他，二人一起回家，阿扎罗这次被动的漫游之旅也就宣告结束。可以发现，阿扎罗的漫游之旅跨越了现实空间和超现实空间。

除了这次漫游，阿扎罗还曾在寇朵大婶的酒铺中被两个白化病人掳走，又一次被迫经历了漫游之旅。最后，靠幽灵王国国王的帮助，他才成功逃脱。在漫游途中，他看到一个新的世界正在拔地而起：摩天大楼、高架路、桥梁、道路正在修建中。最终借助一只用两条腿走路的狗的帮助，他才重新找到回家的路。可见，通过阿扎罗的空间漫游，作家展现了尼日利亚的现代化和城市化进程。与此同时，《饥饿的路》中还讲述了阿扎罗的一段特殊的漫游之旅：他因为打碎瞎眼老头家的玻璃而被父亲狠揍一顿，病倒在床上，出于报复心理，他的灵魂就跟三头幽灵离开，目的是返回幽灵王国。他们一路上跨越了多种幽灵空间，最后三头鬼魂却被阿扎罗父母所请的草药医运用魔力杀死，所以阿扎罗再一次回到了他在现实空间的家。阿扎罗一次次地离开家冒险、漫游，又一次次地回到家中，小说的情节结构由此形成一种螺旋形空间。关于这一点，批评家凯瑞－简·瓦拉尔（Kerry-Jane Wallart）曾指出，《饥饿的路》的情节在小说中的象征之一就是道路，它永远不会结束，因此也永远不会停止。由于道路的弯曲，它就像螺旋一样，既是直线也是圆（Wallart，2013，p.44）。可以说，小说的空间结构像道路一样，弯弯曲曲，是螺旋形的，这也可以凸显出小说的空间性。

通过上文对阿扎罗几次漫游之旅的分析，可以看出，奥克瑞在作品中通过人物活动空间的转换来推动叙事进程，而非像传统小说那样，依靠事件发生的时间顺序来推动故事发展。这就是埃德温·缪尔所说的建构在空间里的情节，这类情节"倾向于通过扩展故事范围而得到发展，这种方式意味着空间成为情节的一个发展维度"（Muir，1929，p.64）。文本中空间场景的转换像一组组并置的电影镜头的切换，具有很强的立体感和空间感。

巴赫金曾提出漫游小说的定义，他认为漫游小说的主人公本身并非作家关注的中心，但其在空间的漫游有利于表现丰富多样的社会状况（巴赫金，1998，p.215）。笔者认为，"阿比库三部曲"就是典型的漫游小说，小说以主人公阿扎罗在不同空间的漫游为中心，通过主人公的漫游，展现了尼日利亚的现代化和城市化进程以及神秘幽灵空间的面貌。但是，与巴赫金的观点不同的是，本文认为在"阿比库三部曲"中，阿扎罗这个阿比库就是小说的中心，正是人物视角的特殊性造就了小说的空间性。

阿比库一词的字面意义为"出生的人，死亡的人"。在尼日利亚南部约鲁巴文化传统中，阿比库代表那些不断转世的孩子，他们处于无休止的出生、死亡和再出生的循环中（Quayson，2009，p.172）。实际上，这种文化信仰与尼日利亚比较高的婴儿死亡率有关。阿比库们在投胎到人间之前会相互约定："一有机会我们就重返幽灵世界。"（奥克瑞，2003，p.4）他们不停地穿梭于幽灵空间和现实空间："我们的脑海中总会闯进各种属于未来的幻象。我们是局外者，另一半生命永远驻留在幽灵之乡"（奥克瑞，2003，p.4）；"一部分在真实的世界，另一部分在想象的世界"（Guignery & Miquel，2013，

p. 19)。批评家阿托·奎森也认为，阿扎罗"行动的宇宙同时位于现实世界和幽灵世界"（Quayson，1997，p. 124）。他还指出：《饥饿的路》中的事件不是连续性的，而是平行的、偶然的，这些非连续性事件是通过阿扎罗的意识而勾连起来的，他在现实空间和超现实空间之间任意转换，因此这些事件存在于一个横向空间层面上（Quayson，1997，pp. 131 - 133）。可见，在"阿比库三部曲"中，空间转换很大程度上是通过阿扎罗这个人物来实现的，他能够跨越现实空间和超现实空间——包括梦中空间和幽灵空间。换言之，奥克瑞通过阿扎罗跨越不同空间的漫游，展现出尼日利亚约鲁巴文化中的阿比库传统。本文认为这构成三部曲注重空间叙事的目的之一。

除了人物的空间漫游，作家也采用了插入故事的叙事策略，以实现空间转换。申丹在《英美小说叙事理论研究》一书中指出：叙事的趣味在于插曲或者节外生枝，它们揭示出情节中的各种离题部分，有利于吸引读者的关注（申丹，2005，p. 339）。奥克瑞经常采用插入故事的叙事技巧，打破叙事的线性结构，实现空间的转换，取得深化小说主题的复调叙事的效果。"阿比库三部曲"就多次运用插入故事的叙事手法，以空间般的知觉联系构建叙事的不同维度。三部曲的叙事主线之一是阿扎罗跨越多层空间的漫游，二是不断推迟的选举大会，三是寇朵大婶权势的上升和消亡过程。而在叙事主线之外，小说还透过阿扎罗父母之口讲述了很多寓意丰富的故事：如母亲口述的关于蓝色墨镜的故事，它涉及生活在非洲的白人殖民者的身份建构问题；母亲还讲述了"白人的故事"以及"死神被一只小鸟杀死"的故事，前一个故事讲道，黑人曾是白人的老师，但白人们忘掉了这一切，反而用武力掠夺非洲人的土地，将很多非洲人掳去做奴隶，最后，母亲告诫阿扎罗白人并非一坏到底，要向他们学习其优势，但更要爱这个世界；后者批评了人类贪得无厌的野心和欲望，教导人们爱的重要性。在《无限的财富》中，爸爸讲述了"雨女王"的故事，以雨女王的命运隐喻寇朵大婶的命运。这些主线之外的插曲拆毁了小说的线性叙事，与非洲口述故事传统一脉相承，正如批评家哈罗德·申伯（Harold Schenb）所指出的那样，非洲口头故事的讲述者通过拆毁线性叙事，使听众得到更加深刻和复杂的体验（申伯，2020，p. 121）。这些故事插曲既拓宽了小说的叙事空间，也丰富了小说的叙事内涵，给读者带来丰富的艺术体验。

"阿比库三部曲"也借助特定的动作、外物等方式实现不同空间的转换，凸显小说的空间性。有时，空间转换是借助外物实现的："一道从天而至的闪电让我看清了眼前的一切，这道闪电冲进了我的脑海，我的灵魂越升越高，最终，我发现自己已经钻进了那个巨型假面的头脑里。"（奥克瑞，2011，p. 118）阿扎罗借助闪电的力量由现实空间进入魔幻空间。小说还写阿扎罗的父亲敲了敲他的脑袋，使他变得清醒，从梦幻空间回到现实空间，这是借助外力的作用实现空间转换。有一天夜里，当阿扎罗站在寇朵大婶的酒铺附近时，又一次经历了由现实空间到超现实空间的转变，"一道可怕的强光"带着阿扎罗跨过一道门槛，由现实空间进入未来空间，实现了时空穿越，展现了寇朵大婶的酒铺附近那片土地的未来面貌——酒馆、森林都消失不见，变成一片覆盖着黄色尘土的贫民窟。通过空间转换，作家展现了同一个空间的未来面貌，表现出尼日利亚的现代化和城市化进程。值得注意的是，这种空间转换并非阿扎罗主动选择的，他被一束强光控制，被动地穿越到未来空间；最后通过"奋力一跃"，阿扎罗又回到现实时空的酒铺里。正如批评家吉莉安·甘恩（Gillian Gane）所言："《饥饿的路》充满了阈限区域和转变……在这部小说中，空间不是固定不变的，不同的世界相互渗透：精神世界渗透到现实世界，梦境与人们清醒时的生活相交，城市进入森林，小路和河流都变成了大路。空间是可移动的，多重的，有多种意义的。"（Gane，2007，p. 49）由此可见，三部曲中的空间叙事非常突出，其空间是多重的、多变的，这一点已得到其他批评家的认可。

三、空间并置与杂糅呈现

除了空间转换，奥克瑞在"阿比库三部曲"中也将不同类型的空间进行并置、杂糅呈现。《饥饿的路》中多次展现了现实空间和幽灵空间的并置。阿扎罗走在街上时，他那些幽灵伙伴们用歌声和美好的幻象引诱他，试图将他诱回幽灵世界："我分明感到自己正在闯入另一个空间。无论我往哪里看，幽灵们都会无孔不入地表明它们的存在。花的芬芳令我心旷神怡。歌声以其无情的美丽使我受伤。"（奥克瑞，2003，p. 20）从动词"闯入"可以看出，阿扎罗从现实世界进入幽灵世界，这就将两个世界并置。而且幽灵们并非总是生活在远离人类的空间中，它们对人类的事情非常好奇，喜欢参与人类世界的生活。在小说刚开始，阿扎罗与母亲走散，历经周折寻找回家之路，途中，就曾在集市上看到幽灵们在那里闲逛，说明幽灵也可以在现实世界中行动，它们渴望参与人类在现实空间中的生活。由此，两种不同类型的空间在奥克瑞笔下被并置、杂糅在一起。

除此之外，《饥饿的路》中还写道，因为阿扎罗违背了与其他幽灵孩子的誓约，没有按时返回幽灵世界，所以他那些幽灵伙伴们就派来一个长有三个脑袋的幽灵来带他回去，它出现时，阿扎罗和父亲正在寇朵大婶的酒铺中与一些政客打手们缠斗在一起："爸爸捡起地上的酒铺招牌，用它来抵挡石头。我们俩侧着身子退到酒铺里面，刚一进去就赶紧把门锁上。鬼魂从紧闭的正门钻了进来，死缠硬磨地要我跟他走。爸爸用许多椅子垒起一道屏障，以防门被撞开。鬼魂一步不落地跟在我后面，提醒我种种与它无关的誓约，又是恳求，又是威胁……那帮坏蛋用石头砸门。"（奥克瑞，2003，p. 324）三头幽灵能够穿越门窗这种客观的物质空间区隔，从幽灵空间进入现实空间，企图将阿扎罗带回幽灵王国。现实空间与幽灵空间的并置杂糅正由此实现。批评家弗兰克在《现代小说中的空间形式》中写道："乔伊斯经常运用与福楼拜一样的方法——来来回回地切断同时发生的若干不同行为。"（弗兰克，1991，p. 5）奥克瑞也运用了类似的叙述手法，来回切断现实空间中发生的故事以及幽灵空间中发生的事情，由此实现空间并置与杂糅呈现。

与此同时，《迷魂之歌》中也运用空间并置的叙述策略，描绘了神秘的幽灵空间的面貌。阿扎罗看到："月光之下，万千幽灵隐隐发光，壮观的景象令我浑身颤抖，来自各个时代——无论是过去的时代，还是即将到来的时代——的灵魂大军浩浩荡荡，势不可挡。我看到了由大祭司和圣人先贤们组成的承载着恒久快乐的大篷车队。我还看到了他们挟带的各种'辎重'……我目不转睛地盯着那些来自天国的圣灵，他们肩负着恢复自然秩序的使命。"（奥克瑞，2011，pp. 308 - 309）这段话描述了来自各个时代的幽灵们，包括大祭司、圣人先贤、天国的圣灵等，携带各种法器，去往世界的中心参加会议，致力于恢复世界秩序。这段话所运用的叙事手法，非常契合黄继刚的观点——"现代主义小说叙事则挣脱时间顺序的约束，通过意识流的手段，把时间和事件置于人物的内心活动中，使时间的过去、现在和未来处在同一个层面上从而达到时间的空间化效果，使其具有'同时的'或'共时的'意义"（黄继刚，2016，p. 190）。奥克瑞正是通过对不同时代空间的并置，构建出空间化的叙事效果。

值得注意的是，在"阿比库三部曲"中，现实空间与幽灵空间不仅能够杂糅呈现，而且能够互相影响，这其实是一种叙述跨层现象。赵毅衡曾指出："像这样属于不同层次的人物进入另一层次，从而使两个层次的叙述情节交织，这种情况，称作'跨层'。"（赵毅衡，2013，p. 76）《饥饿的路》中，阿扎罗在跟随三头鬼魂返回幽灵王国的路上，看到一些生活在峡谷的神秘灵物一直在修路。与此同时，他的肉体还停留在现实空间，所以他也能够感受到现实世界中父母亲对他的关心和爱抚，两种维度的空间在他的意识中杂糅。阿扎罗和三头鬼魂受到峡谷生灵的邀请，去其家中吃饭，散宴之际，"妈妈走进房间在我身边哀泣。她的眼泪变成一场雨，冲走了人们最新的劳动成果。爸爸进屋对我狂吼。他的愤怒导致雷鸣电闪，暴雨倾盆，狂风四起"（奥克瑞，2003，p. 353）。这段话展现出阿扎罗的父母亲在现实空间的行为对阿扎罗灵魂所在的幽灵空间造成的巨大影响：现实空间中母亲的眼泪，变成幽灵空间中的滂沱大雨；现实空间中父亲的吼声，则变成幽灵空间中的电闪雷鸣。这种空间越界、叙述跨层现象标志着现实空间和幽灵空间实现了更深层次的杂糅。奥克瑞不止一次使用了这种艺术表现手法，《饥饿的路》中，幽灵们曾加入阿扎罗家所在社区的贫民窟居民的阵营，帮助他们一起对抗富人党的打手们。阿扎罗坐在被烧毁的搬运车里，看到"亡灵们冒出地面……亡灵们与无辜者为伍，和流氓打手混杂，与黑夜融为一体，带着受伤的哭叫向敌方发动了猛烈攻击。亡灵们发出酷似人类的欢呼，把这紫黑色的夜晚当成了闪耀着激情光芒的圣殿"（奥克瑞，2003，p. 196）。最后，当贫民窟居民取得胜利时，幽灵们才重新回到地下。在这段话中，由"与……为伍""混杂""与……融为一体"这些词语可以看出，幽灵们参与现实世界的事务，与贫民窟的居民们合力对抗打手们，死去的人和活着的人、过去的人和现在的人联结在一起，幽灵世界与现实世界杂糅在一起，难以区分，实现了空间的深层融合。

事实上，这种对不同维度空间的并置策略，受到非洲口述故事传统的影响。哈罗德·申伯说："故事讲述者打破故事线性运动的力量，推动观众进入更加深刻、复杂的体验。为达此目的，她主要的手段是并置彼此相依的意象，再通过听众充分的情感参与，揭示这些意象之间的相关性。这样，过去和现在就掺杂在了一起：观念由此产生，形成了我们对于所栖居世界的构想。"（申伯，2020，p. 121）批评家莫里斯·奥康纳也注意到"阿比库三部曲"中不同空间的并置现象，他说："在阿比库小说中，奥克瑞几乎完全放弃了时间指标，构建了一系列不连续的叙事事件，这些事件表现出西方读者普遍认为的情节发展的缺失，其连贯性更多地依赖于独立事件、深奥的内容和复述的'冒险'之间的象征性联系，而非传统的叙事结构。"（O'Connor，2005，p. 204）应该立足于非洲文化传统来解读小说对不同空间的并置问题，具体而言：在非洲，口头叙事是集体记忆的重要表现形式，其叙述话语并非依据事件的从属关系，而是按照一种横向的关系展开（Quayson，1997，pp. 130 - 131）。而且，在西非传统观念中，过去、现在和未来处于一个连续体中，死者、生者和未出生者构成一个单一的现在（O'Connor，2005，p. 169），可以在人的意识中融为一体。因此，这种情节场景的不连续性、平行性其实是空间并置这种空间化叙事策略的表现，奥克瑞故意拆毁线性叙述，将不同空间并置在一起呈现，既受到了非洲口述故事传统的影响，也受到非洲传统观念的影响。

奥克瑞在"阿比库三部曲"中对于空间的偏重不只是一种艺术选择，也具有特定的文化和政治目的。阿扎罗跨越多层空间的漫游展现出尼日利亚约鲁巴文化中的阿比库传统以及非洲人的万物有灵论和神灵崇拜信仰。万物有灵论代表着非洲人相信万物具有精神力量，在他们看来，自然万物中包含不同等级的精神力量。英国学者帕林德在《非洲传统宗教》一书中，就将非洲人所信仰的众多富有神力的精神力量之间的关系抽象为三角形，其中最高神上帝位于三角形的顶点，下面两个点则由祖先和众神构成（帕林德，1992，p. 22）。普通幽灵的精神力量低于以上三种力量。不过，神灵、祖先和其他幽灵一样，并未完全脱离人类的现实世界，他们还在持续关注着人类世界，致力于恢复人类社会的公平正义，满足人们对爱、梦想和变革的需求。此外，奥克瑞在《在沉默的石头中间》（Amongst the Silent Stones）一文中也谈到了尼日利亚的宗教观。他指出，尼日利亚和非洲人拥有独特的"精神生活，神话结构，魔咒般的世界观"（Okri，1997，p. 78）。他还在访谈中讲到，在尼日利亚人看来，死者并非真正死去了，他们变成祖先，继续对活人所居住的世界产生影响，他认为这种观念同样属于现实主义，但它是一种包含更多维度的现实主义（Olendorf，1993，p. 338）。这说明，在尼日利亚和非洲文化传统中，现实包含多个层面，非洲人相信死去的人仍然与现实世界有某种关联。作家还说：非洲艺术家创造出"第五个维度，一个灵魂的世界，一个生者世界和死者世界相互渗透的世界……非洲世界，通过将生者世界向死者世界开放，通过将死者世界覆盖到生者世界之上，给予生命更多的生存、庆祝、承受苦难和欢乐的空间"（Okri，1997，p. 79）。可见，在非洲人看来，生者世界和亡者世界是杂糅的，这能够使生者拥有更丰富的生命体验。因此，奥克瑞通过对非洲神秘超现实空间的书写，折射出尼日利亚的传统文化及其神秘信仰，向读者展现了不同于西方现代性传统的另一种文化传统。西方现代主义传统注重理性、科学、人对自然的征服等观念，非洲传统却重视直觉、信仰、现实的多维性以及万物的关联性，倡导人与自然万物和谐共存的理念。这揭示出，非洲文化传统拥有另一种完全不同的影响或塑造人类存在和行为的力量。

本文阐述了奥克瑞"阿比库三部曲"对线性叙事的拆毁以及空间叙事的偏重，分述了奥克瑞的三种空间化叙述策略，但在实际创作中，它们往往被综合运用于同一部作品之中。本文进行分述，只是为了清楚呈现各种策略的运作机制，并不代表它们是割裂的。与此同时，奥克瑞的空间叙事与他的现实观密切相关，他倡导富有非洲特色的现实观，认为人们对现实的感知应该包含多个层面，包括对神秘超现实空间的认识，具体到文学空间中，就是对多维空间的描述。"阿比库三部曲"的这种独特的空间叙事，不仅展现了尼日利亚的社会状况，也表达了奥克瑞彰显在当今世界仍处于边缘地位的非洲话语和传统的企图，为读者们深入思考如何为边缘空间发声、维护世界文化多样性提供了很大的启发。

引用文献：

奥克瑞，本（2003）．饥饿的路（王维东，译）．南京：译林出版社．

奥克瑞，本（2011）．迷魂之歌（常文祺，译）．杭州：浙江文艺出版社．

巴赫金（1998）．巴赫金全集（第三卷）（白春仁，晓河，译）．石家庄：河北教育出版社．

弗兰克，约瑟夫，等（1991）．现代小说中的空间形式（秦林芳，编译）．北京：北京大学出版社．

黄继刚（2016）．空间的迷误与反思——爱德华·索雅的空间思想研究．武汉：武汉大学出版社．

龙迪勇（2006）．叙事学研究的空间转向．江西社会科学，10, 61-72.

帕林德（1992）．非洲传统宗教（张治强，译）．北京：商务印书馆．

申伯，哈罗德（2020）．口头艺术家的脚本．载于奥拉尼央，奎森（主编）．非洲文学批评史稿（姚峰，孙晓萌，汪琳，译）．上海：华东师范大学出版社．

申丹，等（2005）．英美小说叙事理论研究．北京：北京大学出版社．

张介明（2001）．空间的诱惑——西方现代小说叙事时间的畸变．当代外国文学，1, 89-94.

赵毅衡（2013）．当说者被说的时候：比较叙述学导论．成都：四川文艺出版社．

Gane, G. (2007). The Forest and the Road in Novels by Chinua Achebe and Ben Okri, *Alternation*, 14 (2), 40-52.

Gorra, M. (1995). The Spirit Who Came to Stay. In Christopher Giroux (Ed.). *Contemporary Literary Criticism*, Volume 87. Detroit: Gale Research Inc.

Guignery, V. & Miquel, C. P. (2013). Ben Okri in Conversation. In Vanessa Guignery (Ed.). *The Famished Road: Ben Okri's Imaginary Homelands*. Newcastle upon Tyne: Cambridge Scholars Publishing.

Herman, D., Jahn, M. & Ryan, M. L. (Eds.) (2005). *Routledge Encyclopedia of Narrative Theory*. Oxfordshire: Routledge, 2005.

Muir, E. (1929). *The Structure of the Novel*. New York：Harcourt.

O'Connor, M. (2005). *From Lagos to London and Back Again: The Road from Mimicry to Hybridity in the Novels of Ben Okri*. University of Cádiz, doctoral dissertation.

Okri, B. (1997). *A Way of Being Free*. London：Head of Zeus Ltd.

Okri, B. (1998). *Infinite Riches*. London：Phoenix House.

Olendorf, D. (Ed.) (1993). *Contemporary Authors: A Bio-biographical Guide to Current Writers in Fiction, General Nonfiction, Poetry, Journalism, Drama, Motion Pictures, Television, and other Fields*. New Revision Series, Vol. 138. Detroit：Gale Research Company.

Quayson, A. (1997). *Strategic Transformations in Nigerian Literature: Orality & History in the Work of Rev. Samuel Johnson, Amos Tutuola, Wole Soyinka & Ben Okri*. Oxford：James Currey.

Quayson, A. (2009). Magical Realism and the African Novel. In F. Abiola Irele (Ed.). *The Cambridge Companion to the African Novel*. New York：Cambridge University Press.

Wallart, K. J. (2013). Episodes and Passages：Spiralling Structure in Ben Okri's The Famished Road. In Vanessa Guignery (Ed.). *The Famished Road: Ben Okri's Imaginary Homelands*. Newcastle upon Tyne：Cambridge Scholars Publishing.

作者简介：

王少婷，四川大学文学与新闻学院博士研究生，研究方向为非洲英语文学、文学空间研究、比较文学。

Author:

Wang Shaoting, Ph. D. Candidate of College of Literature and Journalism, Sichuan University. Her research fields include African literature in English, literature space study and comparative literature.

E-mail: wangshaoting0492@ foxmail. com

从符号表意看博物馆展览的叙述能力

赵祎君

摘　要： 受"叙述转向"思潮影响，博物馆展览"讲故事"的呼声日益高涨。相比其他媒介，展览更具叙述优势的看法成为一个迷思。本文拟从广义叙述学的视角出发，首先阐释展览各构成符号之于叙述要素的表意问题；然后依据定调媒介原理分析展览文本的叙述合力；最后再以大英博物馆的个案为例，对展览的叙述能力展开讨论，以求在回应博物馆学议题的同时，也尝试拓宽符号学概念与原理的适用场域。

关键词： 博物馆，展览，符号表意，叙述

The Narrative Capabilities of Museum Exhibitions

Zhao Yijun

Abstract: Due to the increasing popularity of the narrative turn in visual presentations, museum managers have sought to improve the storytelling features of museum exhibitions. The traditional assumption that exhibitions have inherently greater potential than other media for conveying narrative has been exposed as inaccurate. Therefore, this paper applies the perspective of general narratology to interpret how the significations in exhibition signs relate to narrative components. Dominant medium theory is applied to examine the composite force of exhibition texts as narratives. Finally, the paper considers the example of the British Museum in discussing the narrative-telling capabilities of museum exhibitions. This paper responds to the issues of modern museology, and seeks to expand the application of semiotics-related concepts and principles.

Keywords: museum, exhibition, signification, narrative

DOI: 10. 13760/ b. cnki. sam. 202102016

一、问题的提出

受"叙述转向"思潮与"让文物活起来"政策的影响，近年来我国博物馆界关于"展览讲故事"①的呼声日益高涨，但实践中策展人在热衷叙述的同时却常常困惑于其实际的展示效果。

回顾文献可知，自20世纪60年代起，将展览视为一种特殊的沟通媒介②便逐渐成为西方博物馆界的基本共识（Parker，1963；Cameron，1968）。70年代起，为体现对多元声音的重视，叙述概念被引入展览场域，借以处理殖民、战争、种族、性别等存有争议的议题（Clark，2003）。由于叙述本身并非中立且拥有将意识形态自然化的能力，迄今为止大部分展览叙述相关研究中仍着眼于内容设计层面，热衷分析"谁在说""说了什么""谁在听"以及意义建构等问题（Hooper-Greenhill，2004）；而立足形式设计层面，从符号表意角度来讨论展览叙述的文章却鲜少见到。进入21世纪，在将故事视为人类最基本学习方式的前提下，西方博物馆界开始大力宣扬叙述的必要性（Bedford，2001）。与此同时，泛叙述观在展陈领域蔚然成风，博物馆展厅似乎已然成为一个天然的叙述空间，研究者们热衷从环境设计角度来阐发展览的叙述性（Austin，2012）。受其影响，中国博物馆界同样倾向基于叙述学理论就内容文案本身来展开文本分析；实践领域也普遍接受"叙述无处不在"的后经典叙述学理念，并在一定程度上将"叙述"泛化为"信息传播"。在现阶段的主流认识中，展览叙述具有如下特征：①信息的真实性、科学性、权威性；②展品的真实性（物证作用仅针对藏品原件而言）、形象性、直观性；③空间的沉浸性；④多元复合媒介之于人类多重的感官刺激及由此带来的参观体验上的丰富性。正是由于呈现效果既真实可信又生动有趣，所以不

---

① 本文的研究对象仅指发生在博物馆展厅内部的、以藏品原件为主体的传统陈列类型，且尤为针对历史文化类展览。这既是因为我国博物馆界对叙述议题的关注就始于20世纪末想要解决地方博物馆历史文化类展览同质化困境的诉求，又是因为无论国内外历史文化类展览都是当今"讲故事"呼声最高的展览类型。

② 其特殊性表现为以下三点：展览语言主要作用于人类视觉；展览的沟通力量主要基于真实物件；展览的空间性赋予了大众观展的自主性，即观众可自由控制参观的时长与动线。

少博物馆学人相信：与书籍、广播、电影等媒介相比，展览更具叙述优越性。

然而，展览果真具有如此之强的叙述能力吗？笔者认为存疑。一方面，传播内容的真实性、科学性、权威性是由信源（藏品研究）决定的，并适用于博物馆的所有媒介；更为重要的是，在展览叙述本质的界定上（媒介）形式应重于（信息）内容，展览场域的特性势必会造成叙述的变形。另一方面，现有研究常常混淆研究对象的比较层级，在不仔细辨别对象具体媒介构成的情况下就将其进行笼统对比，以致抹杀了单一媒介与多元媒介在叙述机制上的重大区分，从而不利于澄清如下问题：展览叙述所依赖的媒介究竟是什么？若是多元媒介所形成的叙述合力，那其中是否存在主次之别？多元的媒介构成能否必然提升文本的叙述能力，增强观众的受述体验？展览的叙述能力与其固有的传播学特征又有何关联？

有鉴于此，本文拟从广义叙述学的视角出发，首先分析展览各构成符号之于叙述要素的表意问题；然后依据定调媒介原理来分析展览这一多媒介复合文本的叙述合力；最后再以大英博物馆的个案为例，在与广播、书籍的对比中来辨析展览的叙述能力。由此，本文在回应博物馆学议题的同时，也试图拓宽符号学概念与原理的适用场域。

二、展览各构成符号之于叙述要素的表意

符号学提出：符号是携带意义的感知（赵毅衡，2016，p. 1）；符号中可感知的部分是"符号载体"，或简称为"符号"（p. 25）；而符号载体与媒介的区别必须以符号表意出现时空距离为前提，若时空距离消失则媒介随之消失（p. 120）。由于本文仅讨论实地观展这一情景，因此本文中的"符号"即展览信息传播过程中常见的若干单一媒介——物品[①]、文字、语音、图像、影像、音乐（含声效）、光线、建筑[②]。

本文拟从叙述要素的角度切入，去讨论博物馆展览的叙述能力问题。之所以选择这一角度，是因为国际学术界在倡导"叙述转向"的同时就叙述的界定与应用提出过不少质疑，而其中最为核心的争论就在于究竟该如何去把握叙述的本质要素（张婉真，2014，p. 9）。同时，广义叙述学由于拉通了所有叙述体裁进行跨类别对比研究，所以较之于叙述学的学理优势是它更易澄

[①] 物品，即文物标本的原件与各类三维立体的辅助展品。
[②] 本文中的"建筑"指展厅内部的各种建筑构件（如立柱、墙、地、天花板等）以及部分展陈设备（如展柜、展架等）。

清叙述的本质要素，从而有助于处理展览场域中的叙述问题。

根据广义叙述学的叙述底线定义（赵毅衡，2013，p. 7）可知，叙述者、人物、事件、符号文本、受述者、时间与意义向度是构成叙述的必备要素；而二次叙述化过程中的"时间与意义向度"又主要指涉"时间－因果"与"逻辑－道义"两对环链（p. 108）。在本文中，一方面"叙述者即策展人，受述者即观众，符号文本即展览"是研究的既定前提；另一方面，展览中的叙述不仅要受叙述定义的规约，同时也要受展示目的的影响。毕竟，作为一种信息组织手段，叙述理应服务于博物馆的展示目的——建构记忆、促进认同、寓教于乐、传播知识。鉴于目的与手段的关系建立在共情与认知学习的机制上，所以在综合考虑叙述底线定义、教育神经科学相关研究成果（参见周家仙等，2016，p. 78）以及故事创作实践领域的观点（参见麦基，2014，p. 42－58；麦基，格雷斯，2018，p. 52；哈特，2018，p. 22）后，本文拟将人物（含拟人）、事件、因果、冲突（人物欲求＋阻碍）、价值[①]视作构成叙述的五大要素。

那么，对展览各构成符号之于叙述要素表意的讨论，其实质就是依据各单一媒介天生的时空与运动属性来比较它们再现人物、事件、因果、冲突、价值五大要素的能力。就符号学而言，媒介在时空延展维度上可被分为纯粹的时间媒介、纯粹的空间媒介、时空媒介三大类别，在运动维度上则可分为静态与动态两种类型（瑞安，2015，p. 25）。其中，时间媒介为信息的传播与接收强加了秩序与方向性，而空间媒介则无此限制；动态媒介对信息的传播速度与接收时限有所规定，而静态媒介则可让受众依照自己的节奏来处理信息。

原则上，空间媒介都是静态的，时间媒介都是动态的（瑞安，2015，p. 25）。由此，单一媒介在时空、运动属性方面便可形成四种组合关系：①时间－动态媒介，如语音与音乐（含声效）；②时间/时空－静态媒介，如文字（由书写或印刷固定，因此作为一种特殊的图像同样占据一定的空间）；③空间－静态媒介，如图像、物品、建筑、光线[②]；④时空－动态媒介，如影像。与此同时，媒介时间－动态的属性越纯粹，其表征抽象的能力就越强，表征具象的能力就越弱；反之，媒介空间－静态的属性越纯粹，其表征具象

---

① 该概念取自电影理论中的"故事价值"，即人类经验中具备二元对立属性且彼此间可相互转化的所有价值，如爱与恨、善与恶、勇敢与怯懦，等等。广义叙述学中的"道义"概念，在本文中被划归价值范畴。

② 博物馆展览既可使用天然采光，也可使用人工照明，但总体而言以后者居多。自然光线是时空－动态媒介；而人工照明在绝大多数的展览中则应归为空间－静态媒介范畴。

的能力就越强，表征抽象的能力就越弱。如语言（文字与语音）很容易表达抽象的时间变化、因果关系、人物评判等，却无法显示人物与环境的具体外貌，无法再现连续的动态过程（瑞安，2015，p. 18）。

倘若从具象－抽象的维度去审视叙述五要素，就不难发现：在"人物"中，外表、言语、动作是具象存在，但思想、心理、情感、性格、品德等则属抽象范畴；在"事件"中，事物的状态是具象存在，状态在时间流逝中的变化由于可以通过前后对比来展现，所以也可归入具象范畴；在"冲突"中，人物的欲求与所遇阻碍大体上应被归为抽象范畴，但其欲求对象中的一部分（如某物或某人）以及阻碍中的一部分（如源自他人的某一动作行为）则可算作具象存在；至于"因果"与"价值"，则完全属于抽象范畴。

由此可知，就构成展览的七种常见符号之于叙述要素的表意而言，能力最强的是文字与语音，其次是影像，再者是图像。至于物品、建筑、音乐、光线，严格来说，它们都无法仅凭自身来完成叙述，但这并不表示该四者之于叙述毫无意义。物品能为叙述提供故事世界所需的各种客体，建筑能为叙述提供故事发生的不同场景，而音乐与光线则能为叙述营造氛围并充分激发受众的情感。

三、定调媒介原理与展览的叙述合力分析

由于展览各构成符号之于叙述要素的表意能力存在先天差异，所以在其组成的叙述合力中一定会存在谁主谁辅、如何互补的问题。为方便分析，本文尝试引入定调媒介原理。

符号学提出：①"定调"针对的是文本的表意层面，在一个多媒介联合编码文本中，原则上"热度"最高的媒介即为定调媒介；②媒介"热度"越高，其所传播的信息的密度就越大，表意的清晰度就越高；③定调媒介的确立还需考虑表意的连贯性。（赵毅衡，2016，p. 126－129）据此理论来看博物馆展览：在贯穿全程的单一媒介①中，文字（或语音）显然比物品、建筑、光线"热度"更高，更能承担起对叙述诸要素的表意任务。即单就学理而言，展览叙述的实现首要依赖的媒介应是文字（或语音），其次是物品与建

---

① 展厅中能够贯穿信息传播全程的单一媒介有物品、文字（或语音）、建筑、光线。即便有少数观众全程不读说明文字，仅依靠语音解说来理解展示内容，但语音仍非观展的必选项。至于音乐、影像以及为了辅助观众理解而创作的图解、地图、油画等图像（作为展品的照片、画作等应当归属物品范畴），同样担负不起贯穿全程的信息传播任务。

筑（主要指涉空间），再者是图像与影像，最后是音乐与光线。

实践中，展览叙述通常被分为局部与整体两种类型；前者针对某一展项，后者指涉展览全程。以"讲故事"诉求呼声最高的历史文化类展览为例，其局部叙述大致包括以下五种类型：

其一，有文物（一件或一组），但仅通过文字或语音来叙述。如浙江省博物馆《越地宝藏——100件文物讲述浙江故事》一展中的"越人剑"展项，它以原状陈列的手法展示青铜兵器，并在背景版中以文字来讲述"欧冶子铸剑"的故事。该展项是一个"物品＋文字"的双媒介编码文本，定调媒介是文字。

其二，无文物，将某一放映设备视作独立展项，仅凭影像来叙述。如金沙遗址博物馆中的"金沙制玉工艺"展项，它以幻影成像的技术（实景模型＋光学成像）讲述了古蜀巫师指导工匠琢玉祭祀的故事。再如台北故宫《山水觉》一展中以新媒体数字技术再现了一段画史传奇——吴静庵火烧《富春山居图》。前者是一个"物品（非原件）＋影像＋文字"的多媒介文本；由于文字仅用于揭示标题与简短陈述制玉工序，所以就叙述而言，其定调媒介应是影像。后者则是一个"影像＋文字"的双媒介文本，文字时断时续，影像是其定调媒介。

其三，有文物，表面上依靠文物与辅助展品的组合，但实则单凭图像或影像来进行叙述。如浙江省博物馆《越地长歌——浙江历史文化陈列》一展以"青铜兵器＋油画创作＋说明文字"来展示"卧薪尝胆"的故事。再如六朝博物馆在展柜中密集展示瓦当，同时，旁边的电视屏幕中则以影像讲述了（拟人化后的）人面纹瓦当一天的平凡生活。前者是"物品＋图像＋文字"的组合，后者是"物品＋影像＋文字"的组合；但就叙述而言，二者的定调媒介都既不是物品也不是文字（文字仅用于简介文物的基本信息）。

其四，无文物，以"情境再现"的手法来叙述。即用仿真人物（蜡像、雕塑、模型等）、实物道具、场景（多为半景画）三者的组合，以静态表征动态，利用观众的二次叙述化来建构叙述。这类展项往往仅以文字来点题，如大明宫遗址博物馆中的"武则天麟德殿设宴会见日本使臣"展项；但也有一部分会另附说明版，用文字讲述更多内容，如杭帮菜博物馆中的"东坡烧肉，犒劳湖工"展项。它们或是"物品＋文字"的组合，或是"物品＋图像＋文字"的组合，但定调媒介都是文字。

其五，有文物，以器物组合为载体，通过陈列语言①来叙述。如中国革命博物馆早年间的"蒋家王朝的覆灭"展项，由文物（蒋介石的几件办公用品）、陈列柜、两件辅助展品（一面国民党党旗与一张照片）组合而成。其中，陈列柜的玻璃罩被设计成了类似西方棺材的特殊造型，借以体现"埋葬"的寓意；同时，国民党党旗又以旗杆断裂、旗面扫地的形象凸显了"政权覆灭"的意涵；而陈列柜后面的展墙上还挂着一幅巨大尺寸的历史照片，记录着人民解放军在占领南京总统府后高呼胜利的场面。该展项是一个"物品＋文字＋图像"的联合编码文本，原则上定调媒介应是文字，但由于不少观众在不阅读说明文字的情况下就能领会该展项的内容与意涵，因此，其定调媒介或可由物品来充当。

严格地说，只有第五种局部叙述最符合博物馆展览的传播学特征：以陈列语言传递文物信息。但第五种局部叙述实现难度较大，因此前四种才是当下历史文化类展览叙述性设计的主流方式。

至于整体叙述，则大致表现为以下三种方式：

其一，内容设计上，将单一线性时间轴视为展览结构第一层级的划分逻辑；形式设计上，首先通过文字（或语音），其次通过图像与影像来表征叙述要素。如温州博物馆的《温州人——一个生存与开拓的故事》，该展共分四个时段，从古至今依次讲述了温州人在恶劣的自然环境与历史条件中自强奋发的故事。

其二，内容设计上，采用"同一主题下，小专题并行"的逻辑来划分结构的第一层级；形式设计上，以文字（或语音）为主、图像与影像为辅的方式来表征叙述要素。如首都博物馆的《王后·母亲·女将——纪念殷墟妇好墓考古发掘四十周年特展》，该展分为"她的时代"（商族起源与社会习俗）、"她的生活"（宫廷日常）、"她的故事"（祭祀与战争）、"她的葬礼"四个部分，力图讲述一位女性既平凡又不平凡的人生传奇。②

---

① 对展览的形式设计而言，其精髓与最大挑战都体现在陈列语言的运用上。"陈列语言"是一种以视觉形象体系为信息传播媒介的展示手段，它由实物放置的序列、情态及与其他必要辅助材料的配合构成。陈列语言具有鲜明的非言语性，无需借助文字或语音的辅助就能为观众所理解。（严建强，1998，p. 265，p. 267；黄洋，陈红京，2019，pp. 189－195）

② "若干相对独立的小故事组成一个大故事"的设计思路是时下博物馆界"展览讲故事"的主流方式。小故事彼此之间的共性往往在于它们可被归属为同一地域或同一时段。因此，这个大故事是否成立恐怕值得质疑。《妇好展》之所以在整体层面可被视为一个完整的故事，一是因为它有贯穿始终的同一主人公，二是因为观众可通过自身的二次叙述化来为该展赋予一个人从生到死的隐含时间轴。

其三，内容设计上，采用单一线性时间轴来安排所用内容；形式设计上，完全摒弃"展柜＋文物＋说明牌"的传统手法，转而采用"一系列复原场景＋若干辅助展品"。如华盛顿大屠杀纪念馆《记住孩子：丹尼尔的故事》一展用场景套场景（从家到商业街，到隔离区，再到集中营）的接续方式展示了1933 至 1945 年间一个犹太男孩从幸福美满到跌落深渊的生命历程。虽然场景中并无人物出现，但通过遗留的痕迹（少数物品上印有文字，如日记、告示等），观众可推想出人物的种种遭遇。① 对于该展而言，表征叙述要素的媒介主要是物品与建筑空间，局部地方也会用到文字与影像。因此，从表意连贯性的角度来看，其定调媒介应为物品。

总体而言，能够实现整体叙述的展览并不多见，而依靠陈列语言完成的则更为稀少。究其原因，一是内容层面，作为信源的藏品研究不易提供足够的、包含叙述要素的信息；二是形式层面，物品与建筑"热度"太低，很难仅凭自身就完成好对叙述诸要素的表意任务。

综上可知，博物馆的展陈实践表明：展览叙述的实现主要依赖的媒介是文字（或语音），无论是局部还是整体；此外，局部叙述还青睐图像或影像；至于最能反映博物馆展览传播学特征的物品与建筑（主要指空间），在叙述合力中往往处于弱势辅助地位，只有在少数情况下才可凭借高超的设计手法，以组合的方式来完成叙述。换言之，依据定调媒介原理所做出的学理推断与展览叙述的实际情况是吻合的。

需要补充的是，无论是局部还是整体，在叙述文本中不同符号媒介很少会出现因表意不一致而引起观众理解混乱的情形。这主要是因为博物馆物展品不同于日常物品，其意义对于普通观众来说既陌生又隐形，大部分展品都难以顺利实现自我表意。实践中，绝大多数策展人会倾向将物品的表意权让渡给文字语音、图像影像，因此，此类文本的各符号之间多为互补关系，若发生歧义则以文字为定调媒介。然而，汉字具有一字多义的特性，形状雷同的器物其古今用途也未必如一。以青铜盘的展示为例，观众如果只看器形与名称，那么可能会得出"这是古代的一种餐具"的认识。然而，如果策展人将"盘"与"匜"进行组合展示，先用空间位置暗示器物间的相互关系（盘匜邻近且匜高盘低），再用辅助道具（如作洗手状的手模、象征水流的白纱，

---

① 该展的特殊性在于，它最初只是一个专为儿童设计的、观展时长约 45 分钟的临时展览，后来由于长期备受欢迎，所以陈列至今。此外，该展所述故事的主人公并非真实人物，而是策展人基于第二次世界大战中 150 万苦难犹太儿童的共同命运和集体记忆杂糅创作而成。也就是说，该展是一个典型的信息定位型展览，它追求的是信息层面的真实而非展品的真实。

等等）来复原器物的使用情景，那么，观众即使不看说明文字也能知晓盘匜的真正用途——古代盥洗器，前者盛水，后者浇水。这是一个备受博物馆界推崇的、成功运用陈列语言的典型范例；该展项仅凭"物的自我表达"就实现了对器物功能用途的清晰说明，并有利于矫正观众由常识出发而形成的对"盘"字的误解。在这个"物品＋文字"的双媒介文本中，定调媒介不是文字而是物品。需要指出的是，此类例子在展陈中并不多见；尤其是在展览叙述中，真正能够反映叙述要素的信息往往还得依靠文字语音、图像影像来传播；甚至在不少情况中，文物本身也并非某一历史故事的直接物证，其与故事的关联仅在于它们共享了相同的时代、地域与器物类别（如前文所述的"越人剑"展项）。

四、从大英博物馆的个案对比中看展览的叙述能力

"用包罗万象的物品讲述世界的历史"是大英博物馆的宗旨。该馆于2010 年与 BBC 合作推出了"用 100 件馆藏文物讲述世界历史"的广播节目，并将其结集成书，名为《大英博物馆世界简史》。此后，该馆又策划了与书同名的全球巡展，于 2017 年来到中国。英方先与中国国家博物馆联合推出了《大英博物馆 100 件文物中的世界史》，后与上海博物馆合作完成了《大英博物馆百物展：浓缩的世界史》。二者展出的文物除第 101 件①外其余完全一样，故可统称为《大英展》。

本文之所以将其作为分析个案，是因为它是同一家博物馆基于相同的宗旨与传播目的、针对几近相同的内容②，却采用了三种不同媒介（广播、书籍、展览）来进行叙述的难得范本。由此，便可将源自内容层面的影响降至最低，主要立足形式层面来辨析展览的叙述能力。

广播节目是一个"语音＋音乐＋声效"的多媒介编码文本。作为定调媒

---

① 国家博物馆的第 101 件展品是中国重返世贸组织的签字笔与木槌，上海博物馆的则是二维码。加上序厅的一件展品，《大英展》实际陈列的展品共计 102 件（套）。

② 在内容层面，广播与书籍无论是对文本结构的划分还是对每件文物的具体说明都高度雷同。展览却在文物清单与文本结构两大方面有明显调整。大英博物馆用同类型或同时段的其他文物替换了近一半数量的原有物件，并将书与广播中的 20 个章节浓缩为了 8 个展示单元。但由于展览看重的是某一物件之于某一时段、某一文明的象征意义，而非着眼于这一物件本身，所以展示信息就不一定非得由某一特定的展品承载，其他同类型或同时段的替代物件也能在很大程度上胜任这一角色。正是在这一意义上，《大英展》与广播、书籍一样，旨在传播同一主题与内容——蕴藏于一百件文物之中的、长达两百多万年的人类发展故事。

介的语音，主播专业的语言表达技巧、嘉宾们带有情感色彩的回忆，这些形式层面的因素让文物信息的传播从教条式的灌输转变为一种娱乐式的漫谈。节目中的背景音乐与各种声效（如"大洪水记录版"那期就添加了雨声与水声）也对文物故事的讲述起到了氛围渲染的作用。然而，广播只作用于听觉，它无法让听众看见文物本身，所以听众对文物的一切认知都必须结合自身的经验与想象。此外，作为时间－动态媒介的广播，由于规定了信息传播的速度，所以对信息接收与意义理解的行为具有时间限制，这在一定程度上会妨碍听众对内容的消化与深入思索。

《大英博物馆世界简史》是一个"文字＋图像"的双媒介编码文本。书籍只作用于视觉。一方面，它以文物高清插图的形式让读者能够对文物的外观有一个大体认知；同时，作为定调媒介的文字，因具有静态属性，所以完全经得起受众缓慢反复的细读，从而有利于信息的理解与思索。另一方面，书中每一件文物的平面插图有且仅有一张，所以关于文物本体所能传递的信息极为有限。

至于《大英展》，它是一个"物品＋建筑（含空间）＋文字＋图像＋影像＋语音＋光线"的多媒介联合编码文本，对其的解析需要分作局部与整体两个层面。

在局部层面，文物原件表征自身的能力要远远强于精美的插图与言语性的外观描述，这是展览相较于书籍与广播的优势所在。然而《大英展》的特色却在于，有关文物本身特性的信息被设计者有意地放在了次要的传播地位，而文物的象征意义（即不同地域的文物中所包含的人类文明共性，以及它们所反映出的兴起于史前时代的全球化历程）才是展示重点之所在。因此，该展一反博物馆界有关器物定位型展览历来惜墨如金的文本创作范式，转而为观众提供了大量的文字说明。但就效果来看，这样的做法也很难成功实现展览的局部叙述。究其原因在于：①说明牌上的字数再多也终归有限，其所能承载的言语体量要远远小于书籍与广播，而体量越小则越不利于构建叙述；②说明牌的写作范式往往倾向于采用陈述句（包括描述与评述）多过叙述句，而一个叙述句不占主导地位的文字文本不能称为真正的叙述文本；③形式设计者对字体大小以及灯光照明的安排不利于观众阅读（即影响二次叙述化的实现）；④热门展览所引发的轰动效应导致展厅内人群聚集，同样不利于观众的阅读与理解。

在整体层面，广播、书籍、展览三者的最大区别在于受众对经由不同媒介传播的内容会抱有不同的期待。在本例中，该广播节目每周5次、每次15

分钟的传播形式完全契合各馆藏文物彼此之间的独立性；听众乐于每天（或隔三岔五地）花少量的零碎时间去泛泛地了解一个又一个文物的小故事，而不会对整个系列节目的首尾连贯、因果逻辑提出要求。至于书籍，由于体量不小，读者很难在一段完整的时间内从头到尾一口气将它读完，20 个部分100 个条目的章节设计与受众读读停停的阅读习惯也算契合。但在进入博物馆之后，情况就会发生明显改变。在长约 3 小时的一段完整时间内，观众从展览标题与前言中会生发出一种不自觉的文本期待：这是一个讲述世界如何演变发展的、内容完整且逻辑顺畅的历史故事。然而，若想满足该期待，策展人首先就需要解决文物自身强烈的碎片化特征带来的认知困难。如何以展览特有的语言将 102 个散点串联成线并从中揭示出文本的整体意涵是设计者面临的一大难题。不得不说，《大英展》对此的处理不甚理想。

在国家博物馆的《大英展》中，寻找正确的路线成为观展障碍之一。展厅中序号相邻的展品其实际位置并不一定完全相邻。这样一来，在实际参观过程中就不免出现为数不少的交叉选择，观众在展厅中重复走动乃至迷失方向的情形时有发生。上海博物馆在动线设计上做得更好；但即便如此，相邻的展品也未必能够形成具有内在逻辑关联的组合关系。以第五单元第 44 号文物"三彩文官俑"为例，它本是唐朝名将刘廷荀的随葬品之一，被设计者放在中心展柜里作独立展示。但无论是从参观顺序中还是从文字说明中，观众都难以领会到它与单元主题（贸易与侵略）究竟有何内在关系。然而，在广播与书籍里，这件文物只是第 55 个故事所述对象"唐代墓葬俑"的组成部分之一，整套文物还包括有翼镇墓兽与双峰骆驼的三彩陶器，而后二者才是体现唐代丝绸之路上中西贸易交流的有力证明。

诚然，从以物述史的角度来看，文物天生自带的原真性赋予了展览以广播、书籍所没有的实证优势，但博物馆试图传播给观众的宏大叙述并不能通过将 102 件物证置于同一空间内部就建构完成，对其主旨的揭示必须依赖大量的诠释性工作；从对传播目的的实现来看，广播与书籍都比展览更具叙述优势。

五、结语

博物馆展览多元复合的媒介优势并不等于它的叙述优势。在符号学中，前者指涉媒介的艺术感染力，一个文本采用的媒介数量越多，且媒介作用于人类感知觉的渠道越多，则该文本的艺术感染力就越强（赵毅衡，2016，

p. 128）；后者则指涉展览各构成符号之于叙述要素的表意能力以及由它们所形成的叙述合力。就博物馆展览而言，它由物品、文字、语音、图像、影像、音乐（含声效）、光线、建筑（主要指空间）八种符号媒介构成，可涉及视觉、动觉、听觉、触觉、嗅觉、味觉六种不同渠道，是极具艺术感染力的一种文本类型。但就叙述而言，无论是从定调媒介的学理出发，还是从展陈实践来看，最能反映展览传播学特征的物品与建筑（空间）对叙述要素的表意能力却不容乐观。换言之，博物馆学人长期认为的展览叙述的三大优越性——物品传播所带来的真实（仅针对原件而言）、形象、直观性体验，空间传播所带来的沉浸式体验，多媒介作用于多感官所带来的丰富性体验——其实是混淆概念后的错误认识，即错将多元复合媒介带来的感染力优势当作叙述优势。

从广义叙述学视角探究博物馆展览的叙述能力，叙述与展览固有传播学特征之间的矛盾会呈现得越发清晰。一方面，在博物馆界看来，博物馆是一个以空间形态为特征的视觉文化传播机构（严建强，2009，p. 100）；展览语境规定，应以物品和建筑（空间）作为主体信息的符号载体，应以陈列语言作为信息传播的主导方式。另一方面，自然语言仍旧是叙述当之无愧的唯一母语；在贯穿展览全程的符号媒介中，文字（或语音）显然比物品和建筑更易实现对叙述要素的顺利表意。于是，当策展人试图用叙述概念来塑造展览时，就不得不面对一个选择困境：是坚守展览自身的传播学立场，还是优先考虑如何实现对叙述要素的顺利表意？对此，本文建议："叙述转向"固然是大势所趋，但展览并非博物馆的唯一媒介；我们如果承认不同媒介先天具有不同的叙述能力，那么就该尊重规律、各取所长。

引用文献：

哈特，杰克（2018）. 叙述弧：普立兹奖评审教你写出叫好又叫座的采访报导（谢汝萱，译）. 新北：新乐园，远足文化.

黄洋，陈红京（2019）. 博物馆陈列展览设计十讲. 上海：上海交通大学出版社.

麦基，罗伯特（2014）. 故事——材质、结构、风格和银幕剧作的原理（周铁东，译）. 天津：天津人民出版社.

麦基，罗伯特；格雷斯，托马斯（2018）. 故事经济学（陶曚，译）. 天津：天津人民出版社.

瑞安，玛丽－劳尔（2014）. 故事的变身（张新军，译）. 南京：译林出版社.

严建强（1998）. 博物馆的理论与实践. 杭州：浙江教育出版社.

严建强（2009）. 论博物馆的传播与学习. 东南文化，6，100.

张婉真（2014）．当代博物馆展览的叙事转向．台北：台北艺术大学，远流．

赵毅衡（2013）．广义叙述学．成都：四川大学出版社．

赵毅衡（2016）．符号学：原理与推演（修订本）．南京：南京大学出版社．

周加仙，等（2016）．教育神经科学视野中的循证教育决策与实践．北京：教育科学出版社．

Austin, T. (2012). Scales of Narrativity. In Suzanne MacLeod, Laura Hourston Hanks & Jonathan Hale (Eds.). *Museum Making: Narratives, Architectures, Exhibitions*. New York, NY：Routledge.

Bedford, L. (2001). Storytelling：The Real Work of Museum. *Curator: The Museum Journal*, 44 (1), 27 – 34.

Cameron, D. (1968). A Viewpoint：The Museum as A Communication System and Implications for Museum Education. *Curator: The Museum Journal*, 11, 33 – 40.

Clark, D. (2003). Jewish Museums：From Jewish Icons to Jewish Narratives. *European Judaism*, 36 (2), 4 – 17.

Hooper-Greenhill, E. (2004). Changing Value in the Art Museum：Rethinking Communication and Learning. In Bettina Messias Carbonell (Ed.). *Museum Studies: An Anthology of Contexts*. UK：Blackwell Publishing.

Parker, H. W. (1963). The Museum as a Communication System. *Curator: The Museum Journal*, 6 (4), 350 – 360.

作者简介：

赵祎君，四川大学历史文化学院博士研究生，主要研究方向为博物馆学、展览叙述。

Author:

Zhao Yijun, Ph. D. candidate of College of History and Culture, Sichuan University. Her research interests include museology and exhibition narrative.

E-mail: 693731818@ qq. com

论粉丝的幻想叙述

程 娟

摘　要：粉丝是一群拥有生产力和创造力的群体，他们会生产叙述文本。
粉丝的叙述中，有一类比较特殊，就是粉丝的幻想叙述。粉丝
幻想叙述的叙述者是粉丝本人自我意识的一部分。此类叙述是
粉丝在狂热情感驱使下积极主动参与文本的体现，但也会受到
娱乐工业制作集团的操纵。粉丝的幻想叙述和再叙述中存在着
"二我差"现象。在新媒体时代，粉丝可以通过网络分享幻想
的再叙述，除粉丝本人外，其他粉丝甚至不追星的人也可能成
为粉丝幻想再叙述的受述者。粉丝的幻想叙述是虚构叙述，但
可能影响作为受述者的粉丝的现实生活。粉丝幻想叙述的原因
涉及满足被压抑的欲望和缺失的情感、缝合创伤和对抗困境。
关键词：粉丝，幻想叙述，方式，影响，原因

A Study of Fans' Fantasy Narratives

Cheng Juan

Abstract: Fans of media stars are not just consumers of popular entertainment;
they are also creative producers of their own narrative texts. Among
the narratives that fans produce, one special category is the fantasy
narrative. Such fantasy narratives are expressions of fans' self-
consciousness. These kinds of narrative convey fans' own active
participation and fanatical emotion, but are also manipulated by
entertainment industry producers. Fans' fantasy narratives and re-
narratives express self-differentiation. In the new forms of media
available today, fans can share their fantasy re-narratives through

websites, and even fans who do not follow particular stars can become narratees of fans' fantasy re-narratives. These narratives are fictional, but may influence the real lives of other fans as narratees. Fans' fantasies about stars are means of satisfying repressed desires, healing the wounds of psychological traumas and imagining solutions to dilemmas.

Keywords: fans, fantasy narrative, form, influence, reason

DOI: 10. 13760/ b. cnki. sam. 202102017

粉丝研究，又称迷研究。乔纳森·格雷、考乃尔·桑德沃斯、C. 李·哈林顿编的《迷群：一个媒介世界中的身份和认同》（*Fandom: Identities and Communities in a Mediated World*）一书，介绍了粉丝研究的三次浪潮。在我国，粉丝研究随着 2005 年湖南卫视《超级女声》的播出而兴起。2018 年热播的偶像养成节目《偶像练习生》和《创造 101》，掀起了又一轮粉丝的狂欢：为了让自己的偶像成功出道，粉丝们集资刷票打广告，设计文案做宣传。粉丝的营销能力和创造力在此得到充分发挥。近几年，又有不少学者关注粉丝文化。西方的粉丝文化研究已经经历了三次浪潮，并且有许多理论方面的创新。我国的粉丝研究虽已获得不少学者的关注，但与西方的粉丝研究相比，仍有很多不充分的地方。随着新媒体在我国的发展，我国粉丝群体的行为又有了很多新的表现和特征。

新浪微博有许多粉丝分享自己幻想（fantasy）叙述的话题，如"和爱豆①对视是什么感觉""如果偶像靠在你肩上撒娇""爱豆陪你说晚安""我和爱豆的十二时辰"等等。长期以来，叙述学研究都集中于文学艺术类体裁，其范围被严重缩小了。实际上，叙述是人类的生存方式之一，叙述活动充斥着人们的日常生活。广义叙述学将梦、幻想等也纳入叙述学研究的范畴，但这方面的研究还很少。本文以新浪微博中粉丝幻想再叙述文本为研究对象，运用符号叙述学理论探讨粉丝幻想叙述的方式、影响和原因，希望能为国内粉丝文化的研究和广义叙述学的研究提供新的理论视角和分析维度。

一、粉丝叙述中的幻想叙述

粉丝是一群拥有生产力和创造力的群体，他们会生产叙述文本。主动、

---

① 爱豆，"idol"的音译，意思是偶像。

热烈地参与文本是粉丝群体的特征。粉丝们会创作或者改编与自己偶像相关的作品，如续写偶像主演的电视剧、给偶像写信、创作同人作品①等，这些粉丝创作的文本都是粉丝的叙述文本。在粉丝的叙述中，有一类叙述比较特殊，就是粉丝的幻想叙述。对于粉丝来说，偶像是一种承载其想象的资源。斯蒂芬·海纳曼说，粉丝由明星形象产生的想象性场景，也是一种幻想；做粉丝就意味着要涉及幻想工作（fantasy-work）。（陶东风，2009，p. 150）这里所说的粉丝的幻想叙述不是类似于作家源于幻想创作的作品，而是粉丝因偶像而产生的想象性场景，是作为叙述文本的幻想。幻想本身就是一种叙述。

在后现代思想家那里，生活就像文本，生活的故事会随着时间的推移被持续书写和重写（McAdams，2006，p. 296）。罗兰·巴尔特尝试扩大叙述体裁的边界，他指出，叙述包括无限多的文类。任何符号都可以用来叙述，叙述可以由口头或书面语言表达，也可以由形象和手势来表达。除了小说、神话、预言、历史等常见的叙述体裁，叙述还存在于绘画、彩色玻璃窗、电影、新闻、对话之中。不仅如此，叙述存在于任何时代和任何地方。叙述的存在，就像生命的存在一样。（赵毅衡，2004，p. 404）在我国，很多学者已经在研究文学艺术体裁外的叙述类型，如图像叙述、教育叙述、梦叙述等，而白日梦、错觉、梦等心像叙述也属于叙述学研究的范畴。（赵毅衡，2013a，p. 47）

拉普朗什和彭塔利斯将幻想定义为某个主体在其中充当主角的想象性场景。幻想以防御的、扭曲的方式实现无意识的愿望。有意识的幻想（白日梦）、无意识的幻想都是幻想的模式，如隐藏于表面内容下的结构。（Laplanche & Pontalis，1973，p. 314）根据拉普朗什和彭塔利斯对幻想的定义，本文将粉丝的幻想定义为：粉丝因对偶像的狂热情感而产生的想象性场景，是由偶像引发的白日梦；粉丝在这类想象性场景或白日梦中充当主角；通过幻想，粉丝以防御的、或多或少扭曲的方式实现自己无意识的愿望。

粉丝的幻想本身就是一种叙述，是心像叙述，因为它符合叙述的底线定义：一个主体将有人物参与的事件组织进一个符号文本，该文本被受述者理解为有时间和意义向度（赵毅衡，2013a，p. 7）。首先，与梦类似，粉丝的幻想是粉丝本人心像（心灵感觉到的形象、言语及其他感受）媒介再现的文本；其次，粉丝本人将自己放入一个心像再现的世界（想象性的场景）中，并且粉丝本人在其中充当主角，以实现无意识的愿望，这个心像再现的世界

---

① 同人作品即建立在已成形的文本基础上，借用原文本的人物形象、人物关系、基本情节和世界观，所进行的二次创作文本。（邵燕君，2018，pp. 74 – 79）

（想象性的场景）有人物、情节、变化；最后，粉丝幻想的受述者就是粉丝自身，对他们而言，幻想文本具有时间和意义向度。粉丝的幻想叙述是一种自身叙述，是自我意识的一部分对另一部分讲故事。

研究粉丝的幻想叙述，需要分析和解读粉丝幻想的再叙述文本。粉丝的幻想叙述是粉丝心中所想，还未表达和记录下来；粉丝幻想的再叙述则是对别人讲述自己的幻想，或对自己讲述幻想（回忆或日记），或用幻想的内容创作表情包、文字等文本。幻想的再次叙述是心像叙述的"再述"，媒介已由心像转变为语言、文字、图像等，丧失了心像叙述的本质特征，只保留心像叙述的内容。由于粉丝的幻想叙述是粉丝心中所想的内容，其他人无法听到和看到，而粉丝幻想的再叙述则是粉丝将自己的幻想表达出来、记录下来，使幻想变得可以被读取和传播，因此对粉丝幻想叙述的研究只能通过粉丝幻想的再叙述文本分析进行。

二、粉丝幻想叙述的方式和影响

（一）粉丝幻想叙述和再叙述的叙述者

大部分的叙述都是一个主体将故事讲述给另一个主体，比如文学作品是作家将故事写给读者，电影作品是导演将故事拍给观众，广告作品是商家将有关产品的信息传递给买家。而幻想是一种自身叙述，是自我意识的一部分将故事演示给自我意识的另一部分。粉丝幻想叙述的源头是粉丝本人的自我意识，粉丝幻想叙述的叙述者便是粉丝本人自我意识的一部分。粉丝幻想的再叙述不同于粉丝的幻想叙述，其叙述者是完整、现实的粉丝本人。

因为粉丝群体的独特性，粉丝幻想叙述和再叙述的叙述者与其他幻想叙述和再叙述的叙述者有所不同。粉丝具有狂热的属性。粉丝（fans），是"疯狂"（fanatic）一词的缩写，"fanaticus"是该词的拉丁语词源。此词在语源上附着有宗教和政治的狂热、迷信等含义。（詹金斯，2017，p. 11）"粉丝"一词似乎从未脱离"疯狂"之意涵，而粉丝文化的研究者也常将粉丝视为"病态的人"。粉丝幻想叙述的诱因是粉丝对偶像的狂热情感，而粉丝对偶像狂热情感的来源与粉丝自身的喜好、现实情感缺失和个人创伤经历有关。这种狂热情感促使粉丝积极地参与文本。费斯克认为，粉丝创造的快感在于将自己投射到偶像形象中，将普通的内心幻想变成具体的、有公共潜能的文本。（费斯克，2001，p. 176）粉丝是"文本盗猎者"，他们会主动阅读偶像文本，从中掠走对自己有用或能给自己带来快感的内容。粉丝们往往在原文本的基础上进行再创造，从而形成具有明显个人风格的新文本，比如有的粉丝幻想与偶像之间的爱情故事，有的粉丝幻想与偶像之间的亲缘关系。在传统媒体时代，粉丝的幻想是带有个人风格的私人文本；在新媒体时代，粉丝的幻想可以变成公共文本。

粉丝的幻想叙述虽然是粉丝受狂热情感驱使而积极主动参与文本的体现，但也会受到娱乐工业制作集团的操纵。明星是一个被制造的符号文本。明星本人、经纪公司、大众传媒这个制作集团参与这个符号文本的制造。粉丝产生的有关明星的幻想离不开娱乐工业制作集团的引导。粉丝会对明星产生幻想，往往是因为接触明星参演的作品、创作的歌曲、参加的节目后对明星产生了情感，开始关注明星，并将其纳入自己的幻想叙述。劳伦斯·克罗斯伯格认为，情感与人生感受密切相连，是日常生活中最平常的一个方面，又是生命中最难定义的方面。粉丝与文化文本的关系在情感范围内运作。娱乐工业依靠对流行的形象、快感、幻想和欲望的情感投入来运作；粉丝则通过对所迷文本的投入，在某种程度上获得对自己情感生活的支配权，进而对新的意义形式、快感和身份进行情感投入，以应对各种负面情绪。（陶东风，2009，pp. 134 - 146）粉丝看到的明星形象、各种相关事件多是制作集团刻意经营的。以"CP粉"[①]为例。有些CP是影视剧作品中配对演戏的角色，有些CP是同一个团队的成员。这些CP不论是真实的还是虚构的，但多半都是刻意打造的，CP之间的互动细节不少是演出来给粉丝看的。但粉丝们会主动去寻找和挖掘CP之间的各种互动细节，将CP之间甜蜜的互动称作"糖"。粉丝们"吃糖"后会觉得"甜"。粉丝们希望CP"发糖"，通过幻想CP之间的情感而感到温暖和美好。娱乐工业制作集团会主动给粉丝生产使其产生幻想的原文本，粉丝再在此基础上进行想象和衍生。也就是说，娱乐工业制作集团会影响粉丝幻想叙述的产生，粉丝幻想的叙述者，即粉丝本人的一部分自我意识，实际上是受到娱乐工业制作集团操纵的。但粉丝往往将幻想的情感视作真情实感以获得满足，娱乐工业制作集团便是利用这一点，从粉丝处获取利益。

---

① CP是"coupling"的缩写，指观众/读者对人物的配对。CP之间的感情可能是爱情，也可能是友情，或者两者都有。CP这一概念最早是用于男性同性配对，后来也用于异性之间配对和女性同性配对。观众/读者会根据明星之间的言语和行为展开想象。CP不一定是真实的，其间的情感必然依靠观众的解读和想象。（邵燕君，2018，pp. 194 - 198）

（二）粉丝幻想叙述和再叙述中的二我差

二我差是发生在所有自我叙述中的普遍现象。叙述者显身，叙述自己的往事，就会产生二我差。二我差是体现在自我叙述中的现在的我和过去的我在语言和意识上的差别。叙述者现在的我讲述自己过往的事，既可以用当时的我的语言，表现当时的我的意识、经验、判断、态度和见解，也可以用现在的我的语言，表达现在的我的意识、经验、判断、态度和见解。二我差是此我和彼我的分裂，这种分裂可能是自我意识分裂造成的，也可能是时间造成的。（赵毅衡，2014，pp. 68－73）

粉丝的幻想叙述是一种自我叙述，是粉丝自我意识的一部分对现实中的自己讲故事。粉丝作为叙述者的自我意识的一部分，与作为受述者的本人的意识是分裂的，也就是说粉丝的幻想叙述是在人格分裂式的二我差中进行的。在粉丝的幻想中，现实世界中的粉丝本人并不进入幻想世界，而分裂出来的、身处幻想世界中的第一人称"我"，一般意识不到自己是被现实世界中的"我"创造出来的、处在幻想世界中的角色。现实世界中的"我"和幻想世界中的"我"会形成二我差，这种二我差是自我意识分裂造成的。另外，在粉丝幻想的再叙述中，作为叙述者和受述者的粉丝本人与幻想世界中的"我"也存在着二我差。现实世界中的粉丝，或者说作为粉丝幻想再叙述的叙述者和受述者的粉丝，一般都比幻想世界中的"我"清醒，但如果现实世界中的粉丝沉浸在追星的幻想世界中不能自拔，则可能在现实中做出非理智的事，这类二我差也是自我意识分裂造成的。

而在粉丝幻想的再叙述中，由时间流逝引起的叙述自我与经验自我的二我差也存在，如下面这段粉丝的自述：

> 刚工作不久，从始至终不怎么追星，或者不能说是追星，只能说是很喜欢，做自己能做的，但不疯狂。
>
> 追寻朱一龙、居老师的一般都是已经工作成熟点的人，喜欢他的温柔，他的优雅，他的稳重踏实，温润如玉，真挚善良，这些都是社会生活中很少见到希望见到或者自己想要成为他一样的人的特质。
>
> 他于我来说，其实就是一盏床头黑暗的暖灯，停留在心灵最纯净角落的清风，让自己即使坠落，即使无奈徘徊独自流泪，也能依旧笑着面对生活，永不屈服，世界纷繁复杂，依旧保持着至善的心，去看这个世界。

　　简单来说吧，当你独自坐在街头，满目茫然，心有酸楚，街道上的行人都匆匆走过，不曾看你一眼时，只有一个陌生人蹲在你身旁，摸摸你的头，温柔的眉眼只注视着你一人，声音深沉而温暖，问你"怎么了？小妹妹"，这就是他，朱一龙。（粉丝"T唐小千T"，新浪微博，2019－02－18）

　　这段幻想再叙述中存在着二我差。该粉丝通过回忆幻想中曾经的"我"在街头徘徊、心有酸楚时，朱一龙安慰自己的场景，阐述自己追星的原因。曾经的"我"在面临生活困境时，会茫然无措、独自流泪，而因为追星，现在的"我"成为一个能够笑对生活、永不屈服，用一颗至善的心去看世界的人。

　　下面这段粉丝幻想再叙述中也存在二我差：

　　你像黑夜中的萤火，像冬日里的阳光，像森林间的花香，像我从未见过凌晨三点的微光。遇见你时我又惊又喜，此后学会付出，学会等待，也学会努力追求未来……雨过天晴时，从云层中冒出的太阳最像你，不过于暗淡，最是柔和，最是清澈透亮，猝不及防地就照进了我的心里眼里脑海里……最是惊鸿一瞥时，像是百无聊赖的生活里突然降临的一束光，无比温柔且耀眼。猛的就开始小鹿乱撞，就开始慌乱无措，想伸手可又怕一不小心将你惊动，所有美好的辞藻涌上心头，却一时之间堵在嘴角不知如何表达。期待第二首新歌，也期待你，武汉见@蔡徐坤。（粉丝"只想在你的怀里撒娇被宠坏"，新浪微博，2019－02－17）

　　上面这段叙述中，粉丝幻想偶像突然出现在她眼前时的场景。该粉丝将偶像比喻成百无聊赖生活中猛然出现的光束，让自己小鹿乱撞、手足无措，不知如何赞美自己的偶像。叙述者"此我"因为偶像走进了自己的生活而学会了付出、等待和努力追求未来。

　　"自我叙述"的通常结构是，成熟的"我"回想过去的"我"如何在生活中经历磨难，慢慢变得成熟。成熟的"我"在阅历、观念、见识等方面都与过去的"我"不同，因而我有资格评价、批评甚至嘲笑过去稚嫩的"我"。（赵毅衡，2014，pp. 68－73）在粉丝的幻想再叙述中，现在的"我"或者说叙述者"我"，往往比曾经的、处在幻想世界中的"我"更加成熟，能够理智地看待和分析自己对偶像的幻想。

（三）粉丝幻想叙述和再叙述的受述者

粉丝幻想叙述的受述者是粉丝本人。粉丝幻想叙述的叙述者和受述者是粉丝主体大脑中意识分裂后的产物。粉丝的幻想叙述是粉丝大脑中产生幻想的部分向接收幻想的部分讲故事。粉丝本人不是幻想的叙述者，而是幻想的受述者。粉丝幻想叙述的叙述者隐藏在叙述框架之后不显身，而受述者则永远显身。幻想是一种虚构叙述。虚构叙述是相对于纪实叙述而言的，小说、戏剧、游戏、梦和幻想都是虚构叙述，而新闻报道、历史、纪录片等是纪实叙述。幻想再现的是不同于日常世界的想象世界、虚构世界、可能世界或不可能世界。（施畅，2019，pp. 48 - 59）粉丝的幻想叙述是一种虚构叙述，但作为受述者的粉丝常常将虚构幻想当成真实文本接收。粉丝的幻想可能闯入现实世界，引发受述者现实中的实际行为，从而对受述者现实生活产生影响。这种影响有的积极，有的消极。

粉丝的幻想对现实产生的积极影响是，粉丝的现实人格会向可能人格靠近。可能人格是更加理想和高尚的人格，能提升现实人格。（谭光辉，2017，pp. 181 - 186）粉丝在对偶像的幻想中，希望自己拥有偶像的品质和才能，像偶像一样优秀，这样，虚构幻想就能帮助粉丝的现实人格向可能人格靠近。粉丝的幻想闯入现实，也可能给粉丝的现实生活带来不利影响，比如，"私生饭"① 打电话骚扰偶像，闯入偶像入住的酒店房间，买卖偶像的私人信息，未成年粉丝挥霍父母挣的钱追星等，都是不理智的、盲目的追星行为。粉丝的幻想虽然是虚构的，但虚构文本具有文本内在真实的特点，容易使接收者"浸没"在文本中。粉丝的幻想叙述带给受述者的体验很真实。文化工业再利用电子媒介，通过文字、声音、图像等，为粉丝营造一个仿真的世界，进一步迷惑粉丝，让粉丝沉浸在幻想之中。粉丝如果分不清现实和虚构，将幻想带入现实，产生过度的、非理性的情感，便有可能做出极端的、疯狂的行为。

幻想是"类演示"叙述。传统的演示类叙述的一个重要特点是叙述文本当场展开和接收，并且不保存，但新媒体的出现，使得"此时此刻"发生和被感知的幻想可以储存和传播。粉丝对偶像的幻想是粉丝的私密行为。在传统媒体时代，粉丝的幻想一般不会通过大众媒介公开传播，除了粉丝本人，

---

① "私生饭"即"私生粉"，指行为比较极端和疯狂的粉丝，他们会跟踪、偷拍明星，侵入明星的私生活，有的甚至会做出伤害明星的事。在粉丝圈中，有观点认为"私生粉"不能算作粉丝。

其他人一般不会成为粉丝幻想叙述的受述者。在新媒体时代，粉丝们会通过微博等新媒体平台公开表达对明星的情感，即通过网络进行幻想的再次叙述，将幻想展示给别人看，此时，其他粉丝甚至不追星的人也会成为粉丝幻想再叙述的受述者。新媒体是一个狂欢广场，使粉丝的追星行为从后台走向了前台。巴赫金所说的狂欢广场，是形形色色的人聚会和交往的地方，是狂欢演出的舞台，是全民性的象征。在狂欢广场上，人们能够毫无顾忌地亲昵接触。（北冈诚司，2002，p. 282）日常生活中的规范和禁令被暂时取消，人与人之间亲密、平等、自由、不拘形迹地交往。新媒体的匿名性使粉丝能摆脱现实生活中的身份，肆无忌惮使用各种语言，不再畏惧和恭敬。在新媒体中，粉丝使用的是虚拟身份，因此，粉丝们说话会更加大胆、坦率，也敢于将自己私密的欲望、情感和经历展示给其他受述者看。网络已经成为新媒体时代粉丝幻想再叙述的媒介，通过网络，粉丝的幻想叙述成为可以在粉丝群体中公开分享、传播和接收的文本。

三、粉丝幻想叙述的原因

解读叙述文本，涉及双轴操作。双轴关系最早由索绪尔提出。索绪尔将横组合关系称为"句段关系"，纵聚合关系称为"联想关系"（2007，p. 287）。雅各布森用隐喻和转喻这两个概念阐述双轴关系，将其推广到诗歌、电影、绘画等领域。隐喻对应聚合关系，转喻对应组合关系。雅各布森对隐喻和转喻的分析还涉及弗洛伊德的"梦"和弗雷泽的"巫术仪式"。（杨乃乔，2014，pp. 27－29）聚合轴成分是文本未显示的、隐藏的内容，组合轴成分是文本的表面内容。探究粉丝对偶像幻想叙述产生的原因，需要挖掘粉丝幻想再叙述文本聚合序列中隐藏的意义。梦材料的来源包括个人被压抑的欲望和对过去经历的记忆等（赵毅衡，2013b，pp. 104－111），幻想材料的来源与梦相似。通过对部分粉丝幻想再叙述文本的解读可以发现，粉丝幻想叙述产生的原因包括：满足被压抑的欲望和缺失的情感，缝合创伤和对抗逆境。

（一）满足被压抑的欲望和缺失的情感

新浪微博话题"#追星的真正原因#"，"经营爱情"一度成为置顶回答

（见图 1）。饭圈常用语"女友粉"① "泥塑粉"② 等都能反映粉丝借由偶像产生的有关爱情的幻想。"女友粉"将自己想象成偶像的恋人；"泥塑粉"将男明星女性化、柔弱化，幻想自己是偶像的男友、哥哥，其中还可能涉及性幻想。

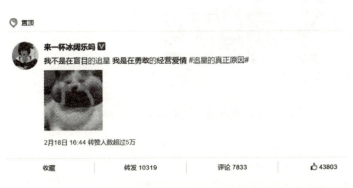

图 1 粉丝"来一杯冰阔乐吗"的新浪微博（2019 - 02 - 18）

幻想是对缺席之他者的快感的追寻（陶东风，2009，p. 154）。纯粹地获得快乐是粉丝追星一个重要原因，这符合弗洛伊德所说的本我追求快乐的原则。弗洛伊德将自我分为本我、自我、超我三个层面。本我由天然、本能的内在驱力和欲望构成，超我服从文明和文化的规训，自我处于本我和超我之间，总是受到压抑，因此会通过幻想表达被规训的超我不允许的东西。大众媒介就为受众提供了一个获得愉悦、快感的空间。（pp. 212 - 213）

例如，粉丝幻想偶像是在校门口接自己回家的男朋友（图 2）。校园门口是组合轴成分，从聚合轴上看，男朋友接自己的地方还可以是教室门口、操场、小卖部等地方，这说明该粉丝应该是个学生。该粉丝将偶像想象成男朋友，以满足自己学生时期想谈恋爱的愿望。

---

① "女友粉"指将偶像当作自己男朋友的粉丝。
② "泥塑粉"是粉丝圈中比较另类的一个群体。"泥塑粉"又叫"逆苏粉"，与"正苏粉"对应。"正苏粉"是将男偶像当作自己的男友、儿子、哥哥等的女性粉丝，而"泥塑粉"是将男偶像当作女性，想象他们有温柔、娇媚、柔弱等特点，并将偶像视为自己女友、妹妹等的女性粉丝，如将硬汉吴京叫作"京妹"等。在"泥塑粉"的幻想中，偶像与粉丝发生了性别置换。

媛小池

我觉得他像在校园门口等我一块回家的男朋友，人很多，但是他发着光就这一眼，我觉得他肯定喜欢我#和爱豆对视是什么感觉#

03月23日 17:21 来自 HUAWEI nova 2s

图2 粉丝"媛小池"的新浪微博（2019－03－23）

又如粉丝"易只有钱养"将偶像易烊千玺当作自己的男朋友，幻想与他对话。同时，这个粉丝又说自己想嫁给王俊凯。

> 昨天喝多了，在街上大喊："我要嫁给王俊凯"，男朋友给我披上衣服，在我耳边说："怎么？嫁给我易烊千玺让你受委屈了？"
> （新浪微博，2020－08－25）

"王俊凯"和"易烊千玺"都是组合轴上的成分，他们对应的聚合成分是王源等其他男明星。该粉丝将易烊千玺想象成男友，同时又喊着要嫁给王俊凯，说明这个粉丝缺失爱情，想通过追星弥补这种缺失。此外，该粉丝想象自己在喝多了的时候大喊要嫁给王俊凯，而男友易烊千玺给她披衣服，其背后的隐喻意义是渴望被伴侣照顾。

追逐愉悦，是粉丝追星的基本动机。"始于颜值"是很多粉丝追星的最初理由，明星的相貌、身材可以给粉丝带来感官愉悦，粉丝们看到偶像的照片就会觉得开心。这些粉丝有的是不被允许谈恋爱的学生，有的可能已经拥有伴侣却并不快乐。由于幻想是一种虚构叙述，无需在现实生活中负责，所以幻想者不会因为违背伦理道德而受到指责和惩罚，通过明星进入幻想叙述，释放被压抑的欲望和情感，便成为粉丝追星的原因。

除了对爱情的幻想，还有为满足其他缺失情感的幻想，如将明星当作兄弟姐妹的"妹妹粉""哥哥粉"等，将明星当作子女的"妈妈粉"（图3）、"爸爸粉"等。

赖冠霖！！我爱你啊！！！
赖冠霖！！你看看妈妈吧！

图3 一个"妈妈粉"在新浪微博上发的图

图3是赖冠霖"妈妈粉"幻想的再叙述。"赖冠霖""妈妈""看看""被医生带走"都是组合轴成分；从聚合轴看，"赖冠霖"可以是其他明星，"妈妈"可以换成"爸爸"等其他家庭成员，"看看"可以换成"抱抱"等其他行为，"被医生带着"也可以替换成"被警察带走"等。这则粉丝幻想叙述表明该粉丝缺失亲情，将偶像想象成自己的孩子，渴望和孩子亲密接触；并且这种情感缺失已经引发了病态心理，但这个叙述者是清醒和理智的，她在嘲弄粉丝对偶像的病态情感。

（二）缝合创伤和对抗逆境

幻想是人类与困难协商的一种方式，经常在创伤情境中出现。幻想发挥的作用类似于医生使用的"缝合术"。（陶东风，2009，p. 155）在遭遇创伤和身处逆境时，粉丝会借助对偶像的幻想渡过难关。

图4是王俊凯粉丝创作的文本。粉丝描述自己被困境、压力、痛苦"踢打"时，王俊凯出现，拥抱自己，给自己带来了光亮。在这幅图中，"偶像的拥抱"对应的聚合轴成分可以是"偶像的微笑""偶像摸摸头"等，其隐喻意义是偶像的鼓励和安慰；"光亮"对应的聚合轴成分可以是"星星""鲜花"等，其隐喻意义是"逆境正在过去"。这段幻想的再叙述形象地说明了偶像具有缝合创伤和对抗逆境的作用。

图4 王俊凯的一名粉丝在新浪微博上发的图

又如下面这一段"#追星的真正原因#"话题下的微博：

> #追星的真正原因#当然有啊，陪着他长大，看着他越来越好，心里就像抹了蜜一样甜呢。"生活很苦，而他是唯一的一点甜。"我不开心的时候，我煎熬过的那些时间，我把东西都写下来就像是和他对话那样。我不知道我有没有机会见到他，但是没关系，在我这里，他就是一直陪伴着我的那个，他是我的树洞，他是我的单向垃圾桶。我所有的糟糕情绪都曾诉说给他，很多时候都是他在支撑着我。追星不仅是快乐不快乐的事，而是整个人生都仿佛找到了一个信念，一个信仰。有很多人无法理解甚至称之为疯狂，哈哈哈哈哈哈，不理解也没事，但请尊重每个人的喜欢，那是极其珍重的东西。（粉丝"萌中有小干"，新浪微博，2020 - 05 - 14）

在这段叙述中，粉丝回忆日子过得煎熬时偶像倾听自己的糟糕情绪，帮助自己走出困境。对于这位粉丝来说，偶像是生活里的甜，是树洞和情绪垃圾桶，从聚合轴上看，偶像还可以是生活中的阳光，是记录自己糟糕情绪的日记本等——偶像的隐喻意义是对抗人生逆境的力量。

电影《被嫌弃的松子的一生》中，松子在失去了爱情和亲情、生活困窘时，也选择了追星。身材臃肿的松子，不打扮不打扫，拒绝与人交流，整日躺在堆满垃圾的房间里吃零食，看着电视里的明星小男生傻笑，幻想着偶像会给自己回信。总之，幻想常常在禁忌和创伤周围发挥缝合作用。（陶东风，2009，p. 157）

粉丝与偶像间的关系是一种准社会关系（para-social relationship）。大众传媒使观众产生与表演者面对面接触的幻觉，这种看似面对面接触的关系就是准社会关系。准社会关系使观众拥有一个可以产生幻想的框架。对于大多数人来说，准社会关系是正常社会关系的补充，这种关系可以调剂生活。正是因为缺少某种东西，或者说缺少某种意义，人们才需要符号。粉丝通过幻想，将明星纳入自己的幻想叙述：在现实生活中缺少亲情和爱情，通过追星获得情感的补偿；感觉现实生活很苦，从偶像处寻找"甜"。被孤立的、不擅长社交、性格胆小的人会对准社会关系产生一种补偿性依恋，当准社会关系替代了自主的社会参与时，主体就可能完全忽视客观现实，发展成一种病态。（Horton & Wohl，1956，pp. 215 – 229）极端粉丝如"私生粉"，就完全沉浸在与明星的幻想关系中，无视客观现实；这些狂热粉丝或者说越轨者通常自尊心脆弱，生活乏味单调，社会关系纽带脆弱。面对人际关系复杂的现实世界时，粉丝试图通过幻想建立一个属于自己的世界，从偶像身上寻找情感的满足和治愈性力量。

四、余论

大部分粉丝的幻想叙述和再叙述是粉丝自己和粉丝圈的一种自娱自乐。通常，粉丝们知道自己的幻想是虚构的，并能将幻想的世界作为一个情感的乌托邦，从中获得情感的愉悦、慰藉和生存的力量，以便更好地在现实生活中前行。但也有粉丝因为无法将幻想区隔于符号世界之内，而在现实中做出非理性行为。在现实生活中与偶像保持适度的距离，或许才是在虚构世界中维持与偶像亲密关系的恰当方式。

引用文献：

北冈诚司（2002）. 巴赫金对话与狂欢（魏炫，译）. 石家庄：河北教育出版社.

费斯克，约翰（2001）. 理解大众文化（宋伟杰，等译）. 北京：中央编译出版社.

邵燕君（主编）（2018）. 破壁书：网络文化关键词. 北京：生活·读书·新知三联书店.

施畅（2019）. 地图术：从幻想文学到故事世界. 文学评论，2，48 – 59.

索绪尔，德·费尔迪南（2007）. 普通语言学教程（英汉对照2）（刘丽，译）. 北京：九州出版社.

谭光辉（2017）. 论现实情感与虚构情感. 西南民族大学学报（人文社科版），4，181 – 186.

陶东风（主编）（2009）. 粉丝文化读本. 北京：北京大学出版社.

杨乃乔（主编）（2014）. 比较诗学读本（西方卷）. 北京：首都师范大学出版社.

詹金斯，亨利（2017）. 文本盗猎者：电视粉丝与参与式文化（郑熙青，译）. 北京：北京大学出版社.

张新军（2011）. 可能世界叙事学. 苏州：苏州大学出版社.

赵毅衡（2013a）. 广义叙述学. 成都：四川大学出版社.

赵毅衡（2013b）. 梦：一个符号叙述学研究. 四川大学学报（哲学社会科学版），3, 104 – 111.

赵毅衡（2014）. 论二我差："自我叙述"的共同特征. 江西师范大学学报（哲学社会科学版），4, 68 – 73.

赵毅衡（2016）. 符号学：原理与推演（修订本）. 南京：南京大学出版社.

赵毅衡（主编）（2004）. 符号学文学论文集. 天津：百花文艺出版社.

Horton, D. & Wohl, R. (1956). Mass Communication and Parasocial Interaction：Observations on Intimacy at a Distance. *Psychiatry*, 19, 3, 215 – 229.

Laplanche, J. & Pontalis, J. (1973). *The Language of Psycho-Analysis*. London：The Hogarth Press and the Institute of Psycho-Analysis.

McAdams, D. (2006). *The Redemptive Self: Stories Americans Live By*. New York：Oxford University Press.

作者简介：

程娟，四川大学文学与新闻学院博士研究生，研究方向为符号学理论和传播符号学。

Author:

Cheng Juan, Ph. D. candidate of School of Literature and Journalism, Sichuan University. Her research fields are semiotic theories and semiotics of communication.

E-mail: chengjuan20170901@163.com

书 评 ●●●●●

论一种文图谱系学的建立：评《中国文学图像关系史》

张节末　季通宙

丛书名：中国文学图像关系史
主编：赵宪章
出版社：江苏凤凰教育出版社
出版时间：2020 年 12 月
DOI：10. 13760/ b. cnki. sam. 202102018

近五年，随着艺术学学科在国内的兴起，文艺学与美学出现了向艺术学的学术人口迁移。然而，这些学术人口在过去四十年间形成的好理论、好务虚的学术偏好却未改变，这造成了当前艺术研究中理论优先于实证的风潮，研究者普遍习惯以想象的理论构型代替对研究对象的材料及文献的梳理、分析，以致出现了理论先进而实例分析不足的情况。虽然艺术学自诞生起就要求避免一种彻底的经验主义，但这是否意味着放弃感官体验，而走向一种全然抽象的符号研究呢？当我们在谈论作为符号的语言（language）/图像（image）时，不同地区的语言/图像在多大程度上可以混为一谈？如果将语境设置为中国古代，那是否有可能直接忽略技术与物体，径直绕过作为媒介的竹简/汉画像砖呢？雷吉斯·德布雷（Régis Debray）在《媒介学宣言》中以列维－斯特劳斯（Claude Levi-Strauss）在 1960 年法兰西公学院的第一堂课上的发言提醒我们："在假定自己研究的对象具有符号性质之时，社会人类学并不想要与现实一刀两断。它又怎么能这样做呢？一切皆为符号的艺术也要使用物质媒介。无视神的形象就不可能研究神，无视主祭所制造或使用的物体与实体就不可能研究宗教仪式，脱离与社会规则相对应的事物就不可能研究社会规则。社会人类学不会把物质文化和精神文化分割开来。"（德布雷，2016，p. 54）

在此意义上，由赵宪章教授任总主编的《中国文学图像关系史》的出处是近年来艺术学与文学中为数不多的真正事件。它首先有益地提供了一种可把握的中国古代文图关系的演化史。整个编纂计划源于赵宪章教授对三重危机的自觉：一是文艺学学科的危机。80 年代以来，由于文学理论边界的泛化，文艺学研究偏重宏论，缺少直面文学及其现实的深耕细作。二是文学的危机。在当代，文学正面临着网络、电视、电影等图像文化的挑战。三是人类在图像时代遭遇到的某种困境。赵宪章教授在《中国文学图像关系史》第一卷的序言中说："更重要的是，在所谓'文学危机'的背后，还有整个人类所面临的'符号危机'，那就是 20 世纪下半叶电视文化普及以来，传统的语言表意开始经受图像表意的挑战。这是更深刻、更严峻的危机。……在图像符号的强力诱惑下，人类的思考习惯正在逐步改变，人类的语言能力正在萎缩。"（2020，p. 1）为了回应这三重危机，《中国文学图像关系史》选择以文学与图像的关系为研究切入点，依托具体的文学史和艺术史，爬梳中国古代文图关系的流变情况，聚焦文图关系的学理讨论，考察文学与图像的内在关联。

一、"文学图像论"与文图关系史的编写逻辑

《中国文学图像关系史》是一部编年史，全书共八卷十册，侧重搜集整理各个时期文学和图像的史料，其中钩沉辑佚、爬罗剔抉、疏通奥义的部分，更显现出了编写团队的深厚学养。在古代文学领域，注重文献的编年体写作有一定传统。从时间上来看，传统的朝代分期提供了准年代学的线性框架，而每一卷从"文图关系概说"，到"文图关系专题"，再到以"文图理论"收束结尾的三段论式的写作安排，则提供了另一条方便研读者把握文图关系史的线索。尽管在编年体写作上与其他文学史有所重合，但《中国文学图像关系史》始终以"文学图像论"为核心组织材料文献的做法，令它在真正意义上与其他文学史区别开来。正如柯林武德在《历史的观念》中所说："历史学家不仅是重演过去的思想，而且是在他自己的知识结构中重演它。"（1986，p. 244）对文图关系史而言，关键的不是罗列事实，而是找出新的联系，以得出新的结论。

文学图像关系史不是单一的文学史与艺术史相加的结果，它的理论构型源于早期维特根斯坦《逻辑哲学论》中的"语言图像论"。维特根斯坦认为，语言是与世界逻辑同构之物，而图像可以作为中介，将语言与世界一一对应起来。通过将"语言"置换为"文学"，"语言图像论"被因地制宜地改造为"文学图像论"。这种理论认为，文学作为语言的艺术，既是一种"象思维"语言，更是经由图像在逻辑上和世界发生联系。所谓"象思维"语言，是指文学文本中描写出艺术形象的语言。"文学图像论"在参考了新批评派的维姆萨特《语象：诗歌意义研究》（*Theverbal Icon: Studies in the Meaning of Poetry*）后，用语义学术语"语象"（verbalicon）代替了"意象"（image），以说明语言艺术化后所呈现的直观可感的"象"。换言之，"语象"是指"'一个与其所表示的物体相像的语言符号'在头脑中所形成的'清晰的图画'"，它显示了语言活动的图像性质。（赵宪章，2020a，p.5）而文学图像，是指和文学相关的图像，它来自文学作品中的语象。文学图像化，本质上是语象图像化。在此意义上，语象和图像构成了一对可并置比较的符号。（p.8）这种理论构型为全书确立了以文学为中心的文图关系的基本理路，即一方面文学以"语象"描述世界，而不是以"概念"说明世界；另一方面，图像，这里指字体造型、诗意画、小说插图、文学作品影视化等文学图像，是语象文本向视觉世界外化和延宕的结果。（p.4）

这部书的特殊性恰恰在这里。只需对研究对象与理论构型稍加思考，就会发现，尽管《中国文学图像关系史》总体上处理的是中国古代文学与图像之间历时性的关系史，但它的难题（problematic）却是20世纪以来的现代世界，以及由这个世界所产生的哲学。二者在时空上的错位，造成了文图关系研究内部的最大张力。这不禁让人提出这样的问题：既然是当下的文学陷入了当下图像的围剿之中，那么有什么必要去回顾漫长的古代史呢？为什么不在此地展开可能的反攻，难道今天的问题还能拿到古代去解决吗？在这里，我们有必要强调一个显而易见却常被忽略的事实：文学和图像都是无可置疑的可见物，而二者之间的关系却恰恰是隐匿的，是不可见的，它属于某种规则，是艺术史和文学史的潜意识；用阿尔都塞的话来说，是"看得见的领域中的看不见的东西"，不可见之物之所以隐藏在历史中，是因为"看不见的东西由看得见的东西规定为它的看不见的东西"（2008，p.15）。而理解看不见的东西的方式，就是去寻找它显露在外部的可见物，因为那是它的标志、症状和功能。

在这部书中，第一个显露出来的可见物是史前岩画，这是早期人类的刻画作品，也是我们已知的早期文字与图像的起点之一。此时的文字，只能算得上是一些有标记作用的痕迹。在文字成熟之前，先民们曾长期处于以图记事、以图说事和以图达意的阶段。这种语图一体的情况，一直延续到商代早期，彼时青铜器上的纹饰与徽志仍然兼具装饰与符号两种功能。而正是在这样混沌的文字史前史中，这些凹线和刻痕发生了分裂。在某个特殊契机下，那些越来越趋于抽象和简化的线条，按照某种象征原则组合为了书写符号，并与语音（voice）——另一种符号——相结合，最终成为语言。而那些需要特殊工具和高超技术的特殊形状，如玉石上的龙形纹，青铜器上的饕餮纹和几何纹，则以某种图像程序（pictorial program）稳定下来，不再作为造型语言服务于人类的信息交流与记忆保存，而是成为图像，获得了独立发展。那么这个特殊契机是什么呢？是什么促使青铜器上的徽志演变为铭文，又是什么使得商代晚期的青铜器上的饕餮纹减少？再看秦汉时期。这一阶段的文学经历了从《诗经》《楚辞》到宫廷文学，从以应用为主的广义文章向以诗赋为中心的艺术化文学的变移（赵宪章，2020b，p. 1）；汉代文学如汉乐府、汉赋对叙事的强调，影响了汉画像石和画像砖对以历史故事为表现主题的选择。在这里，早期的文学与图像不约而同地在主题上与前代发生了断裂：为什么人物形象和场景构建会成为汉代的艺术主题？为什么商周青铜器上的那些奇异的动物纹样彻底消失了？为什么史前岩画所依赖的模仿和复现（representation）在商周时期中断后又在汉代得到复兴？倘若只观察表面的艺术现象，几乎无法解释这种突变。只有注意到青铜器作为礼器的衰落、汉赋祀典和帝国礼制的密切关系，以及汉画与汉代文学之间互仿与共生的性质，才能理解这些断裂不仅存在于文学和图像层面，还存在于政治、社会结构、文化及思想等层面。正是这种断裂令文学与图像在历史中凸显为一个个标记，而断裂处所绽露出的真实历史以及其中的文学与图像关系，将使我们以一种全新的角度理解这些文学和图像的意义。只有理解文图关系是"如是"的不可见物，才能明白《中国文学图像关系史》不仅是一种编年史实践，还意味着一种谱系学工作方法：如实地记录显露在外部的可见物的历时性历史，并结合同时期的社会结构和意识形态知识，勾勒出文学与图像关系的演化逻辑，以及作为中介的语象的功能。

二、"文图一体"与可读的图像

图像，当我们在广义上谈论这个词时，它可以泛指一切目之所及而成的像。眼睛为我们构建出一个平面，眼眶为我们框定视界，双眼可选定的最大视野是垂直 156 度，水平 188 度左右，接着视线（gaze）与画面交汇，将主体与对象相连，以获得美的体验，这便是观图的全部过程。事实上，如果按照我们今天对古代图像的认知，那么直到魏晋南北朝时期，才有可能出现这种观图活动。这并不是说先秦和汉代不存在图像，而是一旦考虑到先秦和汉代图像所处的空间，就会发现想要看到它们并不容易。先秦时期的青铜礼器被安放在宗庙之中，是权力的象征，轻易不示于人前，而汉代的这些图像，尽管"无论是画像石、画像砖、壁画、帛画、工艺品等，其创作必然基于一定的文本来源，尤其是一些故事性较强、情节比较丰富的图像"（赵宪章，2020b，p. 76），但它们多出于墓葬祠堂，一般不作为审美对象，尤其是当我们意识到这种图像所预设的观者并非生者，其图像意义只有在墓葬空间中才能被真正理解时，我们是否还能够不加批判地将观察这类图像的行为称作"观看"（viewing）或"注视"（gaze）呢（巫鸿，2010，p. 11）？在此意义上，魏晋南北朝是文学图像关系史中的关键节点，它因全然不同的观图体验而与前代在审美经验上形成了某种断裂。

相较于前代，魏晋南北朝时期的"文学图像"，更多的是追求艺术自身的价值，"其艺术效果虽没有完全达到宋元以来文图完美结合的高度，但已开创了文图结合的传统"（赵宪章，2020c，p. 8）。随着魏晋艺术的发展与繁荣，越来越多的文人参与艺术创作，出现了许多兼擅文学与书画的艺术家。在整个"世积乱离""风衰俗怨""志深而笔长""梗概而多气"的魏晋时期，追求个人趣味是当时文人艺术家的共同主题。"晋人文论、画论、书论中充满了对感觉与趣味的宣扬与强调，显示了魏晋是一个感觉发达，有闲人放纵欲望，追求审美感受的时代"。（p. 3）在这一时期，文学与绘画产生了广泛而深刻的联系，正如《魏晋南北朝卷》的"绪论"所概括的："魏晋文图关系最为典型的表现就是文学与图像艺术会通式的创作成为深受文人青睐的一种创作方式，出现了大量著名的文学与图像艺术完全融合在一起的艺术作品，也就是诗、书、画互相融合在一个文本的艺术作品。"（p. 7）

文学与绘画的融合，不仅是指取材于文学作品的绘画——晋明帝司马绍的《息徒兰圃图》取自嵇康《赠秀才入军》第十四首之"息徒兰圃，秣马华山"一句，谢稚的《轻车迅迈图》取自嵇康诗作，《秋兴图》取自潘岳的《秋兴赋》（赵宪章，2020c，p. 57）——更在于"文图一体"这种艺术形式，其中最典型的当属顾恺之的《洛神赋图》《女史箴图》、王羲之的《兰亭集序》、南京西善桥砖画《竹林七贤与荣启期》。"文图一体"是指将文学、书法、绘画三者直接融合在一个艺术文本中，观者不仅能直接欣赏绘画与书法作品结合而产生的空间布局之美，还可以同时阅读文本，获得阅读体验与视觉体验合二为一的多维审美经验。这是一种与单纯以文学作品为灵感来源的绘画不同的"文学图像"，其根本不同在于，它比普通的"文学图像"多了"直接将文学作品写在画作上"的创作环节。正是这一步，不仅制造出了全新的审美体验，而且打破了文学与图像的媒材界限，令文学作品直接进入了图像的空间。我们如果熟悉文学与图像此前的发展史，就会发现这是二者在"语图一体"瓦解之后的第一次真正相遇。

在新石器时代，图像与文字曾长期地共处于同一个平面。它们先是共存于一大片岩壁，而后共存于先民特意打磨出的整块岩石上，后来又长期共存于各种平整坚硬的器物表面。不断明晰的界框重新定义了作画这件事，图像开始居于画面中心，它以"观看"这一行为统摄了包括文字在内的整个画面，并长久地保持着这一点。而在魏晋时期，当文学与图像再次共存于同一平面时，文学显然居于某种主动地位。它以书法为中介和伪装进入图像内部，这构成了对原先那种只能直观图像的观图行为的挑衅：它用一种以"释图"为目的的知性活动打断了以图像为中心的审美活动。这虽然并未改变图像在画面中的中心位置，却也令它再也无法占据观者的全部目光。在这一时期，文学与图像共存的媒材是纸绢，这是一种中国画特有的材质。与坚硬平滑的岩壁不同，纸绢不仅可以展平为一个平面，其柔软的特性还可以使之变身横卷，在省约空间的同时将画幅延长。某种意义上，正是横卷这种媒材，创造了一种全新的观图方式。与观赏挂轴、壁画不同，横卷需要"手"的参与。这种对身体的调用，增加了观图时的私人性。整个观图体验变成边卷边看，画面也因而获得了某种动势。图像不再居于恒定画面的中心，它获得了某种流动性。这意味着，图像变得像文学那样，需要在线性活动中加以把握，这暗含了一种朴素的图像叙事理论。可以说，在"文图一体"中，正是文学将"观图"变成了"读图"，并赋予了图像某种可读性。

当我们理解了"读图"这项活动后，再打开辽宁博物馆所藏的《洛神赋图》时，就能够明白这幅画以卷轴形式进行连环构图的可贵之处。辽宁本《洛神赋图》纵 27.1 厘米，横 572.8 厘米，作者全文摘录了曹植的《洛神赋》，并将其分为长短不一的段落，分散在全卷中，做画面情节切割之用。一方面，"这些出现在《洛神赋图》中的文字不但是一种旁白，更有一种特殊的图像功能。这些文字既是《洛神赋》的记载，也成为《洛神赋图》画面的重要部分"（赵宪章，2020c，p. 158）。另一方面，这些长短不一的段落也对画面节奏进行了某种调整，使整个画面在徐徐铺展的同时，富有某种韵律。连绵的山水在增强画面连续性的同时，也充当着每段故事的界框。卷轴与连环构图的配合，使得整个画面呈现出一种连贯的叙事节奏。反过来说，这恰恰构成了对《洛神赋》线性叙事的模仿。

总而言之，"文图一体"是文学图像关系史中的重要一环。一方面，它是北宋"诗画互有""诗画一律"的先声；另一方面，卷轴及连环构图所展现的图像叙事在某种意义上为明清小说插图提供了借鉴。在此之前，文学与图像各自独立发展，各自拥有一套创作体系与理论，双方的主要关联是"互仿与共生"。而在"文图一体"这种新的艺术形式出现后，文学与图像则在各个方面走向了某种合流，并在此后的历史中形成一种越来越亲密的由文学主导的文图关系。

三、"文学危机"与想象力的贫瘠

直到明清，文学依然在文图关系中保有着相对于图像的领先地位。那么，"文学危机"是如何发生的呢？造成"文学危机"的那种图像，与此前古代世界的图像是同一种东西吗？

当我们说"图像时代的文学危机"时，我们其实是在说，一种可见物统治了这个时代人们的眼睛，而另一种可见物遇到了无人注视的危机。可见物之所以可见，是因为光的作用。从这一点来说，我们这个时代的特殊性在于制造出了如太阳般恒久明亮的电光源，物理科学在其中发挥了关键性的作用。然而，当电灯照亮黑夜，甚至消除黑夜时，人类失去的不仅是漆黑的夜晚，还有在黑夜中做梦的机会，以及在黑夜里恐惧的体验。在漫长的历史中，制诗、制文、制图都曾被当作一项克服恐惧的技术，是人类利用想象来减轻自身在宇宙中的那种动物式恐惧的重要实践。然而，当人类不再恐惧时，文学便也不再居于生活和知识的中心。同样被搁置的还有那些名为艺术品的图像。自现代以来，图像膨胀所带来的各种图片、小册子、杂志、海报、招牌，以及现在永无尽头的短视频，正在扼杀名为"图像"的东西。各种视觉刺激就像人造光一样持久。什么是图像作品？什么是有意味的图像？事实上，图像也只不过是用来满足视觉欲望的那一瞥（glance）——只能是一瞥，因为图像太多而时间太少。当代图像的面目并没有因为数量的激增而越来越清晰，反而难以把握。与之相对的是，古代图像作为当代图像的一种历史学知识，却始终与人类保持着某种亲密关系。雷吉斯·德布雷说："图像，正因为古旧，才能常新。相反，被捧为'新'图像的机械图像，很可惜只能算是新图像，因为它们无视身体、无视恐惧，恐怕难以为继，难于有实质内容，难于抵御（技术过时的影响）而存续下去。……可以说，它们做不到与时代错位而存；而被我们称作艺术的图像，却达到这个卓越的高度。"（德布雷，2020，p. 24）

文学的情况不容乐观，图像也在一路狂飙突进中逐渐迷失自我。对目光的过度占用，使 21 世纪的人们，比起文学，更愿意相信图像叙事。无图无真相，眼见为实，可是图像的真实，果真比文学的真实更接近真相吗？反过来说，当图像说谎时，我们又是否能够识破呢？如果我们一边迷信视觉，一边又无限制地放任图像验证言辞的权力，那么只会有一个结果，即想象力的无限衰竭，而那将是真正意义上的"文学危机"。

如此严峻的现实，正是《中国文学图像关系史》研究的起点。这确实需要学术勇气，尤其是去年年末，赵宪章教授在新书发布会上介绍这部书时说道："十年间，除开题报告外，编委会召开了学术研讨会，3 次审稿会，6 次主编交流会，出版了 6 卷《文学与图像》年刊以供操练。"可谓披荆斩棘，令人感佩！《中国文学图像关系史》是一次跨学科实践，研究者不仅要熟悉中国文学史，还要熟悉中国美术史，以及相关的语言学、符号学和图像学研究成果。其中，如何在文图关系中分析图像，甚或构建一种图像谱系学，是文图研究的重中之重。这项工作的困难在于，首先是新术语的选择，这直接关涉谱系的建立与深度。研究者不仅需要对司空见惯、用之纯熟的文艺学术语做拣选，还需要在合适的地方用上合适的艺术理论。新术语的选用和谱系化将成为文学图像论走向成熟的标志。其次，是图像对想象空间的挤占。对擅长处理语言而非图像的中国文学研究来说，这一点可能比前者更麻烦。当图像的造型与色彩一齐涌向眼睛时，我们常常会在一瞬间陷入目瞪口呆的"失语"状态，在这里，言语确实有一定的滞后性。而一旦我们把图像视为研究对象，图像就过多挤占了我们的想象和思绪，每当想象力或逻辑链条要展开它的翅膀，离开图像时，就会有一根无形的绳索把它们拉回图像本身，即便是逻辑思维的强制力对之也无可奈何。因此，在文图研究中确立文学优先还是图像优先，将直接影响研究的绝对深度。尤其是当我们了解到，在古代，图像早于文字，下述努力就十分珍贵了：如果在某一图文关系分析中能够对图像进行元素的分析和区别，并进而发现图像的谱系，将会反过来大大促进对文学的理解，并展开至单纯文学研究所看不到的深度和广度，从而对图文或文图之间复杂的互文性及其各自所发生的变体和变性有一个广域的了解。

可以说，赵宪章教授所主编的这套书将会在某种程度上潜移默化地改变艺术学甚至文艺学研究的基本学术态势，它不仅开拓了崭新的学术领域，对于新的方法论、新的学术话语的形成，对于中国文学传统的独特性的再评估，也可以有乐观的前瞻。

引用文献：

阿尔都塞，路易（2008）．读《资本论》（李其庆，译）．北京：中央编译出版社．

德布雷，雷吉斯（2014）．图像的生与死——西方观图史（黄迅余，黄建华，译）．上海：华东师范大学出版社．

德布雷，雷吉斯（2016）．媒介学宣言（黄春柳，译）．南京：南京大学出版社．

柯林武德，R. G.（1986）．历史的观念（何兆武，张文杰，译）．北京：中国社会科学出版社．

巫鸿（2010）．黄泉下的美术：宏观中国古代墓葬（施杰，译）．北京：生活·读书·新知三联书店．

赵宪章（2020a）．中国文学图像关系史·先秦卷．南京：江苏凤凰教育出版社．

赵宪章（2020b）．中国文学图像关系史·汉代卷．南京：江苏凤凰教育出版社．

赵宪章（2020c）．中国文学图像关系史·魏晋南北朝卷．南京：江苏凤凰教育出版社．

作者简介：

张节末，浙江大学传媒与国际文化学院教授、博士生导师。

季通宙，南京大学文学院博士研究生。

Author:

Zhang Jiemo, Professor and doctoral supervisor, College Media and International Culture, Zhejiang University.

Ji Tongzhou, Ph. D. candidate of School of Liberal Arts, Nanjing University.

E-mail: jiemo@ hzcnc. com; 944749597@ qq. com

打开边界的文学性：评赵宪章《中国文学图像关系史》

张 聪

丛书名：中国文学图像关系史

主编：赵宪章

出版社：江苏凤凰教育出版社

出版时间：2020 年 12 月

DOI：10. 13760/ b. cnki. sam. 202102019

新时期以来，在反思西方理论与整合本土资源的进程中，围绕文学史"重估""重构"和"重写"的话题，形成了国内文学研究的一股热潮。其中，叙述学和符号学，作为文学形式论或形式美学视角下的两大分支，缘其理论发展过程中对跨媒介和跨学科思路的引入，摆脱了封闭的形式和结构观，将"形式"问题的论域不断推向其界外，从而保持其旺盛的理论创造力和生命力。"文学图像论"承袭了这种不断谋求越界的理论实践传统，将文学性及其对应文学史和理论的书写问题，进一步拓展到与艺术学的学科互涉中去，赵宪章主编的《中国文学图像关系史》（简称《文图史》）应运而生。

该丛书历时性地分析梳理了中国古代文学图像文本，力求以"文图关系理论"为视点，重新发掘古代中国的生存经验和文化经验，进而通过回溯先秦至明清的文学样态、图像表达、理论言说等问题，将语言作品、艺术作品、作者、受众、世界等要素"缝合"进"文学图像论"的"球体文学观"之中（2020a，pp. 6 - 7），由此构建出文学、艺术与世界彼此交互的三维坐标系。

一、文学史书写中的文学性

那么，文学史应当如何书写？我们自然或不自然地会把目光投向韦勒克。

首先，不应割裂地来看文学理论、文学批评和文学史（韦勒克，1984，p. 32）。这不仅是逻辑上的必然，因为在解释开始前，这三者实际上已经互为"前见"（Vorsicht，foresight），而后才会以明确的概念形式显现（海德格尔，2015，p. 130）。同时，这也是实践中的应然，如《近代文学批评史》所述：对文学作品的把握，一方面受制于作品所处历史的复杂性和多样性，以及它本身的价值；另一方面也受到来自观察者本身所处时代以及"具有限定作用的文学理论"的影响（韦勒克，1987，p. 7）。此处的"文学理论"直接指涉文学的有机整体观。

作为《文图史》之"前见"的文学图像论，缘起于维特根斯坦的"语言图像论"。维特根斯坦的语言图像观一定程度上在前后期发生了转变①：在《逻辑哲学论》中，"图像"（Bilder）是我们对自己"建造事实"的图像化的过程（2017，p. 29），思想是世界图像化后的总体（p. 31）；而在《哲学研究》中，图像"包含在我们的语言之中，而且我们的语言好像只是在强硬地向我们重复着它"（2016，pp. 87 - 88）。但是，我们似乎可以在最小限度上，把这两种截然不同的语言 - 图像观融贯为"语言是如何把握世界的"。德国哲学家迪特里希·伯利尔（Dietrich Böhler）认为，从语言功能角度而言，在欧洲思想史中，以维特根斯坦以及洪堡、皮尔斯为代表的"语用"或"交流"的语言观，长期受到圣奥古斯丁"唯我论—认识论"式语言观的压抑（Böhler，1983，p. 343）。但是后者并不能富有成效地回答语言（理性或主体）究竟是如何参与叩问世界的实践活动的；否则，如果依从后者的逻辑，我们就仍会徘徊在康德的构想之中：如果不能理性地用"前见"去叩问自然，那么自然终究也只能是一片混沌②（康德，2013，p. 3）。

其次，作为知识生产的文学整体观，就是要将文学符码的实践看作人类整体符号实践中的一环。据此，韦勒克反对丹纳将生物进化论挪用至其"美学 - 思想史"的写作预设，认为丹纳试图将价值判断从文学批评中剔除的大

---

①　维特根斯坦认为"理想语言"与"日常语言"研究并非相对立的，二者的区分是从不同角度对语言的把握。"有人说，我们在哲学中考察一种与我们的日常语言相对立的理想语言；这种说法是错误的。因为这会引起一种假象，仿佛我们认为我们能够改进日常语言。然而，日常语言是完全恰当的。如果我们构造'理想语言'，那并不是为了用它取代日常语言；毋宁说，我们的目的在于使某些人摆脱那种由于他们认为自己已掌握日常词汇的精确用法而造成的困境。根据这个理由，我们不仅用我们的方法列举词的现成用法，而且要有意识地创造新的用法，其中有些用法之所以被创造出来，正是因为它们看起来是荒谬的。"（维特根斯坦，2003，p. 38）

②　原文为："命题一：一个被创造物的全部自然禀赋都注定了终究是要充分地并且合目的地发展出来。"

胆尝试在学理上注定失败，而《艺术哲学》最终呈现出来的，也是对"社会与美学价值构成的双重体系"的分析（韦勒克，1988，p. 58），因为"文学研究，必须成为一个系统的知识整体，成为对结构、规范和功能的探索，它们包含了价值而且正是价值本身"（p. 59）。而有机整体的文学观，正将审美价值与意义重新引回朴素形式论的只关注文本符号、结构或修辞的"文学性"中。

然而，在《文学和其他艺术》这一章中，韦勒克却对文学与艺术学之间的跨学科式研究并不看好。赵宪章认为，"韦勒克的困境在于他将'语言本体论'推向了极端，从而陷进了'语言唯一论'的泥沼"，因而赵宪章主张从"统觉共享"的角度反思语言和图像艺术交汇的"公共空间"，进而借鉴维姆萨特的"语象"（verbal icon），并和"图像"一起构成文学图像论的基本范畴（2020a, pp. 7 - 8）。例如，《文图史·金元卷》认为，元代的文图关系（诗画融合方面）与前代相比发生了明显的转折。在"语象"层面，一方面表现为"文学语言从秦汉到宋元有着'物象化'不断加强的趋势"，如马致远《天净沙·秋思》；另一方面表现为"人称代词与介词的省略使画面失去了特定的主体和空间指向，从而意象或意境已经成为大'我'所普遍能够感到的境域"，如刘长卿《寻南溪常山道人隐居》。在"图像"层面，绘画由"叙事转向写意，题材（由人物）转向山水花鸟，色彩（由重彩金碧）转向水墨"，绘画风格迥异于隋唐追求的"逼真形似"。（2020c, pp. 12 - 14）

实际上，韦勒克也并没有完全封死文学跨学科研究的可能性，但受其"语言唯一论"限制，在仅仅经验性地归纳"文学性"的述谓过程中，对跨学科研究的思考仍停留在"略显保守"的状态。在《文学的本质》一章中，韦勒克为探求文学与非文学的区分，从文学的媒介、不求实用、虚构性、创造性和想象性等角度归纳了文学的诸多属性，从而提出文学研究需要对"交织着多层意义"的文学作品进行"整体性"考察（韦勒克，1984，pp. 16 - 17）。不过，其整体性视角却排除了艺术学，因为"各种艺术（造型艺术、文学和音乐）都有自己独特的进化历程，有自己不同的发展速度与包含各种因素的不同的内在结构"（p. 142）。而且如果只是对其他学科术语做简单的移植和套用，就不能建立有效的文学跨学科研究体系，因此他寄希望于出现"新的诗学"或"新的分析技术"（p. 143）。

最后，韦勒克对新诗学、新技术的探索与尝试，在方法论上主要表现为对"透视主义"（perspectivism）的思考，即在追溯文学作品价值于历史中的流变时，仍以文学性为旨归。在韦勒克看来，无论是绝对主义还是相对主义的研究方法，都不能准确把握文学的文学性，因而要以透视主义来调和两者间的对立：一方面是要摆脱将文学视为"不变的人性"或"艺术的普遍性"的观点，另一方面是为摆脱将文学视为"一系列散乱的、不连续的残篇断简"的观点（韦勒克，pp. 36 - 37）。换言之，绝对主义与相对主义所把握到的文学性是其"工具价值"（instrumental value），是社会历史层面符号实践的二阶论域，而透视主义正是要将对"内在价值"（intrinsical value）的关注重新拉回文学研究者的视域中。

然而，韦勒克对文学性内在价值的关注，只说到文学可以"言说世界"，即文学的相对自律性及其与世界的整体融贯性，却忽略了作为符号实践的文学同时兼具"建立世界"的可能性。如其在分析文学批评与思想史关系时所说："有些东西（批评思想中那些异于其所处观念体系的部分）只能归之于个人的首创精神和那些在特定时间内将其思维致力于特别问题的天才人物的机缘。"（韦勒克，1987，p. 10）

作为符号的文学与图像，不仅有被动地"言说"世界的工具价值，同时也具备"创造"世界的内在价值。而这种创造性恰恰体现了"信宿"（receiver，即主体，可为人或计算机等）在符号实践中的能动作用。如赵宪章所说："'言说'同时也应该是'图说'，'图说'本身就蕴含着'言说'。如是，文学和图像在语言本体的层面就存在密不可分的关联。"（2020a，p. 8）依此，则可从本体论上修正韦勒克的"语言唯一论"。而母题则是文图符号与世界交互最为典型的例证。母题在后世的反复摹写、互文中延宕为"语图旋涡"，即"图像艺术选取同样的文本母题，却图说着不相同的意义；文本母题也有可能被诗文演绎，演绎出来的图像和诗文又会相互影响，反复的语图互文无穷期"（赵宪章，2014，p. 25）。

文图符号经典化为母题，便成为时人表达世界的工具，同时也是今人回溯古人文学艺术实践的踪迹。例如，"昭君出塞"母题的形成与发展（2020b，pp. 80 - 87），大体经由《汉书》的简单史实记录，到《后汉书》增添了较详细的外貌描写、心理刻画（主要是汉元帝），以及戏剧性的冲突（可能来自对民间传说的吸收），使王昭君悲剧性的人物形象"粗具雏形"；再经过《西京杂记》和《琴操》的进一步加工，奠定了后世昭君出塞故事的基本故事结构、情感基调和价值倾向；唐宋时，边塞诗的发展促使"王昭君"进入诗歌意象，几乎同时出现的《王昭君变文》开启了后世昭君故事小说化的先河；元代《汉宫秋》颠覆史实的写法，在增强昭君故事的悲剧性同时，也为故事本身增添了现实批判性；明清两代市民阶层壮大，版刻技术发展，杂剧曲本逐步成熟，文图并叙的形式使故事中的"可能世界"更加立体、真实（virtual 意义上的"真实"，而非 actual）——叙述层面的"想象与虚构"问题，被进一步拓展到跨媒介的维度。

进一步而言，成为母题的文学图像符号，也构成了后世文学图像活动"世界图景"的一部分。例如，《周易》文图关系首先表现为"通过卦象和爻象所在的不同位置所展现出来的时间性与山水画中通过移步换景、散点透视所要展示出来的时间性在哲理上是一脉相承的，都是为了展现那生生不息、大化流行的宇宙大道"；其次表现在"《周易》中的卦象与卦爻辞关系上"，而"《易传》的图则主要体现在图表和图解上。宋代以后出现的《太极图》《先天图》是汉代以来易学家长期关注气的研究而不是物的研究的结果"。（赵宪章，2020a，pp. 209 - 210）"易"是先民由日常生活实践获得经验的符号化表达，以卦辞图像和爻辞语象来呈现其对世界和人生问题的理解，而"易图"是义理阐释的图像化表达。但是，无论是《周易》中的语象还是图像，都只是历代易学家无限定地（indéfiniment）回溯所必经的"含义"（Sinn），而原初先民的实践经验这一"指称"（Bedeutung）却因为任何方式都无法满足对其描述的恰当性，而总是逃逸于文图符号之外。但是，最终的结果仅仅是"含义"的不断增殖，进而构成后人再读《周易》的"前有"（Vorhabe，fore-having）。

于此，我们或许可以说，由于考虑到了符号化以及再符号化生产的运作，文学图像论相较于透视主义的优势在于，更明确地意识到，文学的内在价值并不能仅仅简单地还原为现实、社会、历史的传统或约定俗成的惯例，抑或是文论家知觉（perception）或觉知（awareness）中偶发的超越性，而恰恰在于"文学性"本身所具有的内在创生的客观性，它以纯粹理性和实践理性的方式参与着文学与世界的互动。

二、跨学科研究中的文学性

以文学性为旨归，是文学图像论的实践规范，也是《文图史》的撰写原则，其《清代卷》称此原则为"文学本位"（赵宪章，2020d，p. 12）。字面意义上，"文学本位"是文学学科或文学研究先天具有、不言自明的视点，但实际情况果真如此吗？单一视点如何能够保证"高保真"地还原研究对象，即我们对文学的考察如何能够确保"实际像"与"理想像"之间不存在"像差"（optical aberration）？

当然，"文学本位"也是韦勒克所秉持的，但是透视主义的解决方法是将"诗与其他类型的文学视为一个整体"（韦勒克，1984，p. 37），将诗与文学对举，这便构成了韦勒克文学研究的"视差"（parallax）研究系统。然而，韦勒克似乎过于强调其研究体系整体的完整或融贯，几近歇斯底里地在《文学的作用》中不断回溯诗与文学的共性：虚构。又为证明虚构的价值，不断去清除"真理-癖"的种种幻象："'虚构'的反义词不是'真理'，而是'事实'或'时空中的存在'；'事实'要比文学必须处理的那种可能性更为离奇。"（韦勒克，1984，p. 25）在感谢韦勒克为诗与文学的"真实"正名之余，暂且搁置这个问题："文学"是否也会像"诗"一样，让俄狄浦斯感受到天命与个人的撕裂，让柏拉图也感受到来自前概念状态的无以言表的灼痛？我们仍要追问，文学与诗是否能够满足其研究体系的完整性？

文学图像论与透视主义的共同问题在于：如何能够以"视差"的方式，在最大可能上缩减"像差"所产生的谬误？参照20世纪语言学转向给予我们的启示——语言绝非纯粹透明的，文论家的视点，他的理论"前见"，同样需要反思。在尼采的语境中，"前见"被理解为对客观性的盲信。在《道德的谱系》中，尼采激进地声称，假如我们认定对客观性的求索就是"无利害的静观"，那么这种对"知识"的阐释活动只会产生"毫无意义的谬见"；客观性会左右我们的论证，因此要将它从论证过程之中排除出去，也只有如此才能在真正意义上做到从多个视角（perspectives）来为知识阐释服务（Nietzsche，1989，p. 119）。

而文学图像论异于透视主义之处在于，从前者的视角来看，也即从符号的存在状态来看，文学与诗在其最小限度上所依赖的媒介是语言，实践形式是语象。与绘画乃至书法等图像符号相比，文学与诗虽异质但同构，仍属于语象符号实践的范畴。若从如此密切的关系出发，又如何能够与文学的媒介本身拉开距离，进而反思语言符号实践与文学实践之间的关系呢？如彼得·拉马克所说，文学作为艺术的一种，与其他形式艺术相比，在某些特定属性方面表现出更强烈的"难题性"（problematic）：因为文学的中介是语言，语言首先要经过"理解"（understood）和"解读"（construed）才能够为感知所把握，而不是像颜色、物质（石头、青铜、铁、石膏）或声音那样能够直接被感知，所以在文学欣赏中，阐释问题和艺术意向性问题才会如此突出。（Lamarque Olsen，2019，p. 513）

常言道："距离产生美。"这并非毫无理据，特别是在以"视差"作为方法论准则的文学图像论语境之中。"视差"所构建的研究对象（文学研究）

与两个视点（文学现象和图像现象）的三角形理论图景，是我们能够阐释文学媒介属性的必要前提，也使我们在拓宽"文学性"内涵的同时不至于泛化，甚至将其反向消解为某种神话的保证。此外，"视差"之法是研究文学性的描述性实然，更是文学性研究的规范性应然。

文学性研究，是理论的实践，是将作为主体行为的"反思"以语象的方式呈现出来的产物（当然，也可以是图像的方式，比如《易经》卦画，或者板书和笔记）。然而，如果从"个人才能"（感受、经验）的角度来分析当前理论的活动特征，似乎很容易遭到来自"主体已死"的攻击。但是，作为一种实践，"理论"无论如何都需要主体介入。因而，大卫·辛普森称，主体从来没死过，而是选择了更自由的方式，或者说是被迫使用了一种随大流的表达形式。真正需要警惕的是理论中"有机个体"式的言说方式，及秉持这种说辞的"身份政治"学说。所以，"客体化的主体性"（objectifying subjectivity），或"主体性的总体化"（subjectivity totalization）是回应那种保守思维惯式（"主体已死"论）的当务之急。（Simpson，1995，p. 14）辛普森的目的是赋予理论以本体论地位，将理论同样视为参与"世界图景"构成的一种实践。

理论的现状即"文学性"跨界进入了人文社会科学的诸领域。辛普森语境中的"文学性"主要表征为修辞、虚构和叙事（storytelling）。原本应然的尼采意义上客观的理论，却遭遇了实然的、当下发生的本属于"文学性"的叙述与虚构的不断侵入；这两者间的张力状态被描述为"学术后现代"（academic postmodern）。辛普森与伊哈布·哈桑（Ihab Hassan）、瓦伦丁·坎宁安（Valentine Cunningham）以及特里·伊格尔顿（Terry Eagleton）等理论家的论著共同构成"后理论"的文论（Literary Theories）谱系。克里斯托弗·诺里斯（Christopher Norris）将这一现象称作"叙事转向"（narrative turn）。诚然，与其让各类"转向"迷了眼，不如直截了当地承认：这实际上是理论因其内部的裂变而生发出的自反性。如果非要找一种"转向"不可，不如说是理论由"批判的武器"转向了"武器的批判"。

同样，跨学科的文学研究的自反性要求我们不断拓宽视域，寻找更合适、更恰当或者更实用的视点。《文图史》为我们标出了它的两个视点——文学与图像，因而我们才有可能在韦勒克的视域之外，更有理有据地去探索诸如小说插图、诗意画、题画诗等文体，也才有可能更清楚明白地去讨论诸如"诗画一体""诗画有别""以书入画"等问题。但作为文学学科的探索实践，"文学性"的内在价值又要求我们不能将论域无限放大，要将语象、图像以及理论三个文本置于以"文学性"为原点的坐标系中，进行"初步证据式"（*prima facie case*）的考察。最后，"文学性"虽是文学符号实践的旨归，但作为实践，它与其他知识领域的实践一样，最终指向的仍是人与世界的关系。

引用文献：

海德格尔，马丁（2015）. 存在与时间（陈嘉映，王庆节，译）. 北京：商务印书馆.

康德，伊曼努尔（2013）. 历史理性批判文集（何兆武，译）. 北京：商务印书馆.

韦勒克，雷纳（1984）. 文学理论（刘象愚，邢培明，陈圣生，李哲明，译）. 北京：生活·读书·新知三联书店.

韦勒克，雷纳（1987）. 近代文学批评史·第一卷（杨岂深，杨自伍，译）. 上海：上海译文出版社.

韦勒克，雷纳（1988）. 批评的诸种概念（丁泓，余徽，译）. 成都：四川文艺出版社.

维特根斯坦，路德维希（2003）. 维特根斯坦全集·第六卷（涂继亮，译）. 石家庄：河北教育出版社.

维特根斯坦，路德维希（2017）. 逻辑哲学论（贺绍甲，译）. 北京：商务印书馆.

维特根斯坦，路德维希（2016）. 哲学研究（韩林合，译）. 北京：商务印书馆.

赵宪章（2014）. 文学成像的起源与可能. 文艺研究，2014，9.

赵宪章（2020a）. 中国文学图像关系史·先秦卷. 南京：江苏凤凰教育出版社.

赵宪章（2020b）. 中国文学图像关系史·汉代卷. 南京：江苏凤凰教育出版社.

赵宪章（2020c）. 中国文学图像关系史·金元卷. 南京：江苏凤凰教育出版社.

赵宪章（2020d）. 中国文学图像关系史·清代卷. 南京：江苏凤凰教育出版社.

Böhler, D. (1983). *Wittgenstein und Augustinus Transzendentalpragmatische Kritik der Bezeichungstheorie der Sprachance und des Methodischen Solipsismus. History of semiotics.* Amsterdam/Philadelphia：John Benjamins Publishing Company.

Lamarque, P. & Olsen, S. H. (2019). *Aesthetics and the Philosophy of Art—The Analytic Tradition：An Anthology* (2 nd ed.). New Jersey, NJ：John Wiley & Sons, Inc.

Nietzsche, F. (1989). *On the Genealogy of Morals.* New York, NY：Vintage.

Simposon, D. (1995). *The Academic Postmodern and the Rule of Literature: A Report on Half-Knowledge.* Chicago, IL：University Of Chicago Press.

作者简介：

张聪，南京大学文学院文艺学专业博士研究生，主要研究方向为叙述理论。

Author:

Zhang Cong, Ph. D. candidate in literary studies of School of Liberal Arts, Nanjing University, mainly interested in narrative theory.

E-mail：zhangconggh@ sina. com

挂着怀表赶路的兔子在找帽子：评饶广祥《品牌与广告：符号学叙述学分析》

孙金燕　金　星

书名：*品牌与广告：符号学叙述学分析*

作者：饶广祥

出版社：四川大学出版社

出版时间：2020 年 8 月

ISBN：9787569033847

DOI：10. 13760/ b. cnki. sam. 202102020

一

　　能天马行空捕捉大众文化的齐泽克（Slavoj Žižek），曾玩笑似的表述他已经有了一顶帽子，却还没有兔子，意即他已经有了理论，却还没有适切的现实案例。当今的广告研究情形大概恰恰相反。在数字技术已然改变广告存在方式的当下，迅速蔓延的广告与适切的理论分析的缺失，倒像是挂着怀表匆匆赶路的兔子，在找它的帽子。

　　广告追求市场效果，并非是以审美为主导的实践。无论是二三十年前慨叹广告牌都不允许诗人平庸，还是当下打趣某些公众号推文不知是文学作品中插播了广告，还是广告中插播了文学作品，都无法忽略广告在以不同形式抵达统一的目标诉求，即商品营销。由此，不难理解广告研究格外注重技术操作层面经由效果评估对策划技术、文案技巧等的经验总结，既有的颇具影响力的广告理论如 USP、RIO、IMC 等莫不如是。对实践性的重视远远大于对原理性的追求，其优势固然明显，弊端同样难以忽视。基于广告效果回溯的技术操作而建立起的学科系统和理论，难免给人一种"事后诸葛亮"的印象，未必能解决具体的广告学难题，精研广告的学者李思屈即对此做过几点总结，比如：广告的曝光率和记忆度并不等同于广告效果；针对既成事实的总结在逻辑的严密推导和理论深度上存在局限，在广告指导和预测作用上同样受限。（李思屈，2003，p. 5）

与此相对，着重解码分析的广告文化研究用力于广告与欲望、消费主义、象征系统的关系，其分析立场是经由广告赋予的商品意义，努力寻找一种思想和实践体系的意识形态作用过程。但意义总是置身其中的各种社会关系的联结，并非广告符号本身的一种特质，在没有广告的年代，商品也并非只有使用价值而不具象征意义。如美国传播学者苏特·杰哈利（Sut Jhally）对物与人关系的总结："不管是史学、人类学或泛文化研究，都已提供了足够的证据，表明商品对人们之所以重要，不仅是因为它能够被使用（used），更是因为它的符号（symbolic）意义。在所有的文化形态里，在任何时候，正是使用与符号的相互交织，为人与物普遍关系的形成提供了具体的背景条件。"（杰哈利，2004，p. 5）物的意义具有个人性与公共性，且在漫长的历史与文化中不断迁延或转移，所以，文化研究视广告为构建"符号－物"的工具，这样的分析不仅会脱离广告生产实践，也未必能厘清其中的真实与幻象。

正是基于对以上广告操作和结果两个向度研究局限的认知，饶广祥的《品牌与广告：符号学叙述学分析》一书选择以广告文本为对象，依循符号学叙述学的理念和方法寻找广告表意的基本规律，意图为嫁接广告技术操作研究和广告文化研究提供基础，这无疑是一项具有特殊价值的工作。

二

事实上，幽僻处尚有行人。前辈学人中早有从符号学角度进行广告研究的探路者：吴文虎的《广告的符号世界》（广州出版社，1997 年）引入符号学基本原理，开启广告符号研究；李思屈等的《广告符号学》（四川大学出版社，2004 年）从符号学角度探讨广告符号及其与消费、品牌、流行文化等之间的意义运作。他们的研究兼及广告表意、传播与文化研究几个层面，对消费者人格的认识、广告传播规律的揭示以及传播效果的分析和测量，都有重要贡献。而《品牌与广告：符号学叙述学分析》一书聚焦广告文本本身，探讨其体裁边界、情节意动、表意机制等形式问题，于广告研究而言似乎是一条"窄路"；但从其所建构的一套相对完整的广告文本分析体系来看，作者确实探入了炫目而宏阔的广告"兔子洞穴"。

经由符号学与叙述学的情节探讨及意义追索，《品牌与广告：符号学叙述学分析》提供了诸多灼见，如从情节意动角度讨论当代广告的叙述转向，以及从符号述真的问题探讨广告的据实而发的基础是事实性而非事实，等等，均能为当下"泛艺术"时代的各种广告现象提供有效的读解路径。

当代文化对故事的需求格外强烈。在充满断裂的时代，讲故事能将时间从零碎的、与个人无关的消逝转变为模式、情节、神话，继而赋予我们一种切实可行的身份形式（卡尼，2007，p.17）。源于此，讲故事一度也被广告视为法宝，因而诞生了小剧场广告、微电影广告等形式。比如2013年金士顿（Creative Agency）品牌的微电影广告《记忆月台》，由广告鬼才罗景壬执导，堪称微电影广告的经典之作。出于对这则广告的个人喜爱，请允许我在此处简述它的故事：

一位老妇人守候月台数年，只为了听一句"Mind the gap"（小心站台间隙）的地铁广播，这是她的丈夫在这个地铁站对她说的第一句话，并在此后的机缘中被录制下来，在地铁站播放。他们相爱相守四十年，丈夫于几年前离世，这位老妇人便常常到地铁站。"我知道就算他走了，只要我想他，我随时可以走去听他的声音。"但随着技术的演变，这句广播最终被新的PA数位系统替代，她向地铁值勤员询问能否得到原来的人声录音。

广告改编自英国BBC报道的地铁遗孀请愿新闻，当时的伦敦交通局得知此事后，决定换回人声录音版本的"Mind the gap"，并且录了一张光盘给其遗孀收藏。当然，这张光盘，在广告中被替换成了金士顿U盘。如广告片文案所述："记忆是趟旅程，你我皆是旅者。我们同时上车，又在不同时间下车，而记忆从不曾下车。（Traveler we are, in this journey of memory. Aboard together we might, and get off at different times. Still, memory lingers.）"广告时长7分35秒，产品金士顿U盘出现的镜头不过2秒，却将金士顿品牌与这种时光流逝、真爱永恒的价值感联结。广告推出数日，金士顿U盘即热销至缺货。毕竟，这则广告既关于记忆，也指向录制和存储，逻辑自洽，事实性圆融，那些被故事感召的受众，原也不必纠结于储存这句"Mind the gap"的是光盘，还是金士顿U盘。

现在以叙述展开的广告案例不胜枚举，当18岁的公主走向街边的数学家笛卡尔（百岁山矿泉水广告），当周璇的《永远的微笑》在上海的老房子里响起（苹果圣诞节广告《老唱片》），都无异于是在受众的想象中点燃篝火。并且，随着新技术的涌现，H5、AI、VR、RTB等技术手段正在进一步拓展广告叙述的可能性，单从这种趋势而言，返回文本形式对广告的情节意动和表意机制进行探讨，也是至为紧要的。

三

关于此书，需要格外提及关于广告文本的体裁边界的命题——尾题（End Title）。饶广祥将其界定为，在广告文本相对固定位置，指明广告所传播的商品（服务或机构）信息，引导受众正确识别其营销意图的符号（2020，pp. 7–10）。并且，他反复指认尾题是广告文本的基本形式特征，如"尾题是广告体裁的根本特征，广告通过它来规约受众解读文本，从而完整其传播功能"（p. 237）；"尾题是广告的必须构件，是文本的固定组成部分，无法更改"（p. 122）；等等。这无异于是给体裁边界模糊的广告"兔子洞穴"划出了一条缝隙，饶广祥的广告文本理论探讨几乎也是沿着这个缝隙突进的。

意指实践是一个动态过程，而非一个业已完成的结构，受众如何逼近文本的正解，自然是一个繁复的过程。从体裁界定而言，尾题能从形式上分离广告文本与其他包含商品信息的文本。它不仅能有效区分新闻体裁、软广告等，在此基础上，依据尾题中是否包含营利性组织的标识或者符号（p. 21），也能分辨广告究竟是公益性的还是商业性的。更为重要的是，在当下泛艺术化语境下，尾题的位置和符号是相对固定的，是和目标受众长期互动形成的约定（饶广祥，2020，p. 128），因而也能依据尾题对体裁融合的广告文本与艺术文本做出形式区分。即使是对若干刻意去广告化，努力嵌入其他平台或体裁的广告而言，如较为传统的植入广告——"通过取消广告尾题，突破广告体裁，融入其他体裁文本来获得隐蔽性，同时通过内容保持传播功能来保证自身的广告性"（p. 237），以及智媒体驱动的原生广告、内生广告，以及追求艺术性的奢侈品牌广告等——我们依然能以尾题是否保持了意动性，使受众感知和解读文本的说服和推动购买的意图（p. 222），来对其形式进行判定。可以说，在技术驱动表意形式更为多样化的新媒体时代，对于边界不断扩张的广告文本而言，尾题概念将能提供有效的解读路径。

四

作为学院知识的一个构成部分，广告学显然要面向专业学者、广告从业者与学生，服务于广告的教学与科研。饶广祥多年孜孜于对广告之学的探究，他的《品牌与广告：符号学叙述学分析》一书，是在《广告符号学》（四川大学出版社，2014 年）、《广告符号学教程》（重庆大学出版社，2014 年）的基础上，对广告文本表意机制的进一步深入讨论。其研究交叉印证，多视角阐释，不仅为广告操作研究与广告文化研究提供基础，也赓续一种自洽的学术传统。

挂着怀表匆忙赶路的兔子奔过爱丽丝身边时曾不断慨叹："天哪，天哪，我一定要迟到了！（Oh dear! Oh dear! I shall be late!）""哦，我的耳朵和胡子呀，我迟到了！（Oh my ears and whiskers, how late its getting!）"迟了，但毕竟是到了。兔子的帽子已织好，而兔子是在帽子之下，还是依然在爱丽丝左冲右突的兔子洞中？我们不妨先读读这部《品牌与广告：符号学叙述学分析》。

引用文献：

杰哈利，苏特（2004）. 广告符码：消费社会中的政治经济学和拜物现象（马姗姗，译）. 北京：中国人民大学出版社.

卡尼，理查德（2007）. 故事离真实有多远（王广州，译）. 桂林：广西师范大学出版社.

李思屈（2003）. 东方智慧与符号消费——DIMT 模式中的日本茶饮料广告. 杭州：浙江大学出版社.

饶广祥（2020）. 品牌与广告：符号学叙述学分析. 成都：四川大学出版社.

饶广祥，段彦会（2020）. 泛广告：人工智能时代的广告变革. 福建师范大学学报（哲学社会科学版），5, 125 - 131 + 171.

作者简介：

孙金燕，博士，云南民族大学文学与传媒学院副教授，主要研究领域为符号学、中国现当代小说。

金星，博士，云南民族大学文学与传媒学院教授，主要从事媒介史、文化史、广告学研究。

Author:

Sun Jinyan, Ph. D., associate professor of School of Literature and Media, Yunnan Minzu University. Her research mainly focuses on semiotics, modern and contemporary Chinese Literature.

Jin Xing, Ph. D., professor of School of Literature and Media, Yunnan Minzu University. His research mainly focuses on media history, cultural history, and advertising.

E-mail: 08yan08@ 163. com; progent@ msn. com

　　本书在编辑过程中，得到了四川大学人文社科期刊资助项目、四川大学中国语言文学与中华文化全球传播双一流学科群，以及教育部人文社科重点基地四川大学中国俗文化研究所的支持，特此感谢。